The Customer Trap

유통의
함정

Andrew R.Thomas | Timothy J.Wilkinson
이영수 | 김상덕 역

박영사

영문판 서문

오늘날 미국 기업에는 많은 문제가 있다. 자본주의의 근간이라고 할 수 있는 중소기업들은 잘못되고 위험한 운영방식에 현혹되어 있다. 이와 같은 현상이 발생한 과정은 다음과 같다.

1단계: 피 땀 흘린 고생 끝에 사업을 시작하고, 제품과 서비스를 개발한다.

2단계: 대형 유통업체를 통해 판매한다.

3단계: 대형 유통업체를 통해 매출 물량을 극대화한다.

4단계: 반드시 따라야만 하는 대형 유통업체의 요구를 어쩔 수 없이 들어준다.

5단계: 실적은 점점 악화하는데 품질과 서비스는 높은 수준으로 유지하려고 한다.

6단계: 손실이 늘어난다.

7단계: 생존하려고 발버둥치면서 잘못된 점이 무엇인지 의아해한다.

수많은 신제품과 신서비스의 실패뿐만 아니라 사업의 실패 확률이 높은 이유는 이러한 사업 방식을 따르고 있기 때문이다. 기업의 오너나 관리자들은 물량이 늘어나면 어떤 식으로든 수익도 늘어날 것이라는 막연한 기대 속에 소위 "대형유통업체 고객"을 통해 제품을 판매하려는 방식에 현혹되어 있다.

기업들은 수십, 수백 혹은 수천의 소형 유통업체보다는 소수의 대형 유통업체와 거래하면서 발생되는 효율성이 수익을 보장할 것이라는 잘못된 믿음을 갖고 있다. 이들 기업은 더 많은 물량과 더 높은 효율성이 성공의 방정식이라고 믿고 있다.

분명히 짚고 넘어가야 하는 것은 이런 사고가 분명 잘못된 믿음이라는 점이다.

유통의 함정은 하나의 고객이 기업 매출의 10% 이상을 차지해, "10%의 법칙"을 따르지 않을 때 생겨난다. 대형 유통업체 고객 하나를 관리하는 것이 많은 이점을 가진 것처럼 보이지만 그 이면에는 이점을 훨씬 뛰어넘는 위험이 도사리고 있다. 단순히 규모만으로도 대형 유통고객(전체 매출의 10% 이상을 차지하는 유통업체를 말한다)은 공급업체나 제조업체의 사업을 과도할 정도로 좌지우지할 수 있다. 한동안은 일이 순조롭게 진행될지 몰라도, 제조업체와 대형 고객 간의 뒤틀어진 관계는 대형 유통기업 고객에 이익이 되는 방향으로 급격하게 기울게 될 것이다.

오래전 일은 아니지만 (제조)기업들이 자기방식대로 제품과 서비스를 통제할 수 있었던 때가 있었다. 제품과 서비스는 기업들 것이었다. 기업들이 직접 제품을 고안하고 실험했다. 제품을 시장에 출시하기 위해 필요한 변호사, 위험관리사, 보험회사, 정부 기관 등과 협업해 판매하고 허가를 받아냈다. 그러고는 제품을 제조하고, 촉진활동을 하며, 유통시키고, 판매하고 서비스를 제공할 수 있는 능력을 길렀다. 그들 스스로 일정한 위험을 감수한 것이다. 기업들의 명성이 걸린 일이고, 그들의 미래에 관한 일이었다.

언젠가부터는 현재 당연시되는 것처럼 대형 유통업체가 기업 성공을 위해 반드시 필요한 존재로 인식되었다. 하지만 중요한 점은 유통업체들이 제조업체의 사업을 장악할 정도로 대형화될 필요는 없었다. 오히려, 그 유통업체들은 관리될 필요가 있었다('고객 관계 관리'라는 용어를 생각해 보라). 결과적으로 제품과 서비스의 가치가 공유되었다. 균등하지 않게 말이다. 가치의 대부분은 제품이나 서비스를 만들어 낸 기업으로 돌아가야 한다는 점을 생각해 보자. 이익 면에서 살펴보면, 가치분배가 균등하지 않게 일어나는 것은 당연하다. 위험감수와 보상이라는 자본주의의 환경 속에서는 위험을 많이 부담하는 사람들이 더 많은 보상을 받는 것이 논리적이다.

하지만, 우리가 전 세계의 기업 경영자들과 대화를 나누면서 깨달은 점은 그들 중 상당수에게 근본적인 변화가 일어났다는 것이다. 권력이 경제에 활력을 불어넣는 제품과 서비스를 만들어내는 사람 혹은 기업들로부터, 세계 시장의 각 부분에서 점점 더 많은 부분을 통제하고 있는 대형 유통기업에게로 넘어가고 있다는 점이다. 너무나 많은 기업들이 대형 유통업체와의 거래를 판매와 시장 점유율, 그리고 수익을 증대시키는 방편으로 해석하는 데에서 벗어나지 못하고 있다.

실제로는 대형 유통고객들이 공급업체에 비해 상대적으로 큰 규모를 이용해 가격 인하를 비롯해 다양한 부문에서 집요하게 요구할 것이다. 결국 기업들은 최소의 수익만을 남기거나 혹은 거의 수익을 남기지 못하고, 그들의 혁신적인 제품이나 서비스는 다른 보편적인 상품에 비해 거의 나을 것이 없는 제품으로 취급되곤 한다. 생산업체들은 '사업은 확장할지' 모르지만, 실질적인 수익은 점점 더 얻기 힘들어진다. 결과적으로 수익성 없는 성장, 즉 사업활동은 많이 하지만 보여줄 것이 아무것도 없는, 요란한 빈 수레의 신세로 전락하게 된다.

놀랍게도, 이러한 사업 전반의 구조적인 변화는 소리 소문 없이 잘 알지도 못하는 사이에 일어났다. '규모', '슬림화', '효율' 그리고 '핵심역량'(기업이 잘하는 몇 가지 분야에 집중하고 다른 부문은 아웃소싱하는 것)이라는 미명하에, 판매와 유통의 중요한 기능이 다른 기업으로 넘어갔다. 대체 무슨 일이 일어나고 있는지 제대로 아는 사람이 거의 없다. 너무 많은 기업들이 함정에 빠졌고 돌이키기에는 이미 너무 늦어버렸는지 모른다.

이 책은 무엇을 다루는가?

이 책의 부제, "어떻게 사업에서 가장 큰 실수를 피할 수 있는가"는 여러분이 유통의 함정에 빠지는 실수를 범하지 않도록 도우려는 의도에서 지어졌다. 이 책은 크게 두 부분으로 이루어진다.

1부는 10% 법칙에 대해서 설명하고 어떻게 유통의 함정이 만들어지는지를 설명할 것이다. 이 부분은 왜 유통의 함정에 빠지는 것이 기업을 운영할 때 범할 수 있는 가장 큰 실수인지에 대해 여러 사례를 제시할 것이다. 첫째, 앞으로 보게 될 것처럼, 대형 유통고객의 규모 때문에 개별 제품과 서비스의 브랜드 가치가 빠르게 잠식될 수 있다. 유통업체 자체 브랜드(프라이빗 레이블) 제품, 할인, 서비스 부재, 대중 시장에서의 판매로 인해 수많은 브랜드 가치가 퇴색했다.

둘째, 대형 유통업체를 통해 판매를 하게 되면, 특히 혁신적인 기업들은, 점점 더 자신들의 제품을 사용하는 고객들과 멀어지게 된다. 대형 유통업체가 마케팅을 담당하고 판매와 유통 과정의 대부분을 조정하게 됨으로써 서비스를 제공하고 고객과 실사용자의 요구를 들어주는 능력이 사라지게 된다. 더 심각한 것은 대형 유통업체들 때문에 혁신적인 기술이나 제품이 그저 그런 제품으로 범용화되는 속도가 더 빨라진다는 점이다. 최근 들어 혁신제품이 수년 내에 범용제품이 될 가능성이 높아지고 있다. 그럼에도 불구하고, 제품 수명 주기에 따라 한때 혁신적인 제품도 언젠가는 내리막으로 향할 것이지만, 아무도 언제 그렇게 될지는 알 수가 없다. 그러나 대형 유통업체와 거래하게 되면 제품 수명 주기가 짧아지고 범용화 과정이 빨라진다.

다음으로, 우리는 유통의 함정의 원인으로 잘 다루어지지 않은, 하지만 매우 중요한 문제인 정보 투명성의 부재를 살펴볼 것이다. 대형 유통기업이 점점 더 권력을 가지게 되면서, 제조업체는 소비자나 최종사용자로 이어지는 유통경로에 대한 정보 접근이 제한되었다. 이들 유통기업은 판매와 유통에 관련된 자료를 볼모로 잡고서는 혁신 기업으로 하여금 깜깜무식인 상태에서 관리하고 의사 결정을 내리도록 압박했다.

1부의 마지막 장에서는 기업들이 아웃소싱에 집착하고 있다는 점을 지적할 것이다. 정부, 학계 그리고 대부분의 산업계에서는 전통적으로 잠재성이 많은 시장과 수익성이 높은 해외의 사업 추구를 위해 고비용 구조의 국내 사업을 정리해야 한다고 인식해 왔다. 일부 미국 기업들이 수익 잠재성과 저렴한 노동력 확보를 목적으로 해외로 진출한 것을 인정한다손 치더라도, 대부분의 기업들은 새로운 시장, 낮은 노동비용, 혹은 아웃소싱에서 비롯되는 고효율성보다는 미국 국내 산업구조와 관련된 문제 때문에 해외로 밀려났다. 즉, 미국의 잘못된 판매와 유통 시스템이 그것이다.

다행스럽게도 신생 혹은 중형 그리고 심지어 대형 기업들도 유통의 함정에 빠지지 않는 것이 가능하다. 2부에서는 유통의 함정에 빠지지 않는 방법을 살펴볼 것이다. 이렇게 낙관하는 데에는 합리적인 이유가 있다. 아직 함정에 빠지지 않은 기업이나 설사 함정에 빠진 기업이라 하더라도 제품과 서비스 판매를 새로운 방법으로 접근함으로써 사업을 장기적으로 지속가능하도록 하는 간단하고도 강력한 방법이 존재한다. 우리는 다음의 문제들을 자세하게 다룰 것이다.

- 제품과 서비스의 개발부터 최종소비자가 제품을 구매할 때까지 어떻게 판매와 유통을 통제할 수 있는가?
- 유통데이터를 획득하고 유통데이터 관리를 실행함으로써 어떻게 직접 마케팅이 대형 유통기업의 유혹에 넘어가지 않는 기업들에게 저비용·고보상을 달성할 수 있도록 해 주는가?
- 날로 확대되는 글로벌 사업 환경에서 어떻게 기업들이 대형 유통기업들을 이용하지 않고도 세계 시장으로 진출할 수 있는가?
- 거의 모든 산업에서 몇몇의 대형 유통기업을 중심으로 권력과 통제가 집중되고 있는 것이 왜 장기적으로는 지속가능하지 않은가?
- 그리고 전 세계의 정부, 혁신 기업 그리고 소비자들이 왜 지역 기업에서 구매하고 지역 기업들을 지원하는 것이 왜 더 나은 방법이라고 인식하고 있는가?

이 책에서 설명되는 전략과 전술은—즉, 기업의 운영 통제권을 되찾는 방법부터 수익 상승과 판매 증가, 그리고 국내의 일자리를 지키는 것에 이르기까지—효용가치가 매우 크다. 이 책에서 논의하듯이, 유통의 함정을 멀리함으로써 기업의 운명을 주도할 수 있으며 더 많은 이익을 얻을 수도 있다.

궁극적으로 우리는 유통의 함정을 피하는 것이 정말로 장기적으로 기업을 성장시키는 가장 좋은 방법이라고 믿고 있다. 미국뿐만 아니라 많은 기업들이 가지고 있는 독창성의 몰락, 자원의 부족, 전 세계적 경쟁, 미래 경제에 관한 불확실성, 정부 역할에 대한 의구심에도 불구하고, 판매와 유통을 통제하는 것이 사업 성공의 열쇠가 될 것이다. 항상 그러했듯이 말이다.

한국어판 서문

전 세계 비즈니스 리더들과 여러 대화를 나누면서, 우리는 많은 리더들이 사업 전반에 일어나는 근본적인 변화를 감지하고 있다는 것을 분명히 알 수 있었다. 그것은 바로 권력이 혁신적인 제품과 서비스를 만드는 제조기업에서 대형 유통기업으로 이동하고 있다는 점이었는데, 그들은 모두 유통기업들의 영향력이 세계 어디서나 점점 더 커지고 있다는 데에 동의하는 듯했다. 오늘날 사업이 실패하는 큰 이유로, 이들 유통기업으로 권력이 집중되는 것을 들 수 있다. 최근 40년간, 소수 기업들이 손에 쥐고 흔들다시피 한 권력의 집중 현상에 빠져들어 세계 경제는 제대로 기능하지 못했다.

1970년대의 미국을 보면, 지미 카터 대통령 이후로 탈규제가 시작되었고, 그 이후로 모든 미국 정부가 탈규제를 기치로 내세웠다. 교통, 에너지, 통신, 금융을 비롯한 모든 분야가 경쟁에 내몰렸다. 역설적이지만 카터 대통령 이후 모든 정권의 사법부는 폭발적으로 증가하는 인수와 합병을 막지 못했다. 반독점 법은 일부의 사례를 제외하고는 거의 적용되지 않았다. 결과적으로 과거에 엄격한 규제를 받던 많은 산업이 소수의 힘 있는 대형 기업들 손에 들어갔고, 결국 정부의 규제를 벗어나게 되었다. 세계 다른 나라들도 곧 이런 전철을 밟았다.

실제로는 이러한 산업통합의 결과로 자본주의의 근간이라고 할 수 있는 중소기업들이 가장 큰 타격을 받았다. 시장을 과점하고 있는 대형 유통기업에 납품 및 지속적인 가격 인하 요구를 맞추느라 뾰족히 매출 증대 수단이 없었던 많은 제조기업들은 임금 비용절감 효과를 즉각적으로 낼 수 있는 해외 공장 이전(offshoring)을 생존할 수 있는 유일한 방법으로 여기게 되었다.

우리가 인터뷰를 한 사업가는 시장의 70%를 장악하고 있는 대형 유통기업의 끈질긴 가격 인하 요구 때문에 오하이오 주의 공장을 폐쇄하고 멕시코 몬테레이로 이전할 수밖에 없었던 일을 상세하게 들려주었다. 이런 사례는 아주 흔하다. 게다가 제품이 저임금 국가에서 생산되는 것을 인지한 그 즉시, 대형 유통고객은 추가로 50% 가격 인하를 요구하고 관철시킨다. 이러한 일은 거의 예외 없이 발생하고 있다. 모든 산업 분야에서 권력이 제조기업 및 혁신적인 기업에서 대형 유통기업으로 거침없이 이동했다.

우리가 조사한 바에 따르면 경영자들의 탐욕 때문에 해외로 생산시설을 옮긴 것이 아니다. 오히려, 해외이전이라는 현상이 발생한 근본적인 이유는 생존본능 때문이다. 즉, 경영자들 대부분이 산업 과점이 불러오는 압력에 견디다 못해 자신들의 회사를 살리고자 해외이전을 결심했다.

근래에 빈번하게 일어나고 있는 '자유무역' 협정도 해외이전을 가속시킨 원인 중의 하나이다. 우리 연구결과에 따르면, 제조업이 해외로 이전하게 된 또 다른 원인은 과거 40년 동안 미국 경제 모든 분야에서 발생하고 있는 합병 현상이다.

수많은 경영 사상가, 컨설턴트, 경영/경제 교과서들이 문제가 많은 통합/합병을 옹호해 왔다. 이들은 거의 모든 경영 활동의 모든 면면이 고객의 요구를 만족시키는 것에 주력한다는 점을 호도하고 있다. 고객은 제품을 적정한 시기와 장소에 알맞은 물량으로, 그리고 물론 적당한 가격에 원한다. 하지만, 많은 경영자들이 모든 비용을 감수하면서까지 물량을 무리하게 쫓는 것이 결코 장기적인 수익과 성공으로 가는 열쇠가 아니라는 사실을 깨닫지 못한다.

대형 유통업체를 통해 판매량과 매출을 늘릴 수 있는 방법을 알게 되면 경영자들은 바로 그 기회를 잡으려고 한다. 그 결과, 마케팅은 끊임없이 효율과 규모를 쫓기 시작하게 된다. 전체 매출에서 10% 이상을 차지하는 유통 고객의 요구를 받아들이기 위해 할인, 특별상품, 보너스 등 다양한 시장 촉진 프로그램을 추진하고 결국에는 브랜드가 가지고 있던 이미지와 원래 추구했던 가치를 갉아먹고 만다. 결국 이윤은 축소되고 품질을 희생시켜 원가를 인하시키는 것이 기업경영에서 우선시되고 만다. 결국 브랜드 이미지는 더 나빠지며 종종 시장에서 퇴출되는 운명이 되어버린다.

1980년대부터 혁신 기업들은 의식적으로나 무의식적으로 외부인들을 회사 경영에 들이기 시작했다. 즉, 외부기업들이 판매와 유통부문을 담당하도록 했던 것이다. 혁신 기업과 회사를 이끌었던 사람들은 기업자원, 역량, 혁신, 기술 및 관리 효율성을 강조하던, 소위 조직 혁신이라는 유행을 적극적으로 받아들였다. 전사적 품질관리(Total Quality Management), 린 생산(Lean manufacturing), 불량제로(zero defects) 등은 경영학자들이 크고 작은 기업들 할 것 없이 모두에게 전파한 기업 경영방식의 예들이다. 기술 및 혁신개발을 잘 관리하던 수많은 기업들이 이런 경영방식을 만병통치약처럼 받아들여, 판매와 유통에 관심을 두지 않고 중요한 '사업의 기능' 즉 판매와 유통을 대형 유통업체들에게 넘겨주고 말았다. 이러한 현상은 지금까지도 꾸준히 계속되고 있다.

'핵심 역량'은 제조기업이 고유한 가치 창출 활동을 충분히 수행한 후에 그 통제권을 서서히 놓고자 하는 현상을 정당화하는 개념이다. 만약 여러분의 핵심 역량 즉 차별화의 기반이 연구개발이나 제조부문에 있다면 왜 수많은 대리점과 딜러네트워크를 관리해야 하는가? 이러한 질문과 충고를 받아들여 많은 기업들이 가치를 창출하지 못하는 것처럼 보이는 기업 부문을 떼어냈다. 판매와 유통이 한쪽으로 밀려난 것이다.

유통의 함정은 대형 유통업체가 혁신 기업의 중요 사업 부문을 도매급으로 넘겨받을 때 발생한다. '10%의 법칙'이 깨지면, 혁신 기업들은 통제를 할 수 없게 되며 그때부터 권력이 재판매업체나 유통업체로 가차 없이 이동하고 만다. 하나 혹은 소수의 대형 유통업체에 대한 의존도가 증가할수록 혁신 기업이 가지는 생산 제품에 대한 영향력이 점점 더 줄어들게 된다.

하지만, 중요한 것은 재판매업체나, 중간도매 기업, 그리고 유통업체들이 근본적으로 적대적이거나 피해야만 하는 존재들은 아니라는 점이다. 제대로 관리되기만 하면, 이들 업체들은 제조기업의 브랜드를 키우는 데 큰 역할을 할 것이다. 특정 유통기업이 매출의 10% 이하를 담당하고 있다면, 그 유통업체가 특정 분야에서 절대적 우위를 가진 업체라 하더라도 힘의 균형이 혁신 기업의 이익이 되도록 맞춰질 것이고, 이것이 자본주의가 작동되는 원리이기도 하다. 위험을 감수한 기업들이 가장 큰 이득을 볼 자격이 있다. 다른 파트너들도 가치를 창출하는 데 이바지한다면 이득을 나눌 수 있을 것이다. 그럼에도 불구하고, 가장 많이 고생하고 가장 많은 투자를 한 기업들에게 가장 큰 공(功)이 돌아가야 한다. 유통의 함정은 이러한 원칙이 깨지고 가장 적게 투자한 경제의 주체가 더 많은 이득을 취하려고 할 때 발생하게 된다.

차례

영문판 서문 _ i
한국어판 서문 _ vii

part 01   실패에 빠져들다

chapter 01 사업의 최대 실수 _3
흔하디 흔한 이야기 _7
대형 고객이란? _9
10% 법칙 _11
하지만, 대형 고객의 잘못은 아니다 _13
누구의 책임인가? _16

chapter 02 고객의 함정과 브랜드의 몰락 _19
모든 것을 바친 리바이스 _21
굿이어: 고무를 자동차의 필수 부품으로 만들다 _30

chapter 03 혁신의 범용화 _38
디트로이트의 사례 _42
통제권을 잃은 러버메이드 _46
완벽한 고객의 함정 _56

chapter 04 판매 유통망의 장악 _65

한 걸음 물러나 생각해 보기 _69

데이터를 볼모로 잡히다 _70

chapter 05 아웃소싱 시대의 생존 전략 _76

세계화: 가장 큰 필요악 _77

판매와 유통의 역사에 대한 단상 _80

현대 미국 시스템 _90

해외직접투자(Foreign Direct Investment, FDI) _92

아웃소싱에 대한 강요 _100

part 02   함정을 피하는 방법

chapter 06 스틸(STIHL)의 사례 _105

회사의 창업 _106

서비스 _112

대리점의 관점 _114

고객의 함정 피하기 _118

광고 캠페인 _122

새로운 유통업체의 탐색 _124

chapter 07 혁신의 두 번째 단계 _128

혁신 기업/유통업체 관계의 모형 _130

대형 유통업체 협상력의 근원 _131

제조업체의 협상력 _141

두 번째 단계 _149

chapter 08 정보를 수집하고 옳은 방법으로 마케팅하기 _162

모든 고객이 같지는 않다 _165
고객들의 유형 분류 _166
데이터의 활용: 좋은 마케팅의 기본 _178
12단계 접근법 _183
차별화된 서점 _187

chapter 09 세계화 지향과 신념의 유지 _190

잘못된 수출 사례 _194
해외 신흥 시장에서의 희망 _195
기회는 오직 한 번뿐이다 _204

chapter 10 지역성과 독립성 유지 _206

전쟁의 시작 _208
죽어 가는 생각 _209
다시 역사 속으로 _212
작은 것이 더 낫다 _213
어느 때보다도 밝은 미래 _219
마지막 생각 _220

일러두기

본 서적은 제조업체나 혁신기업이 주요 고객사 중의 하나인 대형 유통기
업과의 거래에서 오는 폐단이나 범할 수 있는 실수 즉, 함정에 빠지는 것
에 경종을 울리고 이를 극복하는 전략을 제시하고 있다. 따라서, 이를 나
타내는 용어로 한국어판에서는 '유통의 함정'과 '고객의 함정'을 문맥에 맞
게 혼용하여 사용하였다.

part 01

실패에 빠져들다

chapter 01   사업의 최대 실수

chapter 02   고객의 함정과 브랜드의 몰락

chapter 03   혁신의 범용화

chapter 04   판매 유통망의 장악

chapter 05   아웃소싱 시대의 생존 전략

토머스 에디슨은 이 책 『유통의 함정』을 보았다면,
아마도 이렇게 말했을 것이다.

"삶에서 실패를 겪는 사람들 대부분은 포기해야 할 때를
깨닫지 못한 사람이다."

훌륭한 제품과 서비스, 그리고 브랜드를 개발하고자
엄청난 노력을 하는 기업들에게는,
다음 단계로 올라서려는 바로 그 결정적인 순간에
실패하는 것을 쳐다보고 있는 것만큼이나 절망적인 일은 없다.
그러나, 대형 고객[1]과의 잘못된 관계에 빠지는 일은
어쩌다 일어나는 일이 아닌,
의도된 전략이다.

---

[1] 여기서 대형 고객이란, 미국 내의 월마트, 타겟, 홈디포 등과 같이 제품을
저렴한 가격으로 구매하여 고객에게 저렴한 가격으로 파는 대형 유통체인을
의미한다. 한국에서는 이마트, 롯데마트, 홈플러스와 같은 대형 마트가 이에
해당한다.

Chapter 01

사업의 최대 실수

자신이 다수에 속한다고 생각이 들 때,
잠시 멈추고 생각해 보라. - 마크 트웨인(Mark Twain)

거대한 다국적 기업에서 새로운 신흥 기업에 이르기까지,
기업을 이끄는 많은 사람들은 자신들의 제품이 대형 고객의 매
장에 이르기만 하면 모든 문제가 마법처럼 사라지리라고 생각한
다. 그들의 생각은 이렇게 전개된다. "판매만 잘 되면 수익은 당
연히 오르고 사업은 성장하겠지. 그러면 우리는 자연히 성공하
게 될 거야. 이제 우리는 제품을 지속적으로, 게다가 대량으로
사줄 수 있는 커다란 유통 고객만 찾으면 되는 거야."
21세기에 들어서 비즈니스에 가장 두드러지게 나타난 변화
는 모든 사업을 통틀어 거대한 고객이 나타나기 시작했다는 것
이다. 우리는 이를 "대형 고객"이라 부른다. 대형 고객을 찾으려
는 유혹은 거부하기가 매우 힘들다. 대형 고객은 경제의 모든 분
야에 존재하게 되었다. 가령 소매업에는 월마트, 홈디포(Home
Depot) 등과 같은 빅박스2 업체들이 있고 온라인에는 아마존닷컴

2 대형 유통점들이 빅박스(Big Box)라고 불리는 이유는 매장 건물이 박스 형

(Amazon.com)이 있다. 자동차 유통에는 오토네이션(AutoNation)과 펜스케(Penske) 같은 대형 유통업체들이 존재한다. AT&T와 버라이즌(Verizon)이 통신산업을 지배하듯이, 보잉(Boeing)과 에어버스(Airbus)는 항공산업을 지배한다. 꽃배달업에는 FTD, 텔레플로라(Teleflora), 1-800-Flowers.com 같은 기업이 존재하며, 그리고 당연하게도 최상부에는 민간에서 연간 1조 달러를 구매하는 미국 연방정부가 있다. 미 연방정부는 종이 클립에서부터 의약품, 트럭, 휴대폰, 항공권, 법률 서비스, 에너지, 호텔, 의료서비스, 그리고 정보통신 기술에 이르기까지 분야를 막론하고 미국에서 가장 큰 구매 고객이다.

대형 고객에게 판매하는 심리적 효과와 이익은 분명 매우 크다. 더 큰 시장에 노출되면, 적어도 가설적으로는, 매출이 크게 오른다. 그렇게 되면 고객 관리를 집중시킬 수도 있고, 수많은 고객을 관리하기보다는 소수의 핵심 고객만 관리하면 된다. 이런 이점들은 경쟁과 실패가 계속되는 혼돈의 시대에 매우 매력적인 선택 대안이다. 누가 소수의 핵심 대형 고객들하고만 거래하는 것을 원하지 않겠는가?

하지만, 이러한 사고는 편협하고 매우 위험하다. 대형 고객들을 중심으로 한 아이디어와 의사 결정은 분명 부정적인 결과를 낳게 된다. 일단 대형 고객을 주요 고객으로 삼고 의존하기로 한다는 것은 돌아오지 못할 다리를 건넌다는 것과 같다. 기업 스스로도 통제할 수 없는 힘이 냉혹하리만큼 순식간에 기업을 집어삼키기 때문이다.

필자가 일전에 가르쳤던 샘이라는 학생이 생각난다. 그는

태의 창고와 같이 생겼기 때문이다. 또한 대형 유통점들은 대형으로 포장된 제품을 주로 판매한다.

누가 보아도 사업을 잘하리라고 생각되는 그런 사람이었다. 똑부러지는 질문을 곧잘 하고 일하는 방식을 개선하고자 늘 연구했으며, 아주 디테일한 부분에도 강했다. 이러한 그는 대학 재학 중에 조경업 및 제설업을 하는 기업을 훌륭히 운영했다. 트럭 2대를 소유하고 직원 8명을 고용했으며, 기업 고객 200개 업체와 여러 소매 고객을 보유했다. 사업은 전망이 매우 좋아 보였고, 지속적으로 성장하고 있었다. 졸업 후에는 고객이 늘어나면서 종업원을 계속하여 고용했다. 2008년에 들이닥친 경제 위기도 이겨 냈을 뿐더러 살아남지 못한 경쟁자에게서 고객도 확보했다. 지방 매스컴들은 그를 차세대 비즈니스 리더로 칭송했다. 샘의 회사는 점차 지역에서 가장 빠르게 성장하는 조경 회사가 되었다. 그는 성공 가도를 달리고 있었다.

그러던 어느 날 샘이 이 책의 저자인 앤드류에게 전화를 걸어 매우 어려운 결정에 직면하고 있다고 말했다. 그 지역에서 가장 큰 은행이 해당 은행의 100개 지점에 대한 잔디 깎기, 조경 및 관리, 제설 등을 맡는 사업에 입찰하는 것이 어떻겠냐고 제안을 한 것이다. 계약 기간은 18개월이었다. 샘은 계약을 따게 되면 사업이 두 배로 성장하리라 예측하는 가운데 그 제안을 수용해야 하는지 물었다. 앤드류는 샘에게 조심하라고 충고했다. 그리고 은행과의 비즈니스가 그가 이룩한 성공적인 사업을 삼켜 버리지 못하도록 주의하라고도 조언했다. 하지만 애석하게도, 샘이 원하는 답변은 그가 이미 내린 결정에 대한 확인이었다. 그는 이미 커다란 고래를 좇기로 결심한 이후였다.

예상한 대로 샘은 입찰에서 회사의 명성 덕분에 계약을 따냈다. 그 은행은 샘 회사 매출의 50%를 차지하게 되었고, 그리하여 그는 더 많은 장비와 트럭을 리스하고 더 많은 사람을 고용했다. 현금 흐름은 매우 좋았다. 필연적으로 샘은 기존 고객보다는 새로운 대형 고객에게 집중하여 관리하게 되었다. 그가 가진 강점을 비롯한 내적 자원 모두 새로운 대형 고객에게로 옮겨 간 것이다. 사업 초기부터 함께해 왔던 고객들에 대한 서비스는 악화됐고 많은 고객이 떠나갔다. 하지만 전반적으로 그것은 이로운 상황이었다. 이후 1년 반 동안 샘은 백만장자가 되는 가도를 달렸다. 그는 부유한 지역에 새로운 집을 마련했고, 포르쉐 카이엔을 새로 뽑았으며 보트도 한 대 장만했다.

그로부터 18개월 후, 은행 고객은 지금까지 해 왔던 사업 방식을 보여주었다. 즉, 새로운 계약 입찰을 실시한 것이다. 샘은 그의 회사가 지금까지 잘해 왔기 때문에 당연히 계약이 갱신되리라고 생각했다. 그러나 머지않아 18개월 전 그가 계약한 금액보다 20% 인하된 가격으로 입찰 공고가 난 것을 보고 충격을 받았다. 20%는 바로 자기 사업의 수익률이었다.

실망감을 안은 채 샘은 경쟁사들을 이기려면 비용을 적극적으로 줄여야 한다는 것을 깨닫고 절치부심하여 입찰에 응했다. 비록 계약을 다시 따냈지만, 직원들의 임금을 깎아야 했다. 최고의 직원들이 회사를 떠나 경쟁사로 이직했다. 서비스는 더욱 나빠졌다. 사업 초기부터 함께했던 고객들이 더 많이 이탈했다. 급기야 2011년에는 석유 값이 치솟았으며 그의 사업은 계속 수렁에 빠져들었다.

18개월의 계약이 종료될 즈음, 샘은 임금과 장비 임대료를 내는 데 어려움을 겪었다(그는 자기가 새롭게 구입했던 집, 포르쉐, 보트를 조용히 내다팔았다). 은행이 세 번째로 새로운 관리 업체를 찾고 있다는 공고를 냈을 때, 말할 것도 없이 입찰하지 않았음도 물론이다.

샘은 대형 고객이라는 짐을 벗어던지면 지금보다는 더 많은 개인 및 기업 고객을 다시 확보할 수 있으리라 믿었다. 하지만 문제는, 지난 3년간 그의 회사 브랜드 이미지가 이미 손상을 받았다는 점이었다. 샘 회사의 서비스가 엉망이라는 입소문이 퍼진 이후 샘의 기존 고객은 새로운 관리 업체를 찾았고, 시장은 샘이 다시 회복할 수 있도록 기다려 주지 않았다. 개인 고객층에는 여전히 진입로 청소와 잔디 깎기에 대한 수요가 있었지만, 샘이 그것을 알아차렸을 때는 다른 누군가가 이미 그 일을 맡고 있었다. 이제 샘은 지역의 자동차 매장에서 자동차 세일즈를 하고 있다.

▌흔하디 흔한 이야기

당신이 샘의 이야기가 세상 물정 모르는 한 젊은이의 이야기일 뿐이라고 생각하기 전에, 우리는 최근 수십 년 동안 샘 회사보다 더 큰 회사에서도 이와 매우 유사한 일들이 꽤 빈번하게 일어났다는 것을 짚어 보고자 한다. 더욱이, 그들에게는 샘보다 훨씬 유능하고 지식이 풍부한 경영진들이 많았다.

고객의 함정에 빠진 유명한 기업의 사례를 살펴보도록 하자. 아마도 여러분은 본인의 이름을 딴 진공청소기 제조업체의 창업자인 데이빗 오렉(David Oreck)을 기억할 것이다. 오렉이 머리 위로 들어올린 볼링공을 오렉 진공청소기가 빨아들여 마치 그가 허공에 매달린 듯 보이게 한 광고는 매우 유명세를 탔다. 40년 동안 오렉사는 경영학 전공 학생들과 성장하는 창업자들이 배워야 할 사례로 자리매김을 했다. 오렉사는 직판매 방식으로 제품과 브랜드를 잘 관리하는 대표적인 혁신 기업이었기 때문이었다.

재직하던 대학에서 오렉을 만나기도 했었다. 우리는 그가 평생 이루어 놓은 업적에 대해 단연 자랑스러워할 만하다고 생각했다. 루이지애나와 테네시 주에 있는 생산라인의 직원들이 받는 임금도 꽤 높은 편이었다. 그는 대형마트를 피했고, 심지어 월마트를 "차이나 마트"라고 부르기도 했다.

독점 대리점과 회사 직영점으로 이루어진 유통망은 브랜드 가치를 높이는 결정적인 요인이었다. 유통점들은 오렉 제품만을 취급했다. 그 유통망은 웹 사이트와 콜 센터와 함께 오렉 제품을 구입할 수 있는 유일한 유통경로였다. 많은 모델들이 1,000달러 이상의 고가에, 자그마치 25년 동안 보증이 되었는데, 이러한 점들은 가전제품 시장에서는 거의 전무한 일이었다. 사업은 번창했고 브랜드 역시 더욱 강해졌다. 유통대리점과 고객들은 오렉 브랜드를 매우 신뢰했고, 오렉 제품은 신화적인 위치를 확보했다.

그러나 이후 오렉은 돌연 회사를 매각하기로 결정했다. 그는 2003년, 아메리칸 시큐리티 마켓 파트너스(American Security Market Partners)라는 투자 회사에 오렉사를 매각했다. 하지만 그 투자 회사는 결국 회사를 망가뜨리고 말았다. 사람들은 오렉사를 "빚더미만 가득한 큰 먼지 봉투 회사"라는 이미지로 기억하게 되었다. 투자 회사는 오렉 제품을 타겟(Target)[3]을 통해 판매함으로써 하루아침에 회사를 무너뜨렸다. 오렉사가 타겟과 같은 대형 고객을 전략의 중심에 놓음으로써, 30년 이상 관계를 이어온 독점 대리점들은 소외되었고, 마찬가지로 수십 년 동안 이어온 고객 관계는 즉시 무너졌다. 어떠한 고객도 대형 마트에서 다른 제품과 별반 차별성 없이 쉽게 구입할 수 있는 진공청소기를 1,000달러나 넘게 주고 구입하려 하지 않았다. 브랜드 이미지는 망가졌다. 오렉 제품의 충성 고객들은 관심 밖으로 밀려났고, 대형 고객이 발주하는 물량을 위해서 희생되었다.

---

3 미국에서 월마트 다음으로 큰 대형 할인 마트.

분명 기업이 파산되리라 예견됐음에도 불구하고, 새로운 경영진은 대담하게도 오히려 오렉사가 더 빨리 대형 고객을 통해 판매하지 않았다며 비난했다. 그들은 기존의 직판 채널을 통하여 판매하던 전략을 대형 유통점을 거쳐 판매하는 전략으로 바꾸어 자리 잡는 데에 예상보다 더 오랜 시간이 걸린다고 주장했다. 만약 그 논리를 따른다면, 기존의 사업 모델을 더 빨리 무너뜨리지 않았기 때문에 회사가 망했다는 것이다. 믿을 수가 없는 변명이다.

▌ 대형 고객이란?

간단히 말하자면, 대형 고객이란 전체 매출의 10% 이상을 차지하는 고객을 의미한다. 그렇다면 왜 10%를 기준으로 대형 고객을 구분하는가? 단순히 임의적인 수치인가? 아니라면 10%의 출처는 어디인가?

대형 고객들이 수익성이 좋고 계속 제품이나 서비스를 구매하는 한, 계란을 한 바구니 혹은 몇 개의 바구니에 나누어 담아도 괜찮다. 하지만, 삶이 변하듯이 사업의 변화도 피할 수 없다. 대형 고객이 생각을 바꾸거나 다른 업체를 찾아 떠나거나 혹은 떠난다고 위협을 가하는 순간, 극적인 합의가 이루어지지 않는 이상 재앙에 가까운 상황이 벌어지게 된다. 우리 대부분은 가격을 아주 많이 깎아 주지 않으면 다른 곳과 사업을 할 것이라고 위협했던 대형 고객을 기억할 것이다. 그러한 순간들이 사업에 커다란 해악을 끼치고, 심지어 기업의 미래까지 위협할 수도 있다.

10%가 기준이 되는 또 다른 이유는 관리회계의 관례에서 찾아볼 수 있다. 1974년, 재무회계표준 위원회(the Financial Accounting

Standards Board, FASB)는 비정부 기관들의 재무 보고를 위한 재무 회계 기준을 만들었다. 이러한 표준은 미국 공인회계사협회(AICPA)와 미국증권협회(Securities and Exchange Commission, SEC)에서 공식적으로 인정받았다.

FASB는 회계 관련 용어를 재무회계 기준 조항에 명문화했다. 이 문서는 특정 회계 정책에 관한 표준과 가이드를 자세하게 싣고 있다. FASB는 미국의 상장회사들이 자신들이 정한 회계 표준에 따를 것을 기대하며 이러한 표준과 가이드를 만들었다. FASB가 제시하는 기준은 매우 높은 수준의 기업 회계 투명성을 위해 만들어졌다. 즉, 이러한 기준은 외부인들이 상장 기업 내부에서 어떤 일들이 벌어지고 있는지 더 잘 알 수 있도록 도와주었다.

SFAS 131조를 살펴보면 다음과 같다.

SFAS 131조

각 기업은 주요 고객에게 얼마나 의존하고 있는지에 관한 정보를 제공해야 한다. 만약 한 고객에게서 발생하는 거래가 전체의 10%를 상회할 경우, 그 기업은 해당 고객이 차지하는 매출 비중을 밝혀야 하고, 그 매출의 세부 내용도 밝혀야 한다.

쉽게 말해서 이를 미국의 재무회계 기준에 따르면, 상장 기업은 특정한 고객이 10% 이상의 매출을 차지하는지 여부를 밝혀야만 한다는 것이다. 통용되는 기준에 따르면, 10% 이상의 매출을 차지하는 고객은 외부인이 알아야 할 만큼 그 기업에 잠재적인 위험이 되기 때문이다.

❙ 10% 법칙

그렇다면, 왜 회계사들은 10%를 공개하는 기준으로 삼았을까? 우리는 10% 법칙이 상당히 일리가 있다고 생각한다.

그리스의 철학자인 헤라클리투스(Heraclitus)는 "모든 것이 변한다"고 말했다. 고객들도 왔다가 떠나간다. 예를 들어, 어떤 회사에 고객 10명이 있고, 각 고객이 전체 매출의 10%를 각각 차지한다고 했을 때, 고객이 하나둘씩 떠나가도 그 회사는 생존할 수 있을 것이다. 앞으로 승승장구하기가 다소 힘들기는 하겠지만 사라진 고객과 매출 20%를 채우는 일이 아주 불가능한 일은 아니다.

하지만, 만약 어떤 기업에게 고객 10명이 있는데, 고객 9명이 매출의 60%를 차지하고 나머지 대형 고객 하나가 40%의 매출을 차지한다면 어떻겠는가? 만약 그 대형 고객이 불가능한 요구를 하거나, 매각되거나, 파산하거나 혹은 그 고객에게 무슨 일이 일어난다면 그 고객과 거래를 하던 기업에게는 무슨 일이 일어나게 될까? 매출 40%를 채운다는 것은 경제가 좋은 시기에도 매우 어려운 일이다. 하물며 한 고객이 40% 이상의 매출을 차지한다면 어떻게 될까?

한 산업의 매출이 한 기업에 의존하고 있는 경우에도 마찬가지 원리가 적용된다. 예를 들어 9·11 사건 이후 여행산업의 고객층이 무너졌을 때, 얼마나 많은 기업이 거의 사라질 뻔 했던가? 간단히 말해서, 하나의 대형 고객 혹은 하나의 산업에 과도하게 의존하는 것은 어느 순간에 치명적으로 작용할 수가 있다.

10%의 법칙을 무시하고 특정 기업에 의존하기 시작할 때에는, 무언가 예상치 못한 일들이 종종 생기고는 한다. 즉, 대형 고객이 공급업체의 사업에 간섭하기 시작하고, 공급업체가 평소라

면 고려하지 않았을 것들을 받아들이도록 강요한다. 물론, 이러한 모든 일들은 공급업체를 희생시켜 대형 고객 자신들의 수익성을 높이기 위한 것이다. 다음 몇몇 예들은 흔히 보이는 사례들이다.

- 대금 지불 조건의 변경 ("우리가 당신 기업에 무척이나 중요하니, 대금 지불 기간을 늘릴 거요.")
- 공급자가 완전히 새로운 IT 시스템을 구매하여 사용하도록 요구함 ("당신들 시스템이 괜찮기는 하지만, 우리와 사업을 하기 위해서는 새로운 시스템을 구매해야 합니다. 그것도, 우리가 사용하고 있는 공급업체를 통해서 말이죠.")
- 사소한 것에도 사용요금 매기기 ("당신 회사의 배송 트럭이 10분 늦었어요. 그래서 X 요금을 지불하셔야 해요. 우리가 주문한 물량을 다 판매하지 못했거든요. 또, 그 재고를 우리 창고로 옮기는 데에 Y 요금을 물릴 겁니다.")
- 혁신적인 사업 방법이나 사업상의 비밀에 대한 접근 요구. 이러한 일들은 주로 '품질 보증'이라는 미명 아래 이루어진다. 물론, 사업상의 지식과 비밀이 흘러나간 후에는, 다시 돌아오지 않는다.
- 제품이나 서비스가 어떻게 소비자에게 공급되는지에 관한 정보 비공유 ("우리가 고객이기 때문에, 제품에 대한 정보를 당신들과 공유하지 않을 권리가 우리한테 있어요.")

대형 고객이 제시하는 요구의 핵심에는 엄청난 부를 보장한다는 약속이 따른다. 단, 이런 제안들이 함정이라는 사실을 깨닫지 못했을 경우에 한해서다. "이봐요, 주요 고객과 제품이나 서비스를 구매하는 우리 모든 공급자들이 함께 부자가 되지 않겠어요?" 이보다 솔깃한 말은 없다. 하지만, 포춘 선정 500대 기업이든 중소 영세 상인이든 간에 대형 고객과의 관계를 모색하기 시작할 때부터 함정이 도사리고 있다.

공급업체가 마주할 험난한 현실을 알아챌 때에는 이미 고객의 함정에 빠져든 후다. 예상되는 결과는 참혹하다. 제품 수명 주기는 엄청나게 짧아지고, 어렵게 만든 혁신적인 제품은 차별화되지 않는, 그저 그런 범용제품이 된다. 오랫동안 쌓아온 브랜드 이미지와 산업에서의 명성은 사라져 버리고, 성공하기 이전의 빈껍데기만 남게 되고 만다. 내수 제조 부문은 저가의 아웃소싱과 해외 생산에 밀려 무너지고 만다. 지속적으로 원가를 낮추려고 하는 부단한 노력에도 불구하고, 수익성은 회복되기 어려워진다.

▌ 하지만, 대형 고객의 잘못은 아니다

내용을 더 살피기 전에, 그리고 여러분이 이 책이 단순히 세계의 대형 유통점이 지역 경제에 미치는 악영향을 지적하는 또 다른 책이라고 생각하기 전에, 한 가지 분명히 해 두어야 할 점이 있다. 우리는 고객의 함정과 그것이 미치는 악영향 때문에 대형 고객을 비난하는 것이 아니다. 우리는 한 기업의 제품과 서비스는 전적으로 그 기업의 책임이라고 생각한다. FTD, 월마트, 아마존, 정부, 혹은 다른 대형 고객들 그 누구도 기업에게 물건을 공급하라고 강요하지는 않는다.

그것이 순진함, 혹은 오만이나 탐욕에서 비롯되었든 간에, 대형 고객들이 기업의 브랜드 이미지, 제품, 서비스 존중 등 여러 방면에서 탁월하게 처리해 줄 것이라고 기대하는 기업들은 매우 잘못된 생각을 하고 있다. 비즈니스 리더들이 종종 깨닫지 못하거나 가볍게 여기는 점은 바로 대형 고객을 좇는 전략이 근본적으로 잘못된 선택이라는 사실이다.

하지만 이러한 현상은 과거 수십 년 동안 반복되어 나타났다. 마케팅이 규모와 효율성을 강조하는 공급사슬관리의 목표를 도입하기 시작하면서부터 이러한 현상이 등장했다. 제조업체들은 내부 역량을 완벽하게 만들기 위해 노력했지만, 경영학과 교수들과 컨설턴트들, 그리고 경제지의 관심 속에서 대형 유통점들은 경제의 모든 분야를 점령하게 되었다. 제조업체에 주는 메시지는 분명하다. "당신의 임무는 일을 간소화하고 효율적으로 만드는 동시에 시장에 '고객 가치'를 제공하는 것이오."

생산 및 제조 측면에서 보면, 6시그마(Six Sigma)4와 그 밖의 산업 인증은 당연히 기업 DNA의 핵심인 효율성의 가장 중요한 요소이다. 하지만 기업의 고객 측면에서는 어떠할까? 바로 이 부분이 오해가 시작되는 부분이다. 예를 들어, 콜 센터를 효율과 저비용이라는 미명하에 인도에 아웃소싱하는 전략이 좋은 생각이라고 믿는 기업이 얼마나 될까? 우리는 이미 그에 대한 답을 알고 있다.

월마트의 사례를 보자. 월마트는 약 125,000개의 제품 및 서비스 공급업체를 거느리고 있다. 그 규모 때문에, 월마트는 이들 대부분의 공급업체들에게 가장 큰 고객이다. 표면적으로는 효율성을 따져 보았을 때 월마트와 같은 하나의 대형 고객을 상대하는 것이 이치에 맞다. 하지만 그 기업들의 수익성이 매해 월마트와 비교하여 증가하고 있는지 물어본다면, 결코 그렇지 않을 것이다.

월마트의 필연적인 가격 인하는 공급업체들로 하여금 비용을 낮추고, 그로 인해 생산설비를 중국으로 이전하도록 한다. 또한 제품의 디자인 품질을 낮추며, 연구개발(R&D)을 제한하고, 서

---

4 100만 개의 제품 중 3~4개의 불량만을 허용하는 3~4PPM(Parts Per Million) 경영, 즉 품질혁신운동.

비스 및 수리와 관련된 부서를 아웃소싱하도록 압박한다. 대형 고객이 제조업체를 압박함으로써 비용을 절감하도록 잣대를 들이대면 우선 소비자를 유인했던 제품의 특징은 감소하고, 그 결과 소비자를 위한 가치는 떨어지게 된다. 효율성은 매우 중요한 요소이지만 끊임없이 소비자의 가치를 갉아먹기 때문에 효율성과 가치를 지속적으로 절충한다는 것은 무척이나 어려운 일이다.

다른 예를 한 번 보자. 존스 소다(Jones Soda)는 초기에 타투점이나 스노우보딩 매장 등 독특한 매장을 통해서만 제품을 판매하는 틈새 전략으로, 유통·판매 전략이 매우 차별화되었던 회사였다. 존스 소다에는 자신들만의 독특한 유통경로를 통해 성장을 추구했던 작은 판매팀이 있었다. 존슨 소다는 매우 안정적인 기업 모델로 자리 잡았으며 혁신적인 그 기업은 충성된 유통망을 비롯하여 이후 점진적으로 파네라 브레드(Panera Bread), 반즈앤노블(Barnes & Noble)을 통해서만 판매했다.

그러던 중 존스 소다의 최고 경영자에게 문득 '훌륭한' 생각이 떠올랐다. 타겟이나 다른 대형 유통점을 통해 판매함으로써 판매 및 유통망을 넓혀 나가는 것. 즉 말하자면, 티핑 포인트(Tipping Point)[5]가 그것이었다. 판매량은 폭발적이었지만, 수익은 사라졌다. 존스 소다는 대출혈을 겪었고, 그 이후로 수익을 낸 적이 없다. 그리고 현재에는 주가가 주당 35센트에 머무르고 있다. 존스 소다에는 곧 새로운 CEO가 취임했다. 신임 CEO의 새로운 전략은 무엇일까? 판매량을 늘리기 위해서 월마트 3,600개 지점을 통하여 판매하는 것이다. 놀라울 따름이다!

5 말콤 글래드웰의 책 『티핑 포인트』에서 따옴. 즉, 기존의 관성을 깨고 극적인 변화가 생기는 지점이나 시점을 이르는 말.

▌ 누구의 책임인가?

엄밀히 말해서, 대형 유통점이라는 독배를 들이킨 사업가들의 기업운영형태는 1980년대 미국에서 본격적으로 시작되었고, 이후 전 세계적으로 퍼져 나갔다. 혁신적인 기업들과 그 회사를 이끌던 사람들은 당시 경영학자들이 이야기하던 주장에 응했다. 경영학자들은 조직 변화라는 것을 설파하며 핵심역량, 자원, 기업 능력, 혁신, 기술, 그리고 효과적인 경영을 강조했다. 이들은 전사적 품질관리(TQM), 린(Lean) 생산방식, 6시그마 같은 방법들을 모든 규모의 기업에게 동일하게 설파했다.

대형 유통점은 마치 전염병처럼 미국 전역에 걸쳐 급속도로 번져 나갔으며, 세계 각국에서도 이러한 유통점을 쉽게 찾아볼 수 있게 되었다. 1980년대 초반에는, 미국의 제조업체나 서비스 업체들이 수직계열화를 탈피해서 각 사업 부분을 공격적으로 아웃소싱하기 시작했다. 핵심역량이라는 개념이 경영학에서 중요한 개념으로 자리 잡으면서, 판매와 유통에서 탈피하는 주요한 근거가 되었다.

핵심역량 이론의 가장 중요한 요지는 조직의 리더는 기업이 가장 잘할 수 있는 분야, 즉 가장 중요한 가치를 시장에 제공할 수 있는 분야를 확인하고 그 외의 다른 분야는 과감하게 버린다는 것이다. 기업이 차별화할 수 있는 핵심 역량이 연구개발, 혁신, 혹은 제조 등의 분야라면 왜 굳이 소규모의 고객이나 딜러, 프랜차이즈 고객들을 관리해야 하는가? 과연 그렇게 할 필요가 있는 것인가? 이러한 조언을 따라서, 기업들은 부가가치를 창조하지 못한다고 생각되는 부문을 떼어 내고 유통·판매를 한쪽으로 제쳐 두었다. 전에는 혁신 개발의 모든 분야를 관리·통제하던 수많은 기업들이 유통·판매에 관심을 잃어 갔고, 대신 전문

기업들이 이러한 역할을 넘겨받게 되었다. 역설적이게도, 이러한 현상으로 인해 기업의 가치사슬에 틈이 생기고, 대형 유통점들이 빠르게 그 자리를 차지하게 되었다. 곧 이러한 부수적인 기능을 넘겨받은 기업들이 핵심에서 통제권을 차지하였고, 이전에 자신들에게 유통·판매 사업을 시작할 수 있도록 도와준 제조업체의 전략적 방향을 결정하기에 이르렀다. 2000년대 초반 인수합병 등이 활발해지면서 이러한 현상은 모든 산업에 대형 유통점들의 출현을 촉발하였고, 미국을 비롯하여 전 세계적으로 혁신적인 제품과 서비스의 유통·판매에 있어 보이지 않는 원동력이 되었다.

오늘날에는 대부분의 제품과 서비스가 그것들을 생산한 기업이 아닌 다른 업체에 의해 통제된다. 놀랍게도, 우리는 자신이 만든 혁신 제품을 소비자의 손에 전달하는 능력이 바로 대형 유통점에 의해서 제한되거나 혹은 변질되고 통제되는 사실을 발견한다. 제조업체들은 심지어 가격을 결정하기도 어렵다. 수년간 대형 유통점들이 제품 품질 수준은 높게 유지하면서 가격 인하를 지속적으로 요구해 왔다는 사실이 이를 뒷받침한다. 이 현상이 실제 벌어지고 있는 고객의 함정이다.

하지만 결국 대형 유통점 등장의 책임은 전적으로 자신들의 유통·판매를 대형 유통점으로 아웃소싱한 경영진에게 있다. 경영진 수십 명 혹은 의사결정권이 있는 몇몇 소수가 판단한 결정이다. 우리가 책임을 논할 때, 그 의사 결정을 내린 주체가 경영진, 즉 개인이며 기업이라는, 손에 잡히지 않는 추상적인 무엇인가가 아니라는 점을 이해하는 것이 중요하다.

유통·판매 전략을 수립하는 등의 모든 의사 결정에는 책임이 따른다. 의사 결정을 하는 사람은 그 선택이 미칠 영향에 대해서 대답할 의무가 있다. 책임은 의도뿐만 아니라 의사 결정으로 촉발된 결과까지 포함한다. 누군가가 중요한 책임을 져야 한다고 할 때, 그들은 결정에 따른 모든 이해당사자에게 대답해야 한다. 종종 발견하는 사실은 경영진이 대형 유통점과 사업을 맺는 유혹에 빠졌다가 뒤늦게 고객의 함정에 빠진 사실을 알고 서로 비난한다는 점이다. 그들은 종종 다음과 같이 말한다. "아, 우리에게 이런 일이 일어날 줄은 몰랐습니다" 혹은 "우리는 이것이 최종 결과라고 결코 생각하지 않습니다"라고.

하지만 어른들이 종종 이야기하는 것과 같이 친구를 보면 그 사람을 알 수 있다. 예를 들어 당신이 벤토빌6로 가서 월마트의 구매담당자와 앉아 논의하기로 결정하고, 월마트와 같은 대형 유통점을 사업에 들이기로 했다면, 그 행동의 결과를 모두 수용해야만 한다.

대형 유통점은 어디에든 있다. 그들은 자기들이 누구인지 결코 속이지 않는다. 일반적인 생각과는 다르게, 그리고 우리가 이 책에서 분명히 강조하는 바와 같이 대형 고객이 유일한 선택 대안은 아니다. 그리고 그들이 가장 좋은 선택 대안도 아니다. 어쩌면, 대형 유통점과 사업을 한다는 것은 필수는 아니지만 그렇다고 기정된 사실도 아니다. 기업이 대형 고객과 사업을 하기로 결정했을 때에야 비로소 고객의 함정이 현실이 된다. 우리는 다음 4개의 장에서 이와 같이 너무나도 명확한 사업상의 실수를 지적할 것이다. 미리 말해 두지만, 다음에서 볼 사례들은 결코 극단적인 사례가 아니다.

---

6 미국 아칸소(Arkansas) 주의 중소 도시로, 월마트의 본사가 위치하고 있다.

Chapter 02

고객의 함정과 브랜드의 몰락

그 누구도 자신이 선택한 결과에서 빠져나온 적이 없고
앞으로도 그럴 것이다. – 알프레드 몬타퍼트(Alfred A. Montapert)

　　고객의 함정은 사업상 매우 중요한 부분을 상당 부분 망가
뜨릴 수 있다. 대형 고객이 발휘할 수 있는 힘은 제조업체들이
가지고 있는 전략적인 수단을 압도하기 때문이다. 대형 고객이
어느 정도의 영향력을 발휘할 수 있는 위치에 서게 되면, 제조업
체는 자기 운명에 대한 결정권을 잃게 되며 지배자, 즉 대형 고
객의 요구 조건을 만족시키기 위해 봉사하는 피지배자의 위치로
전락하고 만다. 이러한 일이 발생하기 시작하면, 스스로 통제력
을 회복하기는 불가능하다. 제조업체 브랜드의 몰락한 사례만큼,
이러한 현상을 쉽게 찾아볼 수 있는 분야는 아마 없을 것이다.
대형 고객과의 사업에 있어 그들의 규모와 범위를 좇다 보면 제
품과 서비스가 유지하던 브랜드 가치가 빠르게 훼손될 뿐만 아
니라 결국에는 회사 전체의 브랜드 가치를 망가뜨리고 만다.
　　당신의 회사가 작은 제조업체이든, 지역의 소매상이든, 혹은
포춘지 선정 500대 기업에 속하는 대형 기업이든 상관없이 당신
회사의 브랜드 품질과 그 영향력은 중요한 것이다.

브랜드란 무엇인가? 브랜드는 어느 기업, 그리고 그 기업이 만들어 내는 제품과 서비스의 핵심가치에 대한 고객 인식의 무형적인 합이며 집합체이다. 브랜드는 제품이나 서비스가 상징하는 이성적이고, 기능적이며, 감성적인 속성들을 유지시킨다. 그리고 많은 사람들이 지적하듯, 인식은 대부분 '실제 현실'이기도 하다.

예를 들어, 오렉사가 자사 제품을 값싼 중국산 진공청소기와 함께 타겟 매장에 전시하기로 결정한 순간, 오렉사의 브랜드 이미지는 돌이킬 수 없을 정도로 변질되었다. 소비자들은 이제 완전히 다른 방식으로 오렉사 제품을 인식하게 되었다. 즉, 프리미엄 이미지는 사라지고, 그저 그런 보통으로 전락한 것이다.

같은 방식으로 레스토랑이나, 스파, 댄스 스튜디오, 피부과, 자동차 수리 업체들이 그루폰(Groupon), 리빙소셜(LivingSocial), 아마존 로컬(Amazon Local) 등과 같은 사이트를 통해 할인을 하게 되면 같은 일이 발생한다. 이러한 중간 사업자들은 순식간에 앞의 사례와 같이 서비스 업체의 대형 고객이 된다. 제품이나 서비스를 공급하는 사업자들은 가격을 인하하여도 고객이 늘어나기 때문에 가격인하의 부정적인 효과가 금세 상쇄되어 매출이 늘어나고도 남을 것이라는 생각에 현혹된다. 그래서 더 다양한 고객들과 관계를 쌓거나 시장을 확대하기보다는(비록 이러한 방법은 시간이 오래 걸리고 비용이 많이 들긴 하지만), 대형 중간 사업자들이 그들을 위해서 무언가를 해 주기를 기대한다.

그들의 생각은 이렇다. "그루폰을 통해서 30% 할인된 스파 이용권을 판매하더라도 얼마나 많은 이용권을 팔 수 있을지 생각해 봐. 그루폰이 대신해 주기 때문에 광고나 마케팅은 걱정하지 않아도 된다고."

이렇게 사업 전략에 대충 접근하는 태도는 매우 위험하다. 이러한 전략은 대형 고객을 통해 할인을 제공할 때 발생하는 다른 비용을 전혀 고려하지 못한 것이다. 의도와는 달리 실제로는 브랜드가 약화되는 결과를 낳는다. 일단 소비자들이 이러한 할인을 제공하는 브랜드를 보게 되면, 구매를 결정하기 전에 다음 할인이 제공될 때까지 기다린다. 이러한 현상은 서비스 제공업체로 하여금 경쟁업체와의 경쟁에서 승리하기 위해 더 나은 할인을 제공하는 악순환에 빠지게 한다. 이러한 사이트들은 사업자들이 독점 할인을 하도록 허락하지 않는다. 오히려 서비스 제공업체들이 서로 경쟁하도록 유도한다. 더욱이 소비자는 서비스 제공업체에 대한 충성도 대신 할인 사이트에 충성도를 가지게 된다. 고객 충성도는 특정한 날의 할인에 근거하게 되며, 제품이나 서비스의 가치에 기반하지 않게 된다.

이번 장에서는, 고객의 함정에 의해 망가진, 오래된 두 개의 브랜드를 자세히 살펴볼 것이다. 대형 유통 업체에 의해 피해를 입은 리바이스와 굿이어(Goodyear) 타이어의 사례는 모든 비용에도 불구하고 매출을 좇는 전략의 위험성에 대해 교훈을 줄 것이다.

▌ 모든 것을 바친 리바이스

미국을 상징하는 브랜드가 있다면, 아마도 리바이 스트라우스사(Levi Strauss & Co., 이하 '리바이스')일 것이다. 리바이스 진은 한 세기 이상 어디에서나 찾아볼 수 있었으며 미국 문화의 중심을 차지했다. 와이오밍 주에서는 카우보이와 카우보이를 동경하는 사람들이 커다란 벨트 버클을 리바이스에 차곤 했다. 히피족과 그를 잇는 사람들은 탈색한 리바이스를 입었다. 거의 대부분의 사람들이 패션의 일부로 리바이스를 입었다. 리바이스는 전설의 상징이었다. 제임스 딘(James Dean)은 영화 「이유없는 반항」

에서 리바이스를 입었다. 리바이스는 냉전 시대에도 역할을 했다. 1962년, 타임(Time)지는 구소련의 관료들이 리바이스의 타락적인 영향력을 반대한다며 다음과 같이 보도하기도 했다. "구소련 당원들이 소련에서는 청바지가 생산되지 않으므로 청바지는 외국에서 밀수된 것이라고 이야기했으나 이에 반대하는 청바지 열풍이 있기도 하다." 암흑과도 같던 공산당 시절에 리바이스 청바지를 러시아에 몰래 판매한 덕분에 미국 청년들이 유럽을 여행할 수도 있었다.

리바이스는 1850년대 캘리포니아의 골드 러시 때 광부를 위해 튼튼한 청바지를 만들었던 설립자 스트라우스의 이름을 딴 것이다. 스트라우스는 그가 샌프란시스코까지 전국을 돌며 가지고 다니던 갈색 캔버스를 가지고 바지를 만들 재단사를 고용했다. 재료가 떨어졌을 때에는 프랑스의 님(Nimes)이라는 마을에서 새로운 재료를 공급받을 수 있었다. 이 재료는 '세르지 데 님 (Serge de Nimes)'이라고 알려져 있던 것이었는데, 영어식의 간단한 '데님(denim)'이라는 이름으로 불리게 되었다. 스트라우스는 그 천을 파란색으로 염색했는데, 그 이후 한 세기 동안 판매를 이어갈 수 있었다. 리바이스는 1880년 240만 달러의 매출을 올렸다. 리벳으로 옷감을 고정하는 제품 혁신과, 지금은 501로 유명해진 숫자를 이용하고 가죽 위에 브랜드를 새기는 브랜딩 기법이 뒤를 이었다.

리바이스는 20세기 전반기에 악화된 경제 상황과 리더십의 부재로 어려움을 겪었다. 그럼에도 불구하고, 여러 제반 환경 덕분에 작은 시장에서 벗어날 수 있었다. 1930년대 동부 사람들이 서부 목장을 방문할 때, 수백 명의 할리우드 사람들이 청바지를 입은 것을 보며 그 독창적인 제품에 대한 신비감을 가지게 된 것이다.

제2차 세계대전 중에는 미국 정부가 리바이스를 필수적인 전쟁 물자로 선언하자 군수 산업에 종사하는 노동자들만 입을 수 있었다. 전후에는 그동안 억눌린 수요로 인해 공급이 늘 모자랐다. 리바이스는 단지 공장 다섯 개만을 가동하고 있었기 때문에 수십 년 동안 리바이스와 일해 온 유통업체와 소매점들에게 유리한 유통체재를 유지할 수밖에 없었다. 1948년에는 4백만 벌의 청바지를 팔았고, 리바이스의 수익은 1백만 달러가 넘었다.

1950년대에는 미국이 베이비 붐 시대에 들어서면서 리바이스는 젊은 층 시장으로 눈을 돌렸고, 자신들의 제품이 작업을 위한 것이 아니라 놀이나 여가를 위한 것이라고 강조했다. 회사의 세일즈 팀은 전국으로 확대하여 지역 매장보다는 도시 매장에 집중했다. 새로운 혁신도 뒤따라서 4개의 플라이 버튼 대신에 지퍼가 적용되었고, 미리 줄인 청바지나, 스트레치 청바지, 코듀로이 그리고 퍼머넌트 프레스 같은 기법을 개발했다. 회사는 매우 빠른 속도로 성장했다. 1963년부터 1966년까지 매출은 1억 5,200만 달러로 두 배가 되었다. 1968년에는 매출이 2억 달러에 달했으며 미국에서 6번째로 큰 의류 제조업체가 되었다. 하지만 여전히 수요는 맞추지 못했다. 1970년대 국내외 어려운 환경에도 불구하고, 1974년 매출은 10억 달러가 되었고, 4년 후에는 2배가 되었다.

1980년대 초, 청바지 수요가 수그러들면서 리바이스는 매스마켓(Mass Market)으로 눈을 돌렸다. 대형 유통 백화점인 제씨페니(J. C. Penney)나 시어즈(Sears)와 계약이 이루어졌다. 하지만, 수익은 25% 가량 하락했고 급기야 1982년에는 9개의 공장을 닫고 2,000개의 일자리를 없앴다. 고가의 패션 시장 및 1984년 올림픽 제휴를 통하여 광고가 강화되었음에도 불구하고, 1980년대 중반 수익은 50%나 줄어들었다.

하지만 리바이스는 닥커스 브랜드와 스톤와시 청바지를 포함하여 신제품을 출시하며 돌파구를 찾을 수 있었다. 1990년대 판매 유통은 닥커스와 리바이스 전용 직영매장, 메이시즈(Macy's)와 같은 백화점으로 확대되었다. 1996년까지 회사는 부채가 없었고 유럽에서도 승승장구했으며, 인도와 중국과 같은 신흥시장으로도 진출하고 수익성도 매우 건전했다.

하지만 하루아침에 모든 것이 변했다. 2000년 SEC에 제출한 보고서에서, 리바이스는 위태로운 재무 상태를 보고했다. 4년 전만 해도 높은 수익과 튼튼한 사업 모델을 운영하고 있었다. 그러나 순식간에 리바이스는 29개의 공장을 폐쇄하고 18,500개의 일자리를 없애기에 이르렀으며, 수익은 1997년 4억 1,150만 달러에서 1999년 550만 달러로 줄어들었다.

리바이스가 몰락한 근본적인 원인은 1985년 리바이스가 차입매수로 개인 기업이 되었을 때 발생한 엄청난 부채 때문이다. 게다가 그 부채가 최고조에 이르던 1996년에 직원 보상 계획이 수포로 돌아가면서 일은 훨씬 복잡하게 얽히게 되었다. 그 계획은 1년치 임금 총액에 해당하는 금액을 1회성 보너스로 제공하는 것이었다. 그 비용이 무려 7억 5,000만 달러에 이르렀다.

리바이스가 어려움을 겪게 된 더 큰 이유는 시장 상황이 달라진 영향도 있다. 리바이스 제품은 시어즈나 제씨페니가 판매하는 저가의 대체재보다 좋은 위치를 점유하고 있었다. 그러나 신생 고급 브랜드인 캘빈 클라인이나 토미 힐피거보다는 낮은 위치였다. 리바이스가 맞닥뜨리고 있는 이러한 문제를 전직 코카콜라의 임원이자 캘리포니아 주립대의 강사였던 피터 실리(Peter Sealey)는 LA 타임즈에 이렇게 말했다. "리바이스의 브랜드 이미지는 더 이상 소비자와 관련이 없어져 버렸죠. 기업 전략에서 가장 안 좋은 상태는 중간에 끼는 것이거든요."

2003년 휴스턴 크로니클은 리바이스에 대해서 이렇게 평했다. "매출은 최근 6년 동안 지속적으로 하락했고, 성과를 내라는 압력은 거세지고 있으며 파산이라는 위험은 점점 높아지고 있다." 리바이스의 부사장인 데이빗 버겐은 회사가 "죽음의 문턱"에 있다고 이야기했다. 마침내, 같은 해 리바이스는 월마트에 제품을 공급하기로 동의했다. 몇 해를 거부했지만, 리바이스는 대형 유통업체에 운명을 맡기는 것 외에는 다른 방법이 없다고 생각했다. 긍정적인 면은 물론 물량이 확대될 것이라는 점이었다. 리테일 포케스팅지의 커트 버나드는 이렇게 말했다.

> 리바이스는 5~6년간 무덤 속에 있거나 혹은 무덤에 들어갈 운명이었는데, 마침내 한 가지 일을 해냈다. 내가 생각하기에 그것은 생존의 마법을 거는 것과 다름없다. 이는 바로 월마트에 납품하는 것이다. 어디서 새로운 고객 1억 명에게 접근할 수 있겠는가? 이러한 시장 확대는 분명 대단한 것이다.

유통 컨설팅 회사 콜튼 버나드의 임원인 해리 버나드는 이렇게 요약했다. "생존에 필요한 물량을 얻게 될 것이다." 리바이스는 2003년 7월 22일 '시그니처'라는 브랜드의 청바지를 월마트에 출시했고, 12월경에는 타겟에서도 시그니처 브랜드가 판매되었다. 시그니처 브랜드에는 리바이스의 상징이라고 할 수 있는 레드탭과 두 마리의 말 문양을 새긴 가죽 패치가 없거나, 혹은 주머니에 바느질 문양이 없었다. 소매가는 23달러였고, 할인을 할 경우 가격은 19.5달러였다.

월마트에서 판매되는 평균적인 청바지가 15달러인 것을 감안했을 때, 시그니처 브랜드는 할인 매장에서는 꽤 프리미엄 제품이었다. 리바이스는 레드탭 마크를 뗀 다소 급이 낮은 브랜드의 제품으로써 시그니처 브랜드와 리바이스의 핵심 제품이 차별화되기를 기대했다. 리바이스의 사장이자 최고 경영자인 필 마리노는 일각에서 시그니처 브랜드가 리바이스 제품과 제 살 깎기 경쟁을 할 것이라고 이야기했을 때 기존의 소매점들이 염려하는 바를 인정했고, 그 때문에 "리바이스 브랜드와 닥커스 브랜드의 주문과 재고물량을 매우 보수적으로 관리한다"고 말했다.

　　리바이스는 월마트의 요구를 맞추기 위해 자기들의 공급망 관리 체계를 완전히 새롭게 바꾸었다. 아울러 새로운 시장 예측 및 제품 추적 기술을 도입할 수밖에 없었다. 임원진의 책상에 있는 '계기판(Dashboard)'을 이용해서 관리자들은 특정한 제품이 공장에서부터 유통 센터 및 개별 소매 매장에 이르는 전 과정을 추적할 수 있게 되었다. 리바이스의 한 임원은 이렇게 말했다. "처음 회사에 들어왔을 때에는 아무것도 볼 수 없었지만 이제는 모든 제품 하나하나가 어떤 상황에 있는지를 파악할 수 있어요." 리바이스는 월마트의 유통 센터 및 월마트 슈퍼센터에 제품 공급을 원활하게 해 주는 세 개의 '풀 포인트(Pool Points)'를 제품에 더함으로써 자신들의 공급망을 확대했다. 게다가 전자자료 교환(Electronic Data Interchange, EDI) 기술과 다른 협업 통신 소프트웨어도 도입했다. 물류 시스템이 제대로 작동되도록 부서 간 협업 팀도 만들었다.

　　월마트에 리바이스 제품이 판매됨으로써 대형 유통 업체가 유명 브랜드를 매장에 들이려고 하는 노력이 힘을 얻었다. 컨설턴트인 월터 로브는 이렇게 말한다. "그들은 유명 브랜드를 좋아하죠. 리바이스 브랜드가 자기들 사업에 믿음을 주었기 때문에 월마트가 리바이스 브랜드를 판매할 수 있었다고 인식되기를 원하는 것입니다." 하지만 시그니처 브랜드의 처음 시작은 좋지 않았다. 월마트는 재고 회전율이 예상보다 좋지 않다고 불만을 표했다. 3개월 후 불만 가득한 월마트는 남자 청바지의 가격을 23

달러에서 19달러로 대폭 내렸다.

2003년 시그니처 브랜드는 미국 내 리바이스 매출의 8%, 그리고 전 세계 매출의 6%를 차지했다. 2004년에는 각각 14.5%와 9.7%로 껑충 뛰었다. 월마트의 고위층은 결과에 만족했다. 리바이스는 이제 매스마켓 프리미엄 브랜드로 인식되었고, 월마트가 판매하는 청바지 중에 고급 제품 이미지를 갖게 되었다. 월마트는 랭글러 브랜드를 15-18달러에, 그리고 월마트 브랜드 청바지를 9.99달러에 판매했다. 리바이스는 소비자들이 각각 세 개의 회사가 만든 청바지를 구경하도록 끌어들이는 데에 도움이 되었다. 한편 2006년까지 리바이스의 매출에 큰 부분을 차지한 제품은 시그니처 브랜드가 아니라 닥커스 브랜드였다. 닥커스 브랜드를 버리려고 한 일전의 시도를 볼 때 이는 매우 아이러니한 상황이었다.

2006년 초, 월마트는 의류 섹션에 있는 진열대를 자사의 브랜드용으로 사용하기로 결정했다. 리바이스가 월마트를 위한 새로운 브랜드를 만들고자 유통망 관리를 새롭게 정비했다는 사실은 전혀 신경 쓰지 않았다. 2006년 SEC에 제출한 보고서에 다음과 같이 기록하고 있다.

유통 전시 공간, 시장 점유율, 그리고 이들 채널에서 판매를 유지할 수 있는 이유는 전적으로 우리가 차별화되고 독점 상품을 만들고 유통점들이 우리 제품을 판매함으로써 수익성을 확대시킬 수 있느냐에 달려 있습니다. 그런데, 이러한 노력은 오히려 우리의 이익에는 역으로 작용합니다. 더욱이, 최근에 미국의 대형 유통점들이 자신들의 프라이빗 브랜드(PB)를 확대하려고 하는 움직임은 시그니처 브랜드에 할당된 매장 공간을 위협하고 있으며, 이 또한 우리 매출에 악영향을 미치고 있습니다. 예를 들어, 2006년 월마트가 자신들의 브랜드를 위한 여성복 공간을 늘리면서 우리에게 부정적 영향을 미쳤습니다.

시그니처 브랜드는 성과가 좋지 않았다. 리바이스는 매스마켓 채널의 부족으로 인해 유럽 내 시그니처 브랜드의 판매를 중지했다. 2007년 리바이스 연차보고서에는 이렇게 서술하고 있다.

예상대로 시그니처 브랜드에게는 매우 어려운 한 해였습니다. 대형 유통 고객의 변화하는 의류 구매 전략에 대응하기 위해 브랜드는 완전히 변화하고 있습니다. 그들과 함께 만들고 있는 계획에 따라 2008년 가을경, 새로운 브랜드 로고와 새로운 소매점으로 찾아가게 될 것입니다.

2008년 3/4분기 사업보고서에는 이렇게 밝히고 있다. "순매출이 상승한 요인은 세 영역에서 성장했기 때문이다. 환율, 전세계 전용 매장의 증가, 그리고 기존 매장에서의 매출 성장이 순매출의 증가를 이끌었다." 2009년 기업 보고서에서 리바이스는 이렇게 밝히고 있다. "PB와의 경쟁을 비롯해, 진열공간이 감소하고 대형 유통점이 그들의 요구조건에 맞지 않는 브랜드에 대한 구매 물량을 축소함으로 인해 매스마켓에서의 매출 상승은 어려울 것으로 보인다." 역설적이게도, 매스마켓은 리바이스를 살릴 수 있는 시장이라고 예상되었지만 그러한 전략이 시행되는 동안 상황은 더욱 악화되었다. 2013년 연차보고서를 보면, 시그니처 브랜드와 2011년에 타겟에 출시된 데니즌 브랜드는 겨우 순매출의 4%를 차지할 뿐이었다. 리바이스가 범한 전략적 오산에 대해 아이리쉬 타임즈(The Irish Times)의 한 기사는 이렇게 요약하고 있다.

1990년대 중반까지만 해도 리바이스 청바지는 필수 패션 아이템이었다. 하지만 세븐포올맨카인드(7 for All Mankind)나 트루 릴리전(True Religion) 같은 고급 청바지 브랜드가 등장해 리바이스보다 6배나 비싼 가격에 팔리고 고급 부티크 샵이나 백화점을 통해 유통되면서, 시장 흐름이 완전히 변화되었다. 리바이스는 이러한 트렌드를 읽고 민첩하게 대응하지 못하여 고객의 선호도 변화를 맞추는 데에 실패했고 결국 어려움을 겪었다. 청바지 사업이 럭셔리 제품과 할인 제품으로 양극화되고 있음에도 불구하고 리바이스는 중간 가격의 청바지 생산업체에 머무르고 말았다. 사실, 리바이스도 2006년 캐피탈 E(Capital E)라는 프리미엄 청바지를 선보였지만 때는 이미 늦은, 럭셔리 청바지 트렌드가 떠오른 이후였다.

2011년 CEO가 된 칩 버그는 리바이스가 처한 위기에 대해서 이렇게 말했다.

우리는 리바이스를 다시 위대하게 만들기 위해 열심히 노력했습니다. 우리의 목표는 세계에서 제일 가는 의류 회사가 되는 것이었고, 의류 산업 분야에서 가장 성과가 좋은 회사가 되는 것이기도 했죠. 아주 야심찬 목표였지만 얼마 전까지만 해도 그 위치를 확보하고 있었기 때문에, 나는 우리가 그 자리에 다시 올라설 수 있을 것이라고 믿었습니다.

대형 유통 고객들은 종종 기업들을 지배하고 산업 전체를 완전히 변화시키는 놀라운 능력을 보여준다. 불행히도, 이러한 지배력의 변화는 수많은 미국 제조기업을 굴욕적인 위치로 전락시키고, 대규모의 유통업체 고객에 대한 교섭력을 약화시켰다. 리바이스와 비슷하게 굿이어의 사례는 한때 산업을 군림했던 브랜드가 대형 유통 고객의 그늘에 짓눌리고 가려져 사라져 가는 단면을 보여준다.

굿이어: 고무를 자동차의 필수 부품으로 만들다

아마도 굿이어 타이어만큼 미국 산업에 상징적인 기업은 없을 것이다. 방대한 대리점 유통망, 시인성이 좋은 전시장, 그리고 사랑받는 브랜드와 제품 덕분에 굿이어는 20세기에 타이어 시장을 지배했다. 이토록 미국 제조업의 상징이던 기업이 부주의하게 대형 유통기업과 손을 잡으면서 순식간에 해체되리라고는 누구도 상상하기 어려웠을 것이다. 미국 기업 역사에서 가장 성공적인 대리점 유통망이었지만 이를 관리하고, 유지하며, 확장하지 못한 점이 바로 '부주의'의 원인이었다.

굿이어 타이어는 100년 이상 미국 타이어 산업의 선도 기업이자 산업 전반에 걸쳐 1등 기업이었는데 1990년 중반, 대형 유통업체의 손아귀로 스스로를 몰아넣고 말았다. 오랫동안 굿이어는 5,000개 이상의 대리점들로 구성된 방대하고 효과적인 유통망을 아주 잘 관리해 왔었다. 그러고는 1990년 중반, 기업 재정비의 일환으로 대리점들을 버리고 시어즈, 월마트, 그리고 몽고메리 워드(Montgomery Ward) 같은 대형 유통 체인점을 통해 타이어를 판매하기 시작했다.

예견된 바와 같이, 굿이어 대리점들은 가만있지 않고 대신 미쉐린이나 피렐리 같은 경쟁사 제품을 취급하기 시작했다. 그 결과 굿이어는 신뢰도 있고 열정적인 대리점 유통망을 잃어버렸고, 결국 굿이어 브랜드는 소비자들 사이에서 다른 브랜드와 같이 할인 매장에서나 팔리는, 그저 그런 타이어로 인식되게 되었다.

뉴햄프셔 주에서 굿이어 대리점 점주였던 밥 데이비스는 이렇게 이야기한다. "어떤 달에는 굿이어에서 타이어를 살 수도 있어요. 하지만, 다음 달에 타이어 가격이 20% 오르거나 혹은 하락할 수도 있다면… 굿이어와 사업을 지속하기는 매우 어렵죠."

굿이어는 1898년 프랭크 사이벌링이 미국 오하이오 주 애크런에 있는 마분지 공장이었던 생산시설을 3,500달러에 매입해 설립되었다. 고무 경화 공정의 창시자였던 찰스 굿이어(Charles Goodyear)의 이름을 따서 설립된 굿이어는 3만 명의 직원을 두어 대공황 이전인 1920년 4월에 최고 837,000개의 타이어를 생산할 수 있는 기업으로 성장했다. 1930년까지 대공황의 시련에도 불구하고 굿이어는 2억 5,000만 달러의 매출을 기록했고, 145개국에서 사업을 진행했다. 시어즈와 맺은 유통 계약은 굿이어가 대대적으로 대형 유통체인을 사용하게 된 전조가 되었다. 시어즈와의 합의사항은 매우 간단했다. 굿이어의 생산단가에 마진 6%를 더하여 시어즈에 타이어를 공급하는 것이었다.

이것은 후에 매우 유명한 독점금지사례가 되었는데, 굿이어는 1914년 시행된 반독점 법률인 클레이튼 법(Clayton Act)을 위반한 혐의로 1936년 기소되었다. 사업을 독점화하는 행태를 방지하려는 셔먼 반독점 법(Sherman Antitrust Act)과는 달리, 클레이튼 법은 공정경쟁을 방해하는 사업 관행에 초점이 맞추어져 있다. 이 법률의 2조를 보면, "누구든지 서로 다른 매입자 사이에서 가격을 차별하는 행위는 위법이다. … 그러한 차별로 인해 경쟁이 훼손되고 기업 간 거래에서 독점적인 지위가 유발될 경우에 그렇다"라고 명시되어 있다.

1936년 미국 공정경쟁 위원회는 굿이어가 시어즈와의 협약을 종료할 것을 명령했다. 굿이어가 항소하긴 했지만, 시어즈와의 관계를 종료하기로 했다. 그 당시에 통과된 법률과 규제들은 대공황의 피해를 국가 정책으로 해결하려는 노력을 반영한 것이었는데, 기껏해야 매우 모호한 경제적인 효과를 낳았다. 하지만, 정부의 개입이 굿이어에게는 분명한 결과를 가져왔다. 굿이어가

1980년대까지 대형 유통망을 이용하는 것이 불가능해졌다는 점이다. 하지만 1980년대부터 시어즈를 통해 타이어 유통을 재개했다. 역설적이게도, 굿이어가 재기했던 항소는 1939년 굿이어의 승리로 끝을 맺었다.

시어즈와의 관계 청산은 굿이어가 스스로 마케팅 채널을 구축해야 하는 것을 의미했다. 그 결과, 굿이어는 수십 년 동안 판매 유통망을 통제할 수 있었다. 가장 정점이던 1980년대 중반에 굿이어는 전체 매출의 27%를 차지하는 1,000개 이상의 직영매장을 운영했으며, 23%의 매출을 담당하는 프랜차이즈 대리점 유통망, 그리고 나머지 50% 매출을 담당하는 개별 독립 대리점 체제들을 보유했다. 프랜차이즈 대리점은 기본적으로 굿이어의 관리하에 사업, 재무, 그리고 경영 등의 분야에서 3년 동안 교육받고 인증을 받아 독립 대리점 지위를 탈피한 새로운 굿이어 대리점 유통망을 의미했다.

굿이어는 미국에서 가장 효율적인 대리점 유통망을 구축함으로써 엄청난 가치를 보유한 회사가 되었다. 굿이어 역사를 돌이켜 보면 굿이어 대리점들은 굿이어 타이어만을 취급했다. 회사와 대리점 간의 상호 협약에는 이렇게 쓰여 있다. "여러분이 굿이어 타이어만을 판매하면, 굿이어는 여러분 대리점을 보호할 것입니다. 성과가 만족스러운 한, 굿이어는 대리점들에게 독점적인 판매 지역을 제공할 것입니다. 만약 여러분의 대리점이 네브라스카 주 노스 플랫에 위치해 있다면, 굿이어는 여러분의 매장을 통해서만 굿이어 타이어를 판매할 것입니다. 만약 성과가 좋지 않다면, 우리는 직영 매장이나 새로운 대리점을 개설하기 전에 어떻게 문제를 해결할 수 있을지 여러분과 먼저 협의할 것입니다." 1989년, 70%에 달하는 대리점들이 굿이어 타이어만을 취급했다.

하지만 1991년경, 그 수치는 50%로 하락했다. 대리점들이 판매하는 다른 브랜드들은 대개 저가 제품이었다. 하지만 굿이어의 유통망은 충성도가 매우 높아서 영국의 재무투자가인 제임스 골드스미스가 1986년 적대적 인수를 시도했을 때, 대리점들은 모두 반대 목소리를 높였다. 굿이어는 대리점들과 굿이어의 본사가 위치한 오하이오 주 애크런의 시민들의 공동 노력으로 적대적 인수를 무산시킬 수 있었다. 몇몇 굿이어 대리점 점주들은 말 그대로 침략자들을 감시하는 역할을 하며 온 도시를 헤집고 다녔다. 골드스미스와의 싸움의 결과로 발생한 높은 부채 비율이 1992년 시어즈에 제품을 공급하게 된 계기로 작용했다. 곧이어 월마트와 샘즈 클럽과의 거래가 뒤따랐다.

1991년 6월 러버메이드의 전 최고 경영자이자 굿이어의 이사회 멤버이기도 한 스탠 골트는 망가질 대로 망가진 거대 타이어 기업을 넘겨받았다. 골트는 아주 성공적인 커리어를 밟아온 사람이었다. 월스트리트에서 기적의 손으로 불리기도 했는데, 그의 성공 이력 때문에 투자자들 사이에서는 매우 유명한 사람이었다. 그가 러버메이드에 재직한 11년 동안 회사는 4배가 성장했고, 수익은 6배나 커졌다. 전에 같이 근무하던 한 사람은 그를 이렇게 표현했다. "원가 절감에 있어서는 정말로 막무가내인 사람이었어요."

시어즈는 1989년부터 굿이어가 시어즈를 위해 타이어를 공급하도록 공을 들여왔다. 그러나 이미 골트의 취임 전부터, 향후 탄탄했던 대리점망에 어떤 일이 일어날지는 예견됐다. 마케팅 이력과 대형 유통점을 통한 판매 경험을 바탕으로, 골트는 시어즈 재고의 20%에 해당하는 물량을 하루아침에 공급했다. 새롭게 시도되는 대중 시장 전략을 강조하기 위해 시어즈와의 협상을 언론에 발표하러 가는 시카고행 비행기 안에서도 그는 손수 타이어 세트를 조종사에게 팔기도 했다. 다음 협상 대상은 월마트였으며, 월마트에는 1994년 비바라는 이름의 브랜드로 판매하기 시작했다. 또 다른 할인점인 몽고메리 워드와의 협상도 뒤를 이었고, 몽고메리 워드에서는 2개의 독점적인 브랜드를 판매했다. 골트는 당시 몽고메리 워드와의 협상이 새로운 고객으로 유통망을 넓히는 전략의 일환이라고 설명했다.

굿이어가 무수히 많은 원가 절감 프로그램과 다른 전략적 시도를 했지만, 그중에서도 대형 유통점을 통해 타이어를 판매하는 결정은 아주 큰 영향을 끼쳤다. 대리점을 포기한 것은 명석한 분석의 결과이거나 임원진이 토론한 결과이거나, 이사회의 결정이 아니었다. 오히려 그 결정은 시어즈에 납품하기로 한 결정의 후속으로 진행된 것이었다. 굿이어의 시장점유율은 16%로 증가했는데, 그것은 시어즈가 보유한 재고를 포함한 것이었다. 처음에 대리점들은 굿이어가 대형 유통점과 거래하는 것을 실망스럽게 바라보았다. 한 대리점 사장은 이렇게 말했다. "우리는 굿이어와 동거동락했죠. 그런데 지금은 굿이어가 우리를 물속에 밀어넣고 있군요."

대리점들은 새로운 경쟁자와 맞서 싸워야 했을 뿐 아니라, 대형 유통점들의 저가 전략 때문에 대리점들도 가격을 인하해야 했으며, 이러한 현상은 모두에게 수익률 하락을 의미했다. 대리점들도 본인들의 입지를 빼앗기자 가만히 있지는 않았다. 전에 굿이어의 대리점을 경영했으며 올아메리칸 타이어 서비스를 소유하고 있던 매니 드래카키스는 이렇게 말했다. "누군가 당신의 얼굴을 몇 차례 때린다면, 당연히 이제 더 이상은 안 된다고 말할 겁니다."

굿이어와 대리점 유통망의 미묘한 관계가 깨어지자, 대리점들은 다른 공급자를 찾았다. 굿이어 타이어만을 판매하는 대신,

대리점들은 여러 브랜드를 동시에 취급하기 시작했다. 플로리다 주에 위치한 대형 대리점의 부사장을 지내는 팸 핏저랄드는 월스트리트와의 인터뷰에서 이렇게 말했다. "우리는 우리가 생각하기에 고객에게 가장 가치 있다고 생각되는 브랜드를 판매할 겁니다. 그것이 꼭 굿이어일 필요는 없죠." 이 대리점이 다른 브랜드를 판매하기 시작할 즈음, 굿이어 브랜드의 판매는 20% 정도 하락했다.

한편, 시어즈는 고객을 끌어들이기 위해 굿이어 타이어를 판매했지만, 다른 한편으로는 다른 프라이빗 브랜드뿐만 아니라 시어즈의 브랜드인 로드핸들러의 판매를 신장시켰다.

2000년에는 내쉬빌에 위치한 브릿지스톤 타이어가 미국 교통안전국이 안전하지 않다고 판정한 주문자 생산방식 혹은 교체용 타이어 수백만 개를 리콜했다. 브릿지스톤의 생존이 위험에 처한 것처럼 보였다. 하지만 2년 후, 브릿지스톤은 브릿지스톤과 파이어스톤 타이어의 판매 증가로 인해 1억 3,500만 달러에 이르는 영업이익을 기록했다. 같은 기간 동안 굿이어는 북미 지역에서 판매가 12% 감소했으며, 영업 이익이 8,100만 달러에서 1,100만 달러로 매우 급격하게 하락했다. 타이어 비즈니스지의 사설은 두 회사의 실적 차이의 원인을 두고 두 기업이 대리점 유통망을 관리하는 방법이 달랐기 때문이라고 분석했다. 브릿지스톤과 합병된 파이어스톤은 충성된 대리점망을 만들기 위해 부단히 노력했고, 그 결과 경영이 어려운 시기에도 유통망들은 그 기업과 함께했다. 반대로, 굿이어의 대리점들은 제조업체에 의해 속았다고 느꼈으며, 그 결과 충성도가 사라졌다. 같은 잡지의 사설은 이렇게 분석했다.

많은 굿이어 대리점은 회사에 격분했고, 굿이어에 더 이상 충성도를 가질 필요가 없다고 느꼈다. 한때 최고의 대리점을 보유했던 굿이어는 대리점들의 충성도를 다시 되찾을 수가 없었다. 굿이어는 대리점 체계의 회복을 기업 경영의 최우선 과제로 만들어야 했다. 애크런에 본사를 둔 굿이어가 직영점이나 대리점을 넘어 판매 유통경로를 확대한 이후로, 굿이어는 기업 경영의 탄력을 잃고 말았다. 굿이어의 독립 타이어 대리점들은 회사의 가장 중요한 자산이었다. 대리점들은 최전선에서 소비자들이 어떤 것을 원하는지 그 이상을 알고 있었다. 그들이라면 기업을 되살릴 수도 있었을 뿐 아니라 굿이어가 이러한 점을 빨리 깨달을수록, 더 나은 결과를 가져올 수도 있었다.

산업계 전반의 우려에도 불구하고, 굿이어는 계속해서 대형 유통점에 제품을 공급했다. 2003년경, 결국 굿이어는 유통·판매에 대한 통제력을 잃고 말았으며 흔히 다른 브랜드와 차별화되지 않는 범용제품 수준의 타이어를 공급했다. 골트를 이은 새로운 최고 경영자는 대리점과의 관계를 개선할 것이라고 약속했다. 하지만, 이것은 아직까지 이루어지지 않았다.

다른 타이어 제조업체는 어떠할까? 그들도 고객의 함정에 걸려들었을까? 브릿지스톤은 여전히 충성스런 대리점망을 보유하고 있다. 미쉐린도 대리점들과 긴밀하게 협업하고 있으며 또한 대형 소매점을 통해서도 판매하고 있다. 하지만, 미쉐린의 타이어는 프리미엄 제품으로 인식되기 때문에 대형 유통점들이 미쉐린의 수익률을 압박하기는 어렵다. 미쉐린의 연구에 따르면 미쉐린이나 BF굿리치 브랜드를 구매하는 소비자들은 타이어를 구매할 때마다 평균 388달러를 쓴다. 이는 다른 브랜드의 평균 구매 가격보다 30% 이상 높다.

그렇다면 타이어 대리점들은 어떠할까? 굿이어가 대리점망을 버리는 동안, 타이어 소매업은 합병을 거듭하여 최상위 100개의 대리점 그룹이 58개의 지점을 운영하고 10개 이상의 타이어 브랜드를 취급하게 되었다. 타이어 제조업체와, 굿이어에 의해 시련을 겪은 충성도 높은 대리점의 관계 덕분에 많은 독립 대리점들이 새로운 산업의 변화에 맞추어 커다란 수익을 거두어들였다.

2001년까지도 굿이어는 여전히 적자에 시달렸고 과거 14년 동안 계속 적자에 머물러 있었다. 이 기간 동안, 굿이어의 주식은 S&P 500 지수에 편입된 기업들 중에서 가장 최악의 실적을 기록했다. 굿이어가 추락하게 된 데에는 많은 이유가 있겠지만, 충성도 높은 유통 대리점망을 버린 것이 가장 큰 원인이었다. 굿이어는 유통·판매에 대한 통제력을 상실했고, 앞으로도 다시 되찾지는 못할 것으로 보인다.

리바이스와 굿이어의 사례는 기업이 자사제품의 유통을 외부에 넘겨주었을 때 기업이 겪을 수 있는 위험을 보여준다. 기업들은 흔히 이렇게 생각한다. 유통·판매라는 지저분한 일에 손을 더럽히기보다는, 제품을 시장에 공급하는 '자질구레한' 일들은 다른 기업에 맡겨 두고 자신들은 성공을 위한 기업 혁신에 매진하는 편이 낫다고 말이다. 다음 장에서는 이러한 접근의 한계를 알아볼 것이다.

Chapter 03

혁신의 범용화

스스로의 운명을 통제하라.

그렇지 않으면 다른 사람이 당신의 운명을 통제할 것이다. – 무명

　최근 들어 기업 경영의 사상가, 컨설턴트, 언론인, 정치가, 교육자 등 너 나 할 것 없이 모두 '혁신'만이 답이라고 생각하며 그것에 매몰된 듯하다. 어떤 면에서는 그러한 열정이 충분히 납득이 갈 만하다. 자본주의가 번성하기 위해서는 성장이 필요하다. 새로운 프로세스, 제품, 서비스들은 성장을 촉진하고, 기존의 제품과 서비스에 도전장을 내민다. 이론적으로는 경제가 성장하고, 혁신적인 기업이 승승장구하는 것, 이 모든 것이 선이다. 경쟁은 뒤처진 기업으로 하여금 뒤따라오게 하거나 아예 파산하게 만든다. 그리고 그러한 과정은 반복된다.

　하지만, 실제로 75% 이상의 새로운 아이디어나 발명품이 시장에서 관심을 끄는 데에 실패한다면 무언가 분명히 잘못되었다는 것을 의미한다. 아마도 무엇인가를 창조한다는 것에만 매몰되어 도리어 혁신이라는 공식에서 가장 중요한 요소를 잃어버린 것인지도 모른다. 즉, '혁신이 누구를 위한 것인가'라는 점을 잊어버리는 것이다.

우리의 경험을 비추어 볼 때, 기업들은 잘 개발된 제품이 그것을 원하는 고객의 손에 들어갈 것이라고 단지 피상적인 상상을 하는 경향이 있다. 그리고 그 고객은 기업의 생각과 동일하게 기업이 내세운 그 혁신 제품을 가치 있게 여기리라고 생각한다. 하지만, 만약 고객이 제품이 가진 매우 독창적인 특징에는 전혀 관심이 없고, 오직 시장 점유율을 늘리기 위한 가격 경쟁에만 관심이 있다면 어떨까? 즉, 혁신 제품을 그저 잠시 사용하다가 언제든 내다 버릴 수 있는 제품 정도로만 생각했던 기존의 고객들에게만 팔릴 수 있는 것이라면 과연 어떨까?

　　혁신은 매우 오랫동안 일반 대중 그리고 학계에서 가장 관심 있는 분야로 자리 잡아 왔다. 최근 교육자들은 미국을 혁신이라는 경쟁에서 최고의 자리에 위치하게 만들기 위해 과학과 수학을 강조하는 교육과정을 개발하고 있다. 대학에서는, 혁신과 기업의 문화를 통합하는 데에 초점을 맞춘 MBA과정이나 최고경영자 과정이 엄청난 인기를 얻고 있다. 크고 작은 기업을 가리지 않고, 기업들은 혁신 부서를 만들었다. 최고 혁신 임원(Chief Innovation Officer, CIO)이라는 자리는 유행을 선도하는 인기 있는 직책이 되었다. 취업 정보를 제공하는 몬스터 사이트에서 '혁신'이라는 단어로 검색을 해 보면 19,000여 개의 모집 공고가 혁신이라는 단어를 포함하고 있다는 것을 알 수 있다. 기술이전은 학계와 산업계를 이어 주는 수단으로 인식되고 있다. 경영의 대가들이 저술한 베스트셀러들은 한결같이 기업이 모든 제품의 범용화를 피하고 경쟁에서 앞설 수 있는 수단으로서 '혁신'이 바로 그 희망이라는 데 의견을 모으고 있다.

　　전통적으로도 혁신은 많은 기업이 지속 가능한 경쟁력을 유지하는 데 반드시 필요한 수단이라고 인식된다. 그 주장의 근거는 세계화와 단일 시장화, 극한 경쟁, 그리고 저비용 구조 등이 수많은 혁신 제품과 서비스를 범용제품이나 서비스로 만들어 버릴 것이며, 이로 인해 기업들이 혁신 제품을 시장에 내놓는 데에 필요한 비용을 회수하기에 어려워질 것이라는 점이다. 이에 대응하기 위해서, 혁신은 다른 기업들에게 앞설 수 있고 고객에게 최고의 가치를 제공할 수 있는 최고의 수단으로 여겨진다. 그러나 불행히도 현실에서는 혁신의 실행이 항상 목표에 미치지 못한다.

문제는 그 원인이 혁신적인 아이디어가 없거나, 연구개발 비용이 부족한 탓이 아니라는 점이다(실제로 미국에서는 2013년에 277,835개의 새로운 발명품 특허가 출원되었다). 2008년 경제공황 이후, 2011년과 2012년의 GDP 성장보다 더 빠른 속도로, 연구개발이 이전 수준으로 돌아갔으며, 경제 하락 이전인 8년 전 수준으로 되돌아갔다. 많은 기업인들이 일단 시장 상황이 개선되면 혁신은 성장을 보장할 수 있는 가장 좋은 수단이라고 인식했다. 듀폰이 개발한 파쇄되지 않는 플라스틱이나 나이론, 크래프트의 마카로니치즈 음식 패키지, 그리고 미라클 휩과 같은 제품은 경제가 매우 불안정할 때 기업들이 창조한 위대한 혁신 제품의 좋은 예이다. 이들 제품은 미국의 대공황 시절에 개발되었다. 2001년 경제 하락기에 애플은 아이팟을 출시했다.

그렇다면 왜 수많은 혁신들이 실패하는 것일까? 여러 이유가 있겠지만, 그중 한 가지는 혁신 제품에 있어 첫 번째 단계에만 치중하고 두 번째 단계를 간과한다는 점이다. 혁신 제품을 개발하는 과정이 첫 번째 단계라면, 두 번째 단계는 유통·판매 단계이다. 만약 두 번째 단계가 없다면, 제품 개발에 쏟았던 모든 땀과 눈물 그리고 정성과 돈이 낭비될 것이라는 점이다. 실망스럽게도, 많은 기업들이 특히, 제품의 판매와 유통이라는 두 번째 단계로 들어서면서 자신들이 만든 혁신 제품의 진정한 가치를 획득하는 데에는 관심을 보이지 않는다. 자신들이 들인 노력에 대한 보상을 거두어들이는 대신, 대형 유통점에게 두 번째 단계를 떠넘기고, 그 때문에 혁신의 범용화를 가속화시킨다.

자신들의 혁신 제품에 대한 엄청난 판매와 더 큰 시장에 대한 꿈을 안고 실험실이나 공장을 떠나 시장에 제품을 출시하면서 혁신 기업들은 제품에 대한 통제권을 잃어버리고 만다. 판매 및 유통 과정을 간과하는 실수 때문에 혁신의 범용화가 앞당겨진다. 한때 고가의 혁신 제품을 만들었던 많은 기업들이 고가 전략을 버리고, 대신에 '저가의 대량 물량' 접근을 채택했다. 이러한 현상은 대형 유통점들이 물량과 구매력을 이용해 혁신 기업들의 전략적인 이점을 무력화하는 어떤 체계적인 과정을 통해서 발생했다.

앞서 이야기한 대로, 오늘날 일어나는 이러한 현상은 경영자와 관리자들이 혁신, 기술, 생산 효율성, 아웃소싱과 같은 핵심역량을 강조하는 새로운 경영 패러다임에 매몰되어 판매와 유통관리를 등한시하기 시작한, 수십 년 전으로부터 비롯된 것이다. 기업들은 자신들의 내부 역량을 확인하고 발굴함으로써 더 나은 신규 제품을 만드는 데 좀 더 효과적으로 집중할 수 있게 되었다고 보았다. 그리고 이것이 고객에게 가장 큰 혜택이라고 여겼다. 그들은 저가에 생산되는 신제품들이 이러한 전략을 추구하는 기업 자신들에게 돌아오는 최종적인 결과라고 여겼다. 그러나 커다란 시장에 뛰어드는 순간부터 혁신 기업들은 대형 고객, 즉 대형 유통망들이 심지어 전략 방향과 운영통제권에 대한 비용을 부과하면서까지 변화를 유도했음에도 불구하고 자신들의 제품과 서비스가 가져다주는 고귀한 가치를 대형 고객들이 수확하도록 그냥 내버려 두었다. 그리고 너무나도 빈번히 혁신 기업들의 제품은 기업의 소유와 통제권을 벗어나 실용적인 목적이라는 미명하에 대형 유통점들의 손아귀에 소유물로서 귀속되고 말았다.

혁신 제품을 대형 유통점에서 판매하면 분명 브랜드를 널리 알리거나, 수많은 고객을 끌어들여 큰 매출을 만들어 낼 수 있다. 그러나 제품이 성공하고 수요를 맞추기 위해 새로운 설비를 들이면서(그에 따라 부채도 증가한다), 대형 고객들은 더 큰 가격 인하를 요구하고 결국에는 기업이 자신의 '파트너'의 명령에 맞추기만 하는 을(乙)의 신세로 전락하고 만다. 그 과정에서 자신들이 만든 혁신 제품이 다른 기업의 제품과 마찬가지로 그저 그런 범용제품으로 취급되는 상황을 목도하면서도 말이다.

▌디트로이트의 사례

수십 년 동안, 디트로이트의 빅3[1]는 작은 지역에 있는 수백 개의 자동차 대리점들을 통제해 왔다. 대리점들은 제한된 지역에서 영업하면서 경쟁 브랜드의 차들은 팔지 못하도록 되어 있었다. 1970년 초, 판매가 위축되자 빅3는 대리점을 늘렸고 기존의 대리점들이 다른 브랜드의 자동차를 팔 수 있도록 허용했다. 다른 브랜드로는 포드, GM, 크라이슬러가 있었으며, 그들과 직접적으로 경쟁하지 않는다는 조건하에서 그것을 허용했다. 예를 들어, 포드 대리점은 GMC 브랜드 트럭을 판매할 수 있었고, 크라이슬러의 대리점은 폰티악[2] 브랜드를 판매할 수 있었다. 시간이 흐름에 따라 모든 대리점들이 모든 브랜드를 판매할 수 있었기 때문에, 자동차 제조사들이 여러 개의 브랜드를 거느린 대리점들을 통제할 수 있는 능력을 점점 상실해 갔다. 매년 새로운

---

1 GM, 포드(Ford Motor Company), 크라이슬러(Chrysler).
2 [역자 주] GM의 하위 브랜드. GM은 2008년 경제 위기 이후, 2010년 폰티악 브랜드를 없앴다.

모델과 새로운 디자인을 선보이는 것을 자랑스러워하던 제조사들은, 단기적으로는 판매가 하락하고 장기적으로는 고객과의 관계가 소원해지는 것을 두려워한 나머지 이러한 현상에 깊게 관여하지 않았다. 권력은 이미 제조업체 혹은 혁신자에게서 대리점으로 이동하고 있었다. 이에 따라 한 브랜드만 판매하던 독점 대리점 체제 대신, 여러 브랜드를 판매하는 슈퍼스토어로 발전하게 되었다. 오늘날 미국에서 가장 큰 자동차 딜러는 오토네이션(AutoNation)인데, 이 딜러는 미국에서 판매되는 모든 종류의 자동차 브랜드를 취급한다.

디트로이트의 자동차 회사들이 멀티브랜드 대리점이라는 판도라의 상자를 열었을 때, 유통의 통제권을 회복할 수 있는 2개의 선택 대안만이 남아 있게 되었다. 첫째는, 제멋대로인 대리점을 정리하고 완전히 새로운 유통·판매망을 만드는 것이었다. 사업적인 관점에서는 매우 명확한 일이지만, 빅3는 자동차 회사와 대리점 간의 협의를 유지하는 주 법률과 규제 때문에 이 선택을 할 수 없었다. 하버드 경영대 교수인 카스투리 랑간 교수는 이러한 상황을 다음과 같이 정리한다.

1980년대 말까지 대리점들은 미국 제조업체로부터 엄청난 독립권을 얻어 냈다. 어떤 경우에는 미국 브랜드보다 더 강한 수입 브랜드를 추가했고, 대리점을 없애는 것을 포함해, 엄격한 프랜차이즈 사업 관행으로부터 자신들을 보호하는 주 법률을 제정하는 데에 상당한 진전을 보였다. 연방 정부에서는 자동차 메이커가 대단한 영향력을 발휘했지만, 주정부에서는 대리점들이 힘을 가지고 있었다. 자동차 딜러들은 전체 소매 매장 수로 보면 1-2%를 차지했지만, 평균적으로 특정 주의 소매 매출에서는 약 20%를 차지했으며 결과적으로 전체 주 세수입의 3%를 차지했다.

미국의 소도시에서는 자동차 대리점이 특정 행정구역에서 가장 큰 사업이다. 주의원들은 디트로이트의 자동차 3사가 이와 같이 지역에 기반을 둔 고용과 세수입의 원천을 망가뜨리는 것을 원치 않았다.

두 번째 선택 대안은 기존 대리점이 위치한 지역 부근에 또 다른 대리점을 두는 것이다. 이것은 자동차 3사가, 제대로 역할을 하지 못하는 대리점들을 지원함으로써 생겨나는 비용 증가뿐만 아니라 궁극적으로 대리점들이 같은 시장을 놓고 경쟁함으로써 대리점들의 수익성을 낮추는 역할을 했다. 멀티브랜드 대리점이 증가함에 따라, 빅3는 독자적인 유통경로로서 전자상거래를 자신들이 처한 유통 문제에 따른 해결책으로 생각했다. 하지만 대리점들의 정치적인 힘을 간과할 수는 없었다. 2000년 5월까지, 33개 주에서 자동차 회사들이 온라인으로 자동차 판매를 하는 것을 금지하거나 제한하는 법률을 제정했다.

자동차 회사에 주어진 세 번째 선택 대안은 새로운 권력 구조에 순응하면서 매년 자신들의 혁신 제품이 범용화되는 것을 그저 바라보는 것이다. 디트로이트의 빅3사는 자신들의 대리점망을 유지해야만 했고, 논리적으로는 오토네이션 같은 회사도 여러 제조업체의 제품들을 판매할 수 있었기 때문에 멀티브랜드 대리점의 진화도 계속 진행되었다. 여러 주에서 다수의 자동차 브랜드를 판매하는 대형 유통점인 오토네이션에게는 자신들의 목적을 달성할 수 있도록 해 주는 브랜드가 가장 중요한 브랜드였다. 오토네이션 같은 대리점들은 여러 브랜드의 포트폴리오를 관리하기 때문에 시장 변화에 신속하게 적응하고 대응할 수 있었다. 만약 포드가 소비자가 좋아하지 않는 모델을 출시했거나, 포드의 신제품이 좋긴 하지만 경쟁사만큼 못하다면, 오토네이션은 쉐보레, 닷지, 현대, 기아 등 다른 브랜드를 판매함으로써 아무 무리 없이 전략을 수정할 수 있었다. 멀티브랜드 대리점의 고객들은 여전히 자동차를 구매할 것이고, 이로써 대형 브랜드 대리점의 매출이 늘어 가고, 자신의 대리점 체제는 계속 성장하게 될 것이기 때문이다.

갠리 오토 그룹은 오하이오 주에서 가장 큰 자동차 대리점으로, 미국 전역에서도 10위 안에 들 정도로 규모가 큰 대리점 기업이다. 이 기업이 판매하는 자동차 브랜드로는 BMW, 혼다, 현대, 이스즈, 벤츠, 닛산, 스바루, 사이온, 스즈키, 토요타, 폭스바겐, 쉐보레, 크라이슬러, 닷지, 포드, 짚, 링컨, 그리고 머큐리 등이다. 과연 갠리가 어느 특정 브랜드에 집중하고 있을까? 그렇지 않다. 갠리 그룹에 있어서 중요한 브랜드란, 특정한 시점에 자신들의 요구를 충족하는 브랜드이다. 갠리는 언제나 더 '좋은' 브랜드나 모델 판매로 돌아설 수 있다.

포드의 경우를 살펴보자. 포드는 토요타나 닛산의 기술력을 따라잡기 위해서 수십 억 달러를 투자하고 있다. 하지만 만약 구매자들이 포드 제품에 관심이 없다면 어떻게 될까? 그들은 무엇을 할 수 있을까? 포드는 오직 포드 브랜드의 승용차와 트럭을 판매한다. 그리고 혁신적인 제품을 시장에 내놓기 위해서 상당한 위험을 감수한다. 예를 들어, 변호사나 정부의 안전 관련기관을 상대하고, 시장 조사를 위해 수천 만 달러를 지출하며, 공급업체에게서 새로운 부품을 조달하고, 제조 공정을 새롭게 만들기도 한다. 이 모든 일이 혁신이라는 이름으로 진행되지만, 오토네이션과 같은 커다란 고객에게는 영향을 거의 미칠 수 없기 때문에 원가를 절감하고, 공급업체를 압박하며, 필요한 경우 해외로 생산기지를 옮기는 등의 일들을 하는 수 없이 하게 된다. 미국의 자동차 제조업체들은 평균 매출순이익률이 5%에 이르며, 수익성은 −2.5%에서 10% 가량 된다. 예를 들어, 2014년 3분기에 크라이슬러는 207억 달러의 매출에 6억 1,100만 달러의 순이익을 기록했으며, 수정 영업이익은 9억 4,600만 달러로, 8.7%에 달했다.

정부의 구제 금융과 법정 관리 후에야 자동차 제조업체들은 제품 판매에 대한 통제력을 얻게 되었다. 2009년 봄, 파산법정과 정부 기관의 승인하에 각 회사는 전체 유통망에서 겨우 1,000개 대리점을 정리했을 뿐이다.

▌ 통제권을 잃은 러버메이드

대형 고객의 덫에 걸린 또 다른 사례는 러버메이드이다. 오랫동안 러버메이드는 고품질의 다양한 보관용기 및 관련 제품을 생산했기 때문에 꽤 높은 평가를 받아 왔다. 러버메이드만큼 소비자의 니즈에 초점을 맞추어 제품을 생산한 소비재 기업도 드물었다. 오하이오 주 캔톤에 사는 가정주부 엘렌 스펑은 이렇게 말했다. "러버메이드가 저한테 연락해서는 저희 집에서 시간을 보낼 수 있는지를 정중히 물어왔던 때를 기억해요. 두 명의 연구자가 제게 물건을 어떻게 보관하는지, 그리고 아이들 물건에 대한 가능한 해결책을 물어보면서 반나절 전부를 아이들 방에서 시간을 보냈어요." 사람들이 그들의 제품을 어떻게 사용하는지를 이해하는 데 대해 관심을 가짐으로써 러버메이드는 미국 내에서 존경받는 브랜드를 만들어 냈다. 하지만, 뉴웰에 인수된 지 10년 만인 2008년에 러버메이드는 완전히 범용제품을 생산하는 기업으로 전락하고 말았다.

러버메이드는 1933년, 제임스 캘드웰(James R. Caldwell)과 그의 아내가 부엌에서 일하면서 느꼈던 불편함을 직접 해소하고자 제품 29개를 발명해 낸 것을 계기로 설립되었다. 캘드웰은 가정 열 군데를 방문하면 쓰레받기 아홉 개를 판매할 정도로 열심이었다.

그러한 성공을 발판 삼아, 그는 곧 백화점을 통해서 뉴잉글랜드 전역에 비누 받침대, 싱크대 마개, 물내림판 등을 판매했다. 그러다 오하이오 주에 위치해 있던 우스터 러버 컴퍼니와 합병을 하게 되었다. 1920년에 설립된 우스터 러버 컴퍼니는 합병 당시 어려움을 겪고 있었다. 1935년 매출이 겨우 8만 달러에 머물렀으나, 합병에 힘입어 1941년에는 새롭게 설립된 러버메이드라는 이름 하에 45만 달러의 매출을 기록했다. 이때까지, 캘드웰은 그와 그의 아내가 개발한 29개의 제품 가운데 27개 제품을 성공적으로 시장에 내놓았다.

제2차 세계대전 동안 많은 기업들이 그랬던 것과 같이, 러버메이드는 소비재를 생산하는 것에서 전쟁 물자를 생산하는 방향으로 전환했다. 전후, 러버메이드는 이전의 제품라인과 함께 고무 바닥 매트, 컵홀더와 같은 자동차 액세서리를 출시했다. 그러나, 1955년이 되어서야 러버메이드는 플라스틱으로 만든 제품을 만들기 시작했고, 1956년에는 플라스틱 설거지통을 출시했다. 이후 곧 러버메이드는 산업용 및 전문 제품을 식당, 호텔을 비롯한 다양한 업종에 판매했다.

캘드웰은 1950년대에 은퇴했다. 그를 이은 차기 러버메이드의 리더는 도날드 노블(Donald Noble)이었는데, 그는 대단한 비전과 경영능력을 소유한 사람이었다. 노블은 러버메이드의 주식이 뉴욕 증권 거래소에서 거래될 수 있도록 했고, 매 6년마다 수익이 배가 되도록 하는 목표를 밀어붙였으며(그리고 그는 결국 그것을 해냈다), 혁신 능력이 그 기업의 미래를 좌우할 수 있도록 했다. 제품 개발은 이러한 노력의 가장 중요한 열쇠였다. 1968년까지, 회사의 목표는 전체 매출의 30%가 과거 5년 안에 개발된 제품에서 나오도록 하는 것이었다.

도날드 노블은 1980년에 은퇴했다. 그를 이어 1990년대에 굿이어를 고객의 함정에 빠지게 만든 장본인, 스탠 골트가 경영을 맡게 된다. 골트는 제너럴 일렉트릭(GE)에서 경험을 쌓았는데, 가정 전기용품 부분의 책임자였다. 우스터 출신인 그는 여름방학 동안 러버메이드에서 일을 하면서 그 돈으로 대학을 졸업할 수 있었다. 골트는 1990년까지 매출을 4배로 늘리는 목표를 잡았고, 아주 빠르게 움직였다. 회사운영은 간소화되었다. 네덜란드에 있던 생산공장은 문을 닫았고, 방문판매 사업도 접었으며, 자동차 사업 부문은 매각되었다. 경영진의 11%가 해고되었고, 중간관리자급 자리도 반으로 줄였다. 골트는 기업의 경영진을 채우기 위해 GE에서 사람들을 불러들였다.

뒤이어 공격적인 인수가 셀 수도 없이 이어졌는데, 이 중에는 컴퓨터 액세서리 기업인 마이크로 컴퓨터 액세서리와 더불어 보온병과 음료 거치대를 생산하는 고트도 포함되었다. 러버메이드는 야외용 가구를 생산하는 알리버트와 네덜란드의 화학 제조 기업인 디에스엠(DSM N.V.)과 조인트 벤처(Joint Venture)도 맺었다. 1989년에는 매출이 1981년 매출(3억 5,000만 달러)의 4배인 14억 5,000만 달러로 껑충 성장했다. 골트는 그의 처음 목표였던 매출을 4배로 신장시키는 목표를 넘어섰다. 어떻게 그렇게 할 수 있었을까? 러버메이드의 놀라운 성장은 크게 두 가지 요인 덕분이었다. 바로 인수와 혁신이었다. 이 중에서 가장 주목할 만한 점은 리틀타익스의 인수였다.

리틀타익스(Little Tikes)

리틀타익스는 출중한 혁신 기업이었다. 1970년, 토머스 머도우(Thomas G. Murdough)는 그가 보기에 값싸고 조잡하게 만들어진 장난감이 십수 년 동안 시장에서 팔리는 것이 못마땅했다. 이 때문에 그는 당시 대형 농업용 혹은 화학제품 용기를 만드는 데 사용되는, 이른바 회전 몰딩이라고 불리는 기술을 내세워 리틀타익스를 설립했다. 머도우는 이 기술을 이용해 만들어진 장난감이 당시 팔리던 제품보다 내구성이 더 좋다는 사실을 발견했다.

리틀타익스는 이 기술을 이용해 다양한 형태의 야외용 놀이기구를 개발했다. 회전 몰딩 공법 덕분에 내구성이 좋으면서도 상대적으로 적은 부품으로 넓은 공간을 차지하는 제품을 만들 수 있게 되었다. 머도우는 그가 지닌 제품 및 공정 혁신의 우수성만큼이나 유통·판매에 대한 이해도도 매우 높았다.

머도우는 유통에 대한 통제를 강화함으로써 급격한 가격경쟁이나 다른 장난감 제조사들의 저가 제품과의 경쟁을 피할 수 있다고 믿었다. 1960년대 K마트와 같은 대형 유통점들의 전략은 값싼 장난감을 판매함으로써 부모들을 매장으로 유인하는 것이었다. 그 결과 소형 소매점들은 가격을 낮춰야만 했고 낮은 이익률로 고전했다. 이들 소형 소매점은 도매상에 압력을 넣었고, 다시 도매상은 제조업체가 가격을 낮추도록 압박했다. 제조업체는 품질을 포기하면서까지 이에 대응했다. 젊은 베이비부머들은 1960년대 말부터 1970년대를 거쳐 일어난 장난감 품질이 지속적으로 하락하는 것을 목격했다. 이들 세대가 장난감에 대해서 이야기하는 것과 1950년대 초등학교를 다녔던 사람들이 말하는 것을 비교해 보라.

머도우는 대형 할인매장과 거래하는 것을 거부했기 때문에 점진적 품질 하락이라는 악순환 고리에 빠지지 않았다. 대신, 그는 혁신적인 제품을 만드는 것과 부모들 사이에서 입소문을 타는 것, 그리고 개별 유통점들과 효과적인 유통망을 구성하는 것에 집중했다. 혁신 전략은 유통·판매를 통제하는 것과 함께 대단한 성공을 이루었다.

그러던 그가 1984년 그의 회사를 5천만 달러에 러버메이드에 매각했고, 이후 5년간 사장의 자리를 지켰다. 그러고는 좌절감을 안고 사직했다. 리틀타익스 제품을 K마트와 에임스와 같은 대형 유통망을 통해 판매하라는 러버메이드 관리자들의 끊임없는 압력에 견디지 못한 것이다. 머도우는 매스마켓에서의 촉진활동이 제품 수명주기를 줄일 수 있다고 항변하며 반대했다. "당신들은 시장을 포화시키고 있어요. 그것이 바로 장난감 산업이 성장하지 못하는 이유란 말입니다."

머도우는 '과도한 유통을 없애고자' 했다. 그러나 러버메이드의 경영자였던 골트는 이에 반대했다. 리틀타익스의 역사는 이렇게 기록하고 있다. "골트가 반대한 이유는 대형 유통점들이 진열대의 상당 부분을 할애하여 러버메이드의 가정용품을 진열했기 때문이다." 머도우는 러버메이드가 어디든지 그들의 제품을 유통시키기를 원했다고 이야기한다. 10년 후, 머도우는 포브스와의 인터뷰에서 이렇게 말했다. "우리는 러버메이드의 투자가 필요하지 않다는 것을 알게 되었습니다. … 모든 시간을 (러버메이드 경영진이라는) 골칫거리를 없애는 데에 써 버린 셈이죠.'"

머도우가 떠나자, 골트는 리틀타익스가 가장 좋은 실적을 내는 해가 될 것이라고 예견했다. 리틀타익스는 대중 시장을 위해 혁신을 시작했다. 제조 공장 5곳을 새롭게 열었고 6,000평방피트3에 달하는 신규 고객 서비스 센터를 지었으며, K마트, 토이저러스, 월마트와 같은 대형 고객들과 유통 계약을 맺었다.

범용화의 가속

러버메이드는 아주 평판이 좋은 회사였다. 14년 동안이나 포

---

3 6,000평방피트는 약 557제곱미터(약 169평)에 해당한다.

춘지에서 동종 산업부문 최우수 기업으로 선정되었고, 특히 1993년에는 포춘지가 그 해 미국에서 가장 존경받는 기업으로 러버메이드를 선정했다. 볼프강 슈미트(Wolfgang Schmitt)는 스탠 골트가 퇴직한 1991년에 사업을 넘겨받았다. 슈미트는 1966년부터 러버메이드에서 일했는데, 그가 러버메이드를 자랑스러워했다는 정도로 이야기한다면 매우 축소해서 이야기한 것이다. 1990년대 유명한 경영서적에 실린 슈미트의 에세이에서 그가 회사의 역사에 대해 언급한 것만 보아도 매우 자신감 넘치고 확신에 차 있었다는 것을 알 수 있다. 슈미트의 다음 말들을 한 번 살펴보자.

- "우리 브랜드는 지속적으로 현명한 혁신 제품을 내놓고 있기 때문에 승승장구할 것입니다."
- "우리 제품 하나하나는 우리가 수대에 걸쳐 쌓아 온 혁신의 결과입니다. 혁신은 러버메이드를 수많은 경쟁자들 중에서 돋보이게 합니다."
- "다음 돌파구가 어떤 것이든, 나는 그것이 새로운 트렌드를 반영하고, 고객에게 1:1 맞춤형 솔루션을 제공할 것이라고 확신합니다."

최고 전성기의 러버메이드는 5,000개의 각기 다른 제품을 판매했는데, 매년 400여 개의 새로운 제품을 내놓았다. 1994년 포춘지의 한 기사는 러버메이드의 창조력이 마케팅, 재무, 생산, 연구개발, 그리고 판매 조직에서 선발된 사람들로 구성된 21개의 개발팀뿐만 아니라 슈미트의 엄청난 능력 때문이라고 평가했다. 포춘은 슈미트를 "생각하고, 항상 생각한다"라고까지 쓰며 칭송했다. 이런 모든 노력의 결과로 러버메이드는 열에 강한 주걱(슈미트의 아이디어였다)에서 엉덩이에 댈 수 있는 빨래 바구니까지, 실로 대단한 제품들을 만들 수 있었다.

돌이킬 수 없는 사건

슈미트의 혁신에 대한 열정과 더불어, 러버메이드는 대형 유통점을 통하여 판매하는 전략을 똑같이 펴고 있었다. 슈미트는 대형 할인점이 러버메이드의 미래에 미치는 영향을 설명하며 이렇게 말했다. "대형 소매점들이 지속적으로 요구하는, 소위 '긴밀한 파트너십'을 형성할 수 있는 것은 주로 대형 공급업체들입니다. 그들의 목표는 양쪽 모두 매출을 늘리고 재고를 대폭 줄이며, 생산 시간을 축소하는 동시에 오류를 줄여 비용을 줄이는 것이죠. 우리와 월마트 사이에는 건전한 독립 관계가 설립되어 있습니다. 우리는 그들이 필요하고, 그들은 우리가 필요하죠."

그 이후 10년은 러버메이드에 재앙과도 같았다. 대형 유통점에 대한 의존도가 증가함에 따라, 대형 유통점의 가격 인하 요구도 점점 많아졌다. 처음에는 이러한 대형 유통점들의 압력을 경멸스럽게 여겼다. 수년 동안 가격인상을 유통점들에게 전가할 수 있었고, 유통점들은 소비자 가격을 인상했다. 하지만, 서로에 대한 기대가 빠르게 변하고 있었다.

거의 10년간 인플레이션이 2~3%에 머물고, 월마트, 홈디포, 로우스, 그리고 다른 대형 유통점들이 어디에나 들어섬에 따라, 가격 인상이 어려울 것이라는 기대가 팽배했다. 1994년 재앙이 닥칠 무렵, 월마트는 러버메이드 매출의 14%를 차지하고 있었다.

러버메이드 제품의 핵심적인 원료는 폴리머 기반의 수지인데, 이 재료는 모든 제품 원가의 약 3분의 1을 차지한다. 아주 오랫동안 이 수지의 가격은 안정적이었지만 1994년 봄, 전 세계적인 수요 증가와 주요 정유사들의 문제로 인해 공급 부족이 발생했다. 18개월간 이 수지 가격이 배가 되었고, 러버메이드의 원가는 추가적으로 2억 달러가 증가했다. 러버메이드는 항상 수익성 증가를 목표로 두었기에 슈미트의 주장에 따라 최고 평균 6%의 가격을 인상했다. 러버메이드가 가격을 인상하자 대형 유통점들은 조소했다. 대형 소매점들은 매월 발생하는 가격 인상을 거부했고 러버메이드가 시장 현실에 무감각하다고 비난했다. 한편 러버메이드를 대신할 경쟁사 제품이 이미 존재하고 있었다. 월마트는 매사추세츠 주에 있는 개인 기업 스테리라이트와 모빌 정유 부문인 터커 하우스웨어 제품으로 얼마든지 싼 가격에 진열대를 채울 수 있었다. 대형 유통점들은 언제든지 러버메이드를 버릴 수 있었다. 이러한 문제는 '프리미엄 차이'라고 불려졌다.

"90년대 초반에는 프리미엄 차이가 아주 크게 벌어지도록 내버려 두었죠." 슈미트는 포춘지와의 인터뷰에서 이렇게 말했다. 포춘 기사는 그러한 딜레마를 이렇게 설명하고 있다.

> "경험 있는 주부는 쓸 만한 쓰레기통이 32갤런 크기라고 해 봐야 10 달러가 넘지 않는다는 사실을 알고 있다. 그 주부가 경쟁사의 5달러짜리 제품 옆에 놓인 8.99달러짜리 러버메이드 제품을 본다 하여도, 러버메이드는 개의치 않을 것이다. 슈미트는 '아마도 경쟁사 제품은 얇고 깨지기 쉬울 것이라고 소비자는 생각할 겁니다'라고 말하겠지만 사실상 러버메이드를 걱정해야 하는 것은 또 다른 경쟁사의 7.99달러짜리 쓰레기통이다. 그 제품도 꽤 괜찮은 제품인 데다 가격은 프리미엄을 구분하는 10% 차이 아래로 떨어질 정도로 충분히 낮다. 고객의 시각이 이렇다면, 러버메이드는 매출이 줄어들 뿐만 아니라, 고객 사이에서 러버메이드의 가격 책정이 과도하게 높다는 인식이 형성될 수 있다."

처음에 슈미트는 러버메이드가 원재료 수지의 가격 인상을 경쟁사보다 더 잘 견뎌 낼 수 있으리라고 생각했다. 하지만, 터커(Tucker)는 재생 플라스틱에 기반한 제품 디자인을 채택하고 삼나무를 수납상자와 쓰레기통의 원재료로 사용하는 방법을 고안함으로써 수지 원가 인상에 따른 위기를 피했다. 스테리라이트는 개인회사였기 때문에 러버메이드와 같은 공격적인 이익 목표가 없었으며 월스트리트로부터 수익에 대한 압박을 받지도 않았다.

러버메이드의 혁신 제품이 점점 익숙한 제품이 되어 감에 따라, 슈미트는 가치가 떨어진 것을 만회하기 위해 원가를 낮추고 매출을 증대시키려고 했다. 하지만 때는 너무 늦었다. 혁신 제품을 만들려는 노력은 '생산공정이 복잡해지고 소매 단위의 혼란만 가중시키는', 단지 겉모습만 바꾸는 피상적인 변화에 머물렀고, 매출로는 전혀 연결되지 못했다.

대형 유통점 고객들은 러버메이드를 멸시하기만 했고 과거에 잘나가던 회사가 내리막을 걷는 모습에 신이 난듯 반응했다. K마트의 한 임원은 이렇게 말했다. "소매점들은 러버메이드에게 '당신들이 가격을 조정하지 않는다면 스스로 위기를 자초할 것이오'라고 말했죠." 또 다른 임원은 "러버메이드의 배송은 형편 없었어요. 한 번도 시간을 지킨 적이 없고, 요금도 턱없었고, 제품 역시 너무나 비쌌죠. 그들은 그들이 선보이는 새로운 제품 라인에서 당신들이 요구하는 제품의 3분의 1 수준만 제공할 수 있어요"라고 말한다. 월마트는 러버메이드의 가격인상에 화가 났고 러버메이드의 리틀타익스를 위해 할당된 진열대를 비우고는, 그 진열대를 피셔프라이스에게 넘겨주었다.

선택의 여지없이, 러버메이드는 회사 운영 방침을 변경하라는 압력을 받았다. 결국 1994년 극심한 가격경쟁에 뛰어들었고, 대형 유통 고객들에게 엄청난 할인을 제공했다. 이익률은 급격하게 하락했으며, 원가 절감 방안도 실시되어 일자리 1,170여 개를 없애고 공장 9개를 폐쇄했다. 제품 중에서는 6,000여 개의 색상 및 크기 종류를 없앴고 제품 수도 45%나 줄였다. 이러한 노력에도 불구하고 그 효과는 단기간에 머물렀다. 1998년, 러버메이드는 뉴웰사에 의해 60억 달러에 인수됐다.

리틀타익스는 어떤가? 1990년대 러버메이드를 괴롭히던 문제들이—감소되는 수요 증가 및 높은 원재료 가격—리틀타익스에게도 닥쳤다. 리틀타익스는 연구개발 증대, 신제품 전시 증대, 그리고 신제품 출시 등으로 맞섰다. 뉴웰이 러버메이드를 인수할 때, 리틀타익스는 소비자 조사에 투자하여 어린이들의 창의력을 일깨우는 새로운 제품을 개발했다. 또한 날씨에 영향받지 않도록 하는 혁신적인 기술을 이용하여 외부에 내놓아도 괜찮은 전자 장난감을 개발했다. 리틀타익스는 집요하게 경쟁자, 유통업체, 그리고 새로운 오너의 도전을 극복할 수 있는 혁신적인 방안을 모색했다.

이러한 노력에도 불구하고, 매출은 지속적으로 하락했다. 2001년 리틀타익스의 최대 유통점인 토이저러스는 단위 넓이당 매출을 증가시키기 위해 리틀타익스의 재고를 줄이기 시작했다. 2005년에는 매출이 2억 5,000만 달러였는데, 이것은 1989년보다 2,000만 달러가 줄어든 수치였다. 결국, 리틀타익스 브랜드는 대중 시장에서 팔리는 할인 브랜드로 인식되었다. 2006년 뉴웰 러버메이드는 리틀타익스를 MGA 엔터테인먼트에 매각했다.

혁신이 필요할지는 모르지만, 그것으로 충분하지는 않다. 많은 면에서 고객의 함정을 완벽하게 이해한 아마존의 사례를 보면 명확해진다.

▌ 완벽한 고객의 함정

우리와 같이 외부인에게는 브래드 스톤(Brad Stone)의 저서 『아마존, 세상의 모든 것을 팝니다』[4]에서 창업자인 제프 베조스(Jeff Bezos)가 어떻게 진열대를 정리하고 물품들을 취급하는지를 보여주기 전까지, 아마존은 수수께끼처럼 신비로운 기업이었다. 베조스는 엄청난 비전과 노력과 야망을 가진 사람으로 어쩌면 대단한 천재 사업가일 것이다. 한 가지 확실한 것은, 그는 본능적으로 '고객의 함정'을 이해하고 있다는 점이다. 단언컨대, 베조스는 고객 함정을 어떻게 이용해야 할지에 대해 세계에서 가장 잘 아는 사람이다.

베조스는 아마존 초창기부터 규모의 힘을 이해했다. 1996년 어느 날, 시애틀 다운타운을 거닐면서 베조스는 그의 동료인 쉘 캐판에게 왜 그가 아마존을 빠르게 성장시키려고 하는지를 설명했다. "당신이 작다면, 당신보다 큰 다른 누군가가 나와서 당신이 가진 것을 가져갈 수 있어요. 우리는 구매력 측면에서 기존의 대형 서점과 동일한 선상에 올라가야만 해요."

이 직관력은 1998년 회사의 공식적인 전략이 되었다. 베조스는 주주들에게 발송한 편지에서 '아마존은 수익성으로 성공을 측정하지 않으며 시장 점유율이 지속적으로 성장하느냐에 따른 시장 주도력으로 측정할 것'이라고 설명했다. 그 편지는 회사 내부에서 '바이블'이 되었고 그 후 매년 연차 보고서에서 새롭게 개정되어 실리는데, 오늘날까지 아마존의 전략을 형성하고 있다.

---

4 원제는 『Amazon.com, The Everything Store』.

우리는 우리의 성공을 가늠하는 것이 장기적으로 창출된 주주 가치라는 것을 믿습니다. 이 가치는 우리가 현재 가지고 있는 시장 선도 위치를 확대하고 공고히 하는 능력에 기반하고 있습니다. 우리의 시장 선도 능력이 강해질수록, 우리의 사업 모델은 더욱 강해질 것입니다. 시장 선도력이라는 것은 더 높은 매출, 더 높은 수익률, 더 큰 투자, 그리고 그에 따르는 더 큰 투자 수익률이라고 할 수 있습니다.

우리의 전략은 이러한 것을 지속적으로 반영하는 것입니다. 아마존은 시장 선도력을 측정하는 가장 분명한 잣대로 우리 스스로를 평가할 것입니다. 즉, 고객 및 매출 성장, 고객 재구매 비율, 그리고 우리 브랜드력입니다. 우리는 지속 가능한 기업으로 성장해 나감에 따라 고객 기반, 브랜드, 인프라를 확대하고 활용하기 위해 지속적으로 투자해 왔습니다.

아마존이 시장 선도자의 역할을 고려함에 따라, 납품업체들은 자신이 공급하는 제품이 아마존을 통해 모두 판매되는 것에 대해 다시 생각하게 되었다. 월스트리트의 분석가 라비 수리아는 2000년에 발표한 보고서에서 향후 아마존에게 위협적인 어려움이 닥칠 것이라고 예견했다. 이 보고서는 당시 '닷컴 버블(dot.bomb)'[5] 위기가 정점에 다다른 데 이어 전자상거래가 단지 일시적인 유행에 지나지 않는다는 뉴스들과 맞물린 시기에 발표되면서 투자자들로 하여금 아마존 주식을 매도하도록 촉발했다. 납품업체들은 혼란에 빠졌다. 잉그램의 사장인 존 잉그램은 아마존 경영진에게 이렇게 말했다. "당신들이 망하면 우리도 망해요. 우리가 당신들에 대해 틀렸다며, 단순히 "이런 제길" 정도에서 끝나는 문제가

5 '파산한 인터넷 기업'을 일컫는 미국 신조어.

아니죠. 우리의 매출이 아마존에 집중되어 있기 때문에 우리는 어려움에 빠질 거예요." 하지만 문제는 아마존이 망하는 것이 아니라 잉그램을 비롯한 많은 아마존의 공급업체들이 자신들의 사업을 아마존에 지나치게 의존하고 있다는 점이었다.

21세기에 접어들 무렵, 고객의 함정은 아마존이 가진 전략전인 무기 중의 하나였다. 아마존이 사용할 수 있는 사업상의 전략적 무기들이 많았는데, 그중에는 많은 기업에 대한 인수, 물류에 대한 전문성, 최신 기술 등이 있었다. 곧 아마존은 '고객의 함정'을 다양한 방법으로 시도했다.

아마존의 2002년 세계 최대 물류 회사인 UPS가 아마존이 요구한 배송품에 대한 가격조정을 거부했을 때, 아마존은 UPS와의 분쟁에서 UPS를 고객의 함정에 빠뜨릴 수 있는 최적의 방법을 찾아냈다. 그에 대한 대응으로, 아마존은 향후 6개월 동안 USPS⁶를 더 자주 이용함과 동시에 페덱스의 시스템과 아마존의 시스템을 통합하고 페덱스 주문 물량을 증가시켰다. UPS가 9월 협상에서 아마존의 움직임을 허세라고 했을 때, 아마존은 즉각적으로 UPS를 이용한 배송을 중단했다. 결국 72시간 후 UPS는 굴복하고 말았으며, 아마존에 할인된 배송 요금을 적용하기로 동의했다. 그 이후로 더 나은 가격을 받아 내기 위해서 아마존은 UPS와 페덱스를 서로 경쟁시켰다. 아마존은 '고객 함정'의 전략을 공격적으로 사용했고, 모든 화물 수취 지역, 중간 지역, 그리고 고객의 현관 앞 등에 '함정'을 설치했다. 2014년 겨울, 아마존은 페덱스의 연간 취급 물량을 5천만 건에서 6천만 건 정도 줄였는데, 이것은 페덱스가 취급하는 전체 운송 물량의 8%가 줄어드는 것을 의미했다. 동시에 UPS는 아마존이 제공하는 "프라임"

---

6 미국 우체국(United States Postal Service).

배송물의 '2일 내 배송' 물량7 중 3분의 1을 차지하게 되었다. 페덱스의 전직 고위 임원은 이렇게 말한다. "UPS가 아마존 프라임 물량으로 수익률을 5%만이라도 올릴 수 있다면 나는 매우 놀랄 것입니다."

UPS에 찾아온 결과는 급격히 증가하는 순이익과 고정된 수익률이었다. 숫자가 모든 것을 말해 준다. 아마존의 매출은 2008년 190억 7,000만 달러에서 2013년 744억 5,000만 달러로 4배가 증가했다. 동일한 기간 동안 UPS의 매출은 340억 7,000만 달러로 단지 9%만 증가했을 뿐이다. 2013년 UPS의 순이익 43억 7,000만 달러는 순이익 2억 7,400만 달러에 불과한 아마존을 보잘 것 없이 보이게 했지만 놀랍게도, '수익성이 낮은' 아마존은 분명히 모든 것을 주도하고 있었다. UPS가 아마존의 손실을 결정하는 사업 모델임에도 불구하고, 아마존은 UPS와 페덱스를 모두 통제할 수 있다. UPS의 "전략적" 대응은—고객의 함정에 빠진 회사가 취하는 대응이기도 한데—더욱 더 효율적으로 변화하는 것이다. 최고 경영자 데이빗 애브니는, 전자상거래에 대하여 "사업을 하는 전통적인 방법에 도전이 되고 있다"고 말하면서, 시장에서의 위치를 지키기 위해 모든 면에서 원가를 쥐어 짜내는 노력을 했다. 2014년 2분기에는 UPS의 평균 배송 원가가 전년도보다 1.7% 하락했지만, 매출은 2% 줄어들었다. 결과적으로 UPS에게 고객의 함정은 UPS의 갈색 트럭이 주소를 찾기 위해 여기저기를 계속 반복하여 도는 것과 같다. 역설적이게도, 미국 정부는 고객의 함정을 시험하고 있다. 아마존이 제공하는 '무료' 배송의 서비스 제공 사업자가 되려는 마음에 USPS는 가격을 급격히 내렸다.

---

7 아마존 프라임은 아마존이 제공하는 회원제 서비스로, 회원은 연회비 99달러를 내면 아마존이 판매하는 제품에 대해 이틀 만에 물건을 배송받게 된다. 미국에서 '2일 내 배송'은 익일 배송 다음으로 꽤 빠른 배송 서비스에 속한다.

하지만 아마존이 명백하게 고객의 함정을 사용하는 분야는 도서 분야이다. 초기에는 모든 서점들이 같은 유통업체로부터 책을 제공받았다. 2004년, 아마존은 대형 출판업체에게 대량 주문에 따른 대규모 할인, 새롭게 시작된 UPS를 활용한 배송, 그리고 대금지불 연장 등을 요구하기 시작했다.

아마존은 이에 응하지 않는 출판업체에는 아마존 사이트에서 책의 제목이 잘 보이지 않도록 하도록 하겠다고 협박하며 강하게 대응했다. 이러한 전술이 성공하자, 베조스는 가젤 프로젝트를 실시했는데, 이는 '치타가 허약한 가젤을 쫓듯이' 소형 출판업체에 접근한다는 아이디어에 기반한 것이었다. 이 전술은 출판업체를 아마존에 대한 의존 정도에 따라 분류하고는 가장 취약하다고 판단되는 회사들을 압박하는 것이었다. 이 무자비한 접근은 출판업체들을 공포에 떨게 만들었다. 한 도서 유통업자는 "마치 대부와 저녁 식사를 하는 정도의 두려움"이라고 묘사했다.

2005년, 아마존의 보석 장신구 사업에서 공을 세운 랜디 밀러는 출판사 관리를 맡았다. 이에 작가 브래드 스톤은 "밀러는 출판사로 하여금 아마존에 더욱 유리한 거래 조건을 수용하도록 압력을 가하는 데에 아주 가학증적인 취미를 갖고 있는 것 같았다"라고 말하였다. 아마존은 출판사를 매출과 이익률에 따라 서열을 매기고, 새로운 거래 조건과 맞지 않는, 잘 팔리지 않는 책에 대해서는 판매 촉진 활동을 축소하도록 협박했다. 랜덤하우스(Random House), 아셰트(Hachette), 블룸즈버리(Bloomsbury) 등의 출판사에 대해, 밀러는 "나는 그 출판사들의 성과를 망치기 위해 할 수 있는 것들을 모두 했습니다"라고 말했는데, 예를 들면 아마존의 추천 도서 목록에서 그 출판사의 책을 빼 버리거나 경쟁사의 책을 홍보하는 것 등이 그것이다. 이런 아마존의 움직임은 아마존의 작가 홈페이지에서 자신의 매출을 확인하는 작가들로 하여금 출판사들을 압박하도록 부추겼다. 이에 대하여 밀러는 다음과 같이 말했다. "우리는 계속해서 작가들을 만날 겁니다. 그래서 우리는 누가 자신들의 순위를 보는지 알 수 있죠. 그리고 그런 작가들이 본인 책의 매출이 떨어지면 바로 전화기를 든다는 것을 알았습니다."

아마존과 출판사들의 관계는 킨들이 등장하면서 더욱 더 악화되었다. 왜냐하면 아마존이 반즈앤노블과 보더스와 같은 대형 체인 서점에 수익원이 되고 있는 26달러짜리 양장본 책들을 매우 낮은 가격에 책정했기 때문이다. 문학계의 에이전트인 앤드류 와일리는 이렇게 말한다. "베조스가 원하는 것은 그가 할 수 있는 한 책 가격을 1달러 99센트, 심지어 99센트까지 최대한 끌어내리는 것이죠. 그것은 애플의 전략과 같습니다. 즉, '우리는 우리 기기를 통해서 많은 사람들이 서비스를 이용하기를 원하고, 우리는 그 목적을 위해서라면 무엇이든지 할 것이다'라는 것이에요."

베조스는 모든 책이 디지털 형태로 9.99달러에 제공되어야 하며, 아마존은 디지털 형태로 제공하지 않는 출판사에게는 더욱 엄격하게 대할 것이라고 선언했다. 이러한 가격 책정에는 수익 모델이라는 것은 없었고, 오직 그 가격에 맞추라는 아마존의 결정만이 있었을 뿐이다. 출판사들이 반대하리라는 것을 알고서, 아마존은 2007년 1세대 킨들을 출시할 때까지 이 계획을 비밀에 부쳤다. 아마존의 이런 공격적인 움직임이 출판사들을 들끓게 한 반면, 반즈앤노블이나 지금은 문을 닫은 보더스와 같은 경쟁자에게는 그들의 허를 찌름으로써 아마존에게 커다란 승리를 가져왔다.

자신의 사업 파트너와 잘 지내는 것은 아마존 사업의 본질이 아니다. 오히려 아마존은 사업 파트너를 '고객의 함정'에 빠지도록 유도하는, 즉 겉으로는 친절하나 속으로는 적대적인, 이

중적 태도를 가지고 있는 듯하다. 2004년, 아마존은 토이저러스에 의해 연방법원에 고소를 당했는데, 토이저러스의 주장은 아마존이 판매하던 가장 인기 있는 제품의 독점 판매자가 자신들이라는 것이었다. 마가렛 매리 맥비 판사는 토이저러스의 손을 들어주며, 법정에서 증언한 베조스와 아마존의 직원들이 보여준 신뢰도에 매우 실망스러웠다고 언급했다. 그녀가 내린 결정문의 내용은 이러했다. "아마존의 행동은 합의문을 입안한 사람들의 의견과 일관성이 없었습니다. … 고의이든 혹은 부주의로 쓰인 것이든 간에 합의문으로 인해 아마존이 작위적으로 결정하고 판단할 수 있도록 만들었습니다." 토이저러스는 소송에서 승리했다.

이와 같이 토이저러스는 아마존을 법정으로 끌고 갈 만큼 자원이 풍부했다. 하지만 아마존이 쳐 놓은 고객의 함정의 피해자가 된 작은 기업들은 어떤가? 기술의 발전 덕분에 창의적인 작가들이 개인적으로 자신의 작품을 만들어 고객들에게 판매할 수 있게 되었다. 이러한 사람들에게 아마존의 전략은 참담할 정도이다. 국제적으로 유명한 사진작가는 자신의 경험에 대해 우리에게 이렇게 설명했다.

내가 출판한 책은 조그마한 프로젝트가 아니었어요. 그것은 사진집이었는데, 6개월 이상 걸쳐서 찍은 사진들이었죠. 수많은 곳을 찾아다니면서 2만 마일 이상을 운전했어요. 사진집은 인쇄 가격도 매우 비쌉니다. 그리고 무겁죠. 때문에 이것은 매우 큰 작업이었고 시간과 금전적인 면에서 비용이 매우 많이 들었어요. 책을 내기 전 인터넷 등 온라인 자료를 이용해서 할 수 있는 한 아마존에 대해 많은 조사를 했어요. 아마존의 가이드는 복잡하고 종종 상충되었지만, 나는 아마존의 프로세스를 꽤잘 이해했다고 생각했어요.

제 책들이 아마존의 보관창고에 도착하자 첫 번째 경고가 날아들었어요. 모든 팔레트와 박스에 모두 각각 라벨이 붙여졌지만, 이제는 제 책한 권 한 권에도 (바코드와는 별개로) 라벨이 붙여져야 한다는 경고였어요. 저는 당혹감을 감추고 그렇게 도움이 되지는 않았던 아마존 담당자에게 그 사항은 아마존 사이트의 규정에 따르면 필수 사항이 아니라고 설명했어요. 그러자 그녀는 아마존에서 대신 라벨을 붙이도록(비용을 지불하고) 요청하거나, 혹은 (추가적인 비용을 내고) 책을 어디로 돌려받을지를 말할 수 있다고 대답했어요.

몇 달 후 또 다른 경고가 날아들었어요. 아마존이 이미 징수한 월 보관료에 덧붙여, 아마존이 책 한 권 한 권에 부과하는 연간 보관료가 인상되었다는 것이었어요. 이번에는 100달러 미만의 적은 금액이 아니라, 2,000달러 이상이었어요. 동일한 기간과 동일한 공간에 대해서 어떻게 두 번 징수를 할 수 있는지 알 수 없지만, 아마도 양자 물리학 정도로나 설명할 수 있는 문제일 거예요. 대체 어느 정도로 악덕한 업주여야 이런 정보를 이용해서 이런 일을 벌일 수 있을까 생각하면서 몸서리쳤죠.

그러던 어느 날 갑자기 제 책의 수익이 떨어지더군요. 새로 지정된, 여전히 도움이 안 되는 아마존 담당자는 제가 요금을 지불할 수 있다거나, 어디로 책을 돌려받을지를 지시하기만 하면 된다고 알려 주면서 기뻐하는 것 같았어요. 하지만 아마존의 정책이 저의 동의 없이 변경될 수 있고, 또 원래 제가 맺었던 협의 사항을 무효화한다는 사실은 좀 좌절스러웠습니다. 아마존과의 제휴자로서 신용카드 정보를 아마존 기록에 남겨야 하는 것이, 아마존이 무엇이든지 그리고 언제든지 요금을 부과할 수 있다는 것을 의미한다는 사실은 정말 화나게 하더군요.

결국 첫해에 월 보관 비용과 연 2,000달러의 보관비용을 냈어요. 나에게 무슨 선택권이 있었냐고요? 저는 사진집을 팔아야만 했고, 아마존은 제 유통 모델에서 가장 중요한 부분이었어요. 두 번째 해에는 새로운 1,200달러의 청구서가 날아들었고, 저는 생각하기도 싫은 일을 했어요.

600권이 넘는 책을 처분할 수밖에 없었죠. 맞아요, 그러는 데에도 비용이 들어갔어요.

이 메모를 쓴 사진작가처럼 개인 창작 활동을 하는 예술가들이 아마존이 만든 고객의 함정의 가장 큰 희생자이겠지만, 결국에는 아마존과 '파트너십'을 맺은 모든 사람들이 어떤 방식으로든 거기에 빠지게 된다. 애석하게도, 아마존에 의해서 만들어진 '가치'는 아마존에 의해서 없어질 수도 있다. 2002년 1월, 아마존은 아마존 역사에서 처음으로 5백만 달러의 순이익을 기록했다. 2013년에는 4,100만 달러의 손실을 기록했다. 놀랍게도, 2014년 3분기에는 매출이 20% 오른 205억 8,000만 달러를 기록했음에도 아마존은 4억 3,700만 달러의 손실을 기록했다. 반대로, 엑손모빌은 아마존이 지금까지 거두어들인 것보다 많은 수익을 2.5주 만에 벌어들인다. 하지만, 아마존을 신봉하는 투자자들에 의해 떠받들려진 주가는 아마존이 판매하는 제품과 서비스를 생산하는 기업들의 희생으로 많은 사람들에게 부를 안겼다.

오늘날 비즈니스의 세계에서는 혁신 제품의 범용화가 급격히 이루어지고 너무나 빈번히 일어나서 거의 아무도 눈치 채지 못할 정도이다. 이러한 범용화의 결과로 인한 피해는 너무나 분명하다. 하지만 아무것도 바뀌는 것 같지는 않다. 다음 장에서 보듯이, 많은 경우 이러한 변화가 일어나지 않는 이유는 정보를 쥔 사람, 혹은 회사와 관계가 있다.

Chapter 04

판매 유통망의 장악

내게는 혼란스러움 외에는 아무것도 줄 것이 없다.
- 잭 커루악(Jack Kerouac)

아마존의 제프 베조스는 '고객의 함정'의 전문가를 만나고 나서 어떻게 공급업체들을 무자비하게 다룰 수 있는지를 알게 되었다. 2001년 초, 공급업체들을 활용하는 것이 사업 성공의 열쇠라는 베조스의 직관이 아마존 사업 전략의 핵심이 되었다. 그저 직감에 불과했던 그의 생각이 코스트코 홀세일(Costco Wholesale)의 창업자 짐 시네갈과의 커피 한 잔 이후 기업 운영철학으로 변화했다. 코스트코의 운영모델은 한정된 카테고리의 상품을 아주 낮은 가격에 제공함으로써 얻은 고객 충성도에 바탕을 두고 있다. 코스트코는 상품을 대량으로 구매해서 일반적으로 14%의 마진을 붙여 판매한다. 수익 대부분은 연간 회비에서 나온다. 코스트코는 박리다매를 통해 높은 매출을 기록하고, 그렇게 함으로써 공급업체에게 낮은 가격을 요구한다.

베조스와의 대화에서 시네갈은 때로 공급업체들이 코스트코의 사업 운영방식을 반대하기도 한다고 했다. "우리에게 판매하기를 원하지 않는 사람들로 세이프코 필드(Safeco Field)[1]를 가득 채울 수도 있죠. 하지만 시간이 지나면서 우리는 사업을 크게 만들 수 있고 우리가 좋은 고객이며 대금을 지불하고 약속을 지킬 수 있다는 것을 증명해 낸답니다. 그러면 공급업체들은 또 이렇게 이야기해요. '내가 왜 코스트코와 거래를 하지 않는 거지? 내가 멍청했던 게 틀림없어. 코스트코는 훌륭한 유통경로인데 말이야.'"

베조스는 2001년에 커피 한 잔에서 배웠던 교훈을 적용하는 데에 확신이 섰다. 그다음 주 월요일에 그는 회사 중역들에게 월마트나 코스트코와 같이 '매일 최저가'를 제공할 것이라고 알렸다. 아마존은 대형 유통점과 가격을 비교하면서 유통점의 최저가에 항상 맞추어 주었다. 같은 해 7월, 아마존은 서적, 비디오, 음반의 가격을 20%에서 30% 가량 인하했다.

코스트코나 아마존처럼 공급업체를 지배하는 대형 고객이 되려는 기업들의 욕망은 TV 프로그램에서도 확연하게 드러난다. 경제 뉴스 채널인 CNBC는 몇 개월 간격으로 특정한 회사를 취재한 프로그램을 방영한다. 2012년 이 뉴스팀은 코스트코를 보도했는데, 1시간짜리 다큐멘터리 시리즈에서 대부분의 분량을 CEO에 할애했다. 당연히 다큐멘터리는 해당 회사에 관한 인포머셜(Infomercial)[2] 그 이상의 것도 아니었다. 그 프로그램은 시네갈로 하여금 코스트코가 하는 놀라운 일들을 홍보하는 기회를 주었을 뿐이었다. 그 프로그램의 에피소드 중 16분쯤에서 시네

---

1 [역자 주] 메이저리그 야구팀 시애틀 매리너스의 홈구장이다. 아마존과 코스트코는 모두 시애틀 지역에 본사를 두고 있다.
2 [역자 주] 정보(Information)와 광고(Commercial)의 합성어로, 상품이나 회사에 관한 상세한 정보를 제공해 시청자(소비자)의 이해를 돕는 광고 기법을 의미한다.

갈은 그가 2001년 베조스에게 해 주었던 말을 그대로 카메라 앞에서 반복했다.

CNBC 앵커인 칼 퀸타닐라는 시네갈에게 이렇게 물었다. "코스트코에 제품을 공급하기를 원하지 않는 브랜드가 있나요?"

시네갈은 바로 대답했다. "그럼요. 우리에게 제품을 공급하지 않으려는 회사들로 언제든지 양키 스타디움[3]을 채울 수 있죠. 어떤 공급업체가 우리에게 제품을 팔지 않으려고 한다면, 단지 한 가지 이유 때문입니다. 바로 우리가 그 제품을 소비자에게 파는 낮은 가격 때문이에요."

그리고 나서 시네갈은 당연하다는 듯 이야기했다. "결국에는 우리가 그 회사들의 제품을 팔게 될 거예요."

어떻게 코스트코가 '그 회사들의 제품을 팔게 될' 수 있을까? CNBC와의 인터뷰에서 시네갈은 코스트코가 정기적으로 그레이마켓[4]에서 제품을 들여온다고 털어놓았다. 이 관행은 논쟁거리가 많은데, 소매 유통업체들이 제조사들을 우회해서 제3의 도매업체를 통해 제품을 구매하는 것이다.

그레이마켓에는 두 가지 형태가 있다. 첫 번째 형태는, 어떤 나라에서 일반적으로 구할 수 없거나 고가인 수입제품을 유통하는 것이다. 이러한 관행은 제조업체가 암묵적으로 인정하고 있으며, 이 방법을 통해 재고 관리나 해외 유통을 좀 더 효율적으로 관리하는 것으로 알려져 있다.

두 번째 형태는, 코스트코나 다른 유통업체들이 흔히 사용

---

3 미국 메이저리그 야구팀인 뉴욕 양키즈의 홈구장 이름.
4 [역자 주] 그레이마켓(회색시장이라고도 불린다)은 제조사가 인증하지 않는 유통경로를 통해서 제조사가 만든 정품을 유통하는 것을 의미한다. 유통되는 제품이 정품이라는 점에서 모조품이나 가짜 제품을 유통하는 블랙마켓과는 다르다.

하는 방법인데, 대형 유통점을 통해서 판매하지 않으려는 회사들이 고객의 함정에 빠져들지 않으려 할 때 그들을 효과적으로 제재하는 방법이기도 하다. 이들 '아웃라이어(outlier)' 회사들을 길들이고자, 대형 유통업체는 제조사의 기존 유통·판매 채널을 통해서 대량의 물건을 소비자 정가대로 구입한다. 그러고 나서 다른 유통점들보다 훨씬 낮은 가격으로 그 제조사의 제품을 진열한다. 물론, 대형 유통점은 손실을 본다. 하지만, 수익을 얻는 것이 대형 유통점의 목표가 아니다. 대신, 순종하지 않는 제조업체에게 경고의 메시지를 보내는 것이다. "우리의 요구조건 대로 거래를 하시기 바랍니다. 그렇지 않으면 우리는 당신의 유통업체가 우리 가격에 맞추도록 압력을 가함으로써 당신의 유통경로를 망가뜨릴 수도 있습니다. 물론, 그들이 돈을 벌지 않고 당신의 제품을 구입하는 것을 중단한다는 가정하에서 말입니다…."

CNBC의 퀸타닐라가 시네갈에게 그레이마켓을 통해 제품을 구입하고 판매하는 것에 대해 한 치의 망설임이 없는 것을 따져 묻자, 시네갈은 역시 거리낌이 없이 대답했다. "정말 잘못된 것은 그 사람들(제조업체)이 시장을 조정해서 가격을 통제하고 그 가격을 인위적으로 너무 높게 유지하는 것이죠. 그것은 옳지 않습니다."

자, 이 말을 분석해 보자. 미국에서 가장 큰 소매 유통점의 CEO가 제조사가 제품 가격의 일관성을 유지하고 고객의 함정을 피하는 것이 "옳지 않다"고 분명하게 말하고 있다. 시네갈의 시각에서 보면, 신제품을 연구개발하는 기업들의 '가격조작'으로부터 구매자를 보호하는 것이 그의 책임인 것이다. 심지어 코스트코가 가격을 조정하려는 의심쩍은 행동을 보임에도 불구하고 말이다.

대형 유통업체들의 생각에는 자본주의의 가장 중요한 역할을 하는 것이 바로 유통업체들이다. 혁신을 하는 기업들, 창조적인 활동을 하는 사람들, 그리고 무언가를 만들어 내는 사람들은 그저 유통업체들이 창조한 비즈니스 시스템의 졸개 정도에 지나지 않는다. 그리고 유통업체들이 아무것도 창조하지 않고, 신제품을 시장에 내놓는 커다란 위험도 감수하지 않는 동안, 단지 그들의 거대한 규모만이 무소불위의 도덕적인 권력을 안겨다 주는 것이다. 그들은 우리 모두를 위해 무엇이 최선인지 안다.

그 오만이 놀라울 따름이다.

▌ 한 걸음 물러나 생각해 보기

앞서 말한 것처럼, 고객 함정의 근본적인 현상은 대형 유통점이 혁신 기업의 사업을 도매가로 넘겨받고 있다는 것이다. 소위 10% 법칙이 깨지면 제조업체는 통제력을 잃어버리며 권력은 재판매업자나 유통업체에게 넘어가게 된다. 유통업체에 대한 의존도가 높아질수록 혁신 기업은 자신들이 생산하는 제품에 대해 가치사슬 내에서 할 수 있는 일들이 급격하게 줄어들게 된다.

하지만 정말 중요한 점은 재판매자나 중간도매업체, 유통업체들이 근본적으로 악하거나 어떤 경우에도 피해야 하는 존재들은 아니라는 것이다. 잘만 관리된다면 재판매업체나 중간도매업체, 그리고 유통업체들은 자신들에게 제품을 공급하는 업체의 브랜드를 키워 주는 중요한 역할을 한다. 만일 유통망 고객이 회사 전체 매출의 10%나 그 이하를 차지한다면, 심지어 그것이 대형 할인점이나 경제 한 분야의 중요한 위치를 차지하는 기업이라 하더라도, 힘의 균형이 신제품을 만드는 기업에게 유리하게 유지될 것이다. 이것이 자본주의가 작동되는 원리이기도 하다. 가장 큰 가치는 가장 큰 위험을 지는 사람에게 돌아가야 한다.

다른 협력자들도 만약 (그 과정에서) 가치를 제공한다면 이익을 보게 되겠지만 그럼에도 불구하고 이익의 가장 큰 부분이 가장 큰 위험을 감수한 자에게 돌아가게 되어 있다. 고객의 함정은 이러한 원칙이 깨질 때 발생하고, 가장 적게 투자한 사람이 가장 많은 부분을 차지할 때 나타난다.

▌데이터를 볼모로 잡히다

고객의 함정은 데이터 공유와 정보 투명성의 영역에서도 나타난다. 최근 25년간 비즈니스 세계에서 가장 중요한 특징은 정보의 확보와 관리이다. "측정할 수 없다면, 관리할 수 없다"는 격언은 이전보다 훨씬 진리에 가까워졌다. 정보화 시대가 도래한 이후, 기업 경영자들은 사업 모든 면에서 더 많고 더 좋은 정보를 얻으려 해 왔고, 그 결과 기업을 더 효과적으로 경영할 수 있게 되었다.

그 누구도 데이터를 구축하고 이해하는 중요성에 대해서는 의문을 제기하지 않는다. 세계 각국의 경영대학은 비즈니스 애널리틱스(Business Analytics) 과정을 다루는 MBA과정이나 과목을 설립해서 서로 경쟁하고 있다. 컨설팅 기업들도 '빅 데이터'를 지식경제 발전의 다음 단계로 예견한다. 경제 신문에는 정보 관리의 편익을 강조하는 기사가 매일 실리고 있다.

물론 이를 달성하기 위해서는 정보가 기업 내외부뿐만 아니라 공급업체 및 유통업체 방향으로도 흘러야 할 필요가 있다. 정보의 흐름이 얼마나 원활한가는 정보가 얼마나 잘 공유되는지와 더불어 의사 결정에 사용되는 데이터의 질적 수준을 결정하게 되는 중요한 요소이다.

이러한 사고의 기본적인 가정은 정보 수집 소프트웨어, 더 나은 분석툴, 그리고 어디에나 존재하는 '클라우드 컴퓨팅' 등의 지속적인 발전 속에서 새로운 시대가 도래하리라는 것이고, 그 새로운 세계에서 리더들은 정보를 이용하여 전혀 상상하지 못한 방식으로 힘을 발휘할 수 있으리라는 것이다. 하지만 대부분의 가정이 그렇듯이 그것이 실현될 때에만 비로소 실현되었다고 말할 수 있는 것이다.

오늘날 비즈니스 세계에서는 데이터 접근이 보편적으로 가능함에도 불구하고, 역설적이게도 많은 혁신 기업들이 정보를 꼭 필요로 할 때 대형 유통 고객들이 정보에 대한 접근을 가로막아 왔다. 데이터가 여기저기에 존재하는 반면, 많은 대형 유통점들이 공급업체가 데이터에 접근하지 못하도록 막고 있다.

많은 기업들이 자신들이 만든 신제품을 유통·판매 채널에 공급한 후, 제품에 어떤 일들이 발생하는지에 관해 전혀 모르는 상태로 지내고 있다. 공급업체가 만든 신제품에 무슨 일이 발생하는지에 대한 정보를 얻고자 하는 노력이 대형 유통 고객에 의해 방해받고 있는 것이다. 예를 들어 소비재의 경우 월마트, 타겟, 홈디포 등과 같은 대형 오프라인 유통 체인점들은 공급업체들의 제품에 대한 정보를 볼모로 잡고 있다. 유통점에 편리한 대로 공급업체에 일부 정보만을 제공한다. 하지만 그것도 유통점들의 이익에 부합할 때만 이루어진다.

더 심각한 것은, 많은 공급업체들이 대형 고객에게서 신제품에 대한 정보를 받는 것을 포기했다는 점이다. 그들은 정보에 대한 접근 제한이 일상적인 것이고, 그것을 단순히 '지금까지 있어 온 관행'쯤으로 여긴다. 고객들은 항상 옳은 것이다. 그렇지 않은가? 만약 대형 고객들이 우리 정보에 대한 정보 공유를 자발적으로 하지 않는다면, 우리가 누구에게 요청하겠는가? 그 결과, 미국 기업들은 회사를 경영하는 데에 있어 종종 어둠 속에서 길

표 4.1 기업의 주요 기능과 도전들[5]

기업의 주요 기능	유통 데이터 투명성이 존재하지 않을 때의 주요 과제
마케팅	시장 진입 장벽 및 신시장 기회에 대해 알기 어려움
판매 및 유통	고객 니즈를 예견하기 어렵고 효과적인 유통 인센티브를 제공하기 어려움
공급 체인	제품 흐름 관리가 매우 복잡해짐
정보 기술	실행 가능한 정보를 분석하기가 어려워짐
인사 관리	새로운 직원을 고용하거나 기존의 직원을 재교육이 필요한지에 대한 예측이 어려워짐
재무	새로운 자금조달 방안을 모색하기 어려움
위험 관리	기업에 관련된 리스크를 파악하기 불가능함
혁신	연구개발 자원을 낭비하는 것에 대한 과도한 우려가 생김
전략	주로 추측에 의한 의사결정이 이루어짐

을 찾고 있다. <표 4.1>은 기업의 다양한 분야에서 데이터 접근과 관련된 중요한 과제들을 보여주고 있다.

예를 들어 마케팅 분야의 경우, 최종 사용자가 누구고 최종 구입자가 누구인지 모른다면, 기업은 시장에서 자기 브랜드와 제품이 어떤 평가를 받는지를 궁금해할 것이다. 이렇게 시장에 대한 이해가 부족하게 되면, 제품을 출시할 때 걸림돌이 무엇인지 알기 더욱 어려워지고 유통업체를 넘어선 곳에 어떤 기회가 있는지를 알 수 없게 된다.

이러한 정보 투명성의 부재가 어떻게 영향을 미치는지는 유통·판매에서 잘 나타난다. 전직 유통업체이자 생산업체에게, 소위 '유통 인센티브'라는 용어는 등골을 오싹하게 한다. 꽉 막히고 혼란스러운 유통 과정 속에서 제품을 돋보이게 하고 판매를 신장시키기 위해 많은 제조업체들이 유통망에 제공되는 판매 장려금을 늘리려고 한다. 전통적으로 유통 관계자를 금전적인 보상으로 유인함으로써 그들로 하여금 특정 제품이나 제품 라인에

---

5 이 분석은 Zyme 솔루션과 저자들이 공동으로 개발했다.

관심을 가지도록 재조정할 수 있다고 믿어 왔다. 유인책을 제공하고 관계자의 행동을 유도하는 것은 인간 행동에 대한 이성적이고 합리적 이론에 근거하고 있기는 하지만, 현실은 그보다 매우 복잡하다. 요기 베라(Yogi Berra)의 격언처럼 말이다. "이론상으로는 현실과 이론의 차이가 없다. 그러나 현실적으로는 정말로 큰 차이가 있다."

예를 들어 유통 장려금의 효과에 대해 깊이 파고들면 수십억 달러에 이르는 천문학적인 돈에 커다란 구멍이 있음을 알게된다. 매우 비효율적이기까지 하다. 하이테크 기술 분야의 약 1조 달러 매출 중에서 20% 가량이 유통망에게 성과 장려금으로 제공되고 있는 것으로 추산된다. 이 성과 장려금은 리베이트, 할인, 판매 인센티브 등의 형태로 대리점, 재판매 사업자, 유통점, 그리고 다른 유통 관계자에게 제공된다. 이것을 모두 더하면 2,000억 달러에 가깝다. 그중에서 10%는 과다 청구되거나 잘못된 관계자에게 제공된 것으로 파악되고 있다. 이 또한 거의 200억 달러에 이르는 돈이다.

게다가 또 다른 2,000억 달러 가량의 재고는 항상 하이테크 유통망에 잠겨 있다. 30~40%에 이르는 재고는 상각(write-off), 할인, 그리고 노후화될 위험에 항상 처해 있다. 또한 그중에서 10~20%는 유통망의 비효율 때문에 판매 등이 불가능하다. 이는 약 60억 달러에서 160억 달러어치의 물량이 제대로 유통되지 못하고 있다는 것을 뜻한다.

믿기 힘들겠지만, 하이테크 분야의 매출이 2조 5000억 달러에 달한다. 하지만 유통 장려금에 관한 연구는 전혀 진행되고 있지 않다. 하이테크 산업의 수치를 다른 산업에도 적용이 가능하다고 가정해 본다면, 보수적으로 잡아도 유통 장려금과 재고 가치의 손실이 약 500억 달러에 달하는 것으로 추산해 볼 수 있다.

정보의 투명성이 전제될 때에도 공급 사슬 관리는 매우 도전적인 과제이다. 물건들이 어디에 있고, 어디로 향하고 있는지를 추적하는 데에는 양질의 데이터에 지속적으로 접근이 가능해야 한다. 그러나 일이 진행되기 시작되면, 모든 것이 "이상한 나라의 앨리스"에 나오는 세계처럼 이상해진다. 아래가 위가 되고, 왼쪽이 오른쪽이 되는.

입력되는 정보가 양질이고 믿을 만하다면, 정보 기술은 기업에게 매우 중요한 자산이 될 수 있다. 하지만 정보의 흐름이 끊기면 제아무리 뛰어난 분석팀이 있더라도 실제로 시장에서 무슨 일이 일어나는지에 대해서는 깜깜무식인 상태가 되고 만다.

동일한 원칙이 기업의 인사관리 부문에도 적용된다. 시장의 변화를 감지하는 능력을 기르는 것이 가장 재능 있는 사람을 경쟁사보다 더 빨리 고용하는 가장 좋은 방법이다. 물론, 시장의 요구가 어떻게 변하는지를 예견할 수 있어야 남들보다 한 발 더 앞서 있을 수 있다. 최고의 직원을 계속 고용하는 데에도 같은 원리가 적용된다. 최고의 직원으로 하여금 현재 일어나고 있는 관련 분야의 지식을 쌓을 수 있도록 기회를 주는 것이 충성도를 얻어 내고 유지하는 방법이다. 이러한 일들을 잘하려면 외부에서 어떤 일이 발생하고 있는지를 잘 파악하고 있어야 한다. 만약 어느 대형 고객이 기업의 제품과 서비스에 대한 중요한 정보를 가로채고 있다면, 최고의 직원들이 일하고 싶어 하는, 시대를 앞서가는 회사로 남기란 거의 불가능하다.

놀랍게도, 오늘날 기업에게 자금을 조달할 수 있는 다양한 방법 존재한다. 최근에 일어나는 재무 분야의 혁신에 많은 비난이 있음에도 불구하고—대개 비난받을 만하지만—양적으로나 질적으로, 그리고 가용성 면에서 엄청난 자금 공급 수단이 많아졌다. 다양한 옵션의 가치를 가늠해 보기 위해서는 기업이 어떤 수단을 채택하기로 결정하기 전에 필요한 정보를 얻는 것이 매우 중요하다. 대형 고객이 필요한 정보를 제공하지 않고 있다면 어떻게 평가가 이루어질 수 있겠는가? 위험관리도 똑같은 제약을 받는다. 미 국방장관을 지낸 도널드 럼스펠드의 말을 빌린다면, 우리가 드러나지 않은 사실에 대해서는 모르므로 이러한 미지의 영역을 평가하기란 결코 불가능하다.

대다수의 신제품이 실패하는 이유가 여기에 있다. 새로운 제품의 개발자나 기업들은 마치 한 손이 등에 묶인 채로 시장에 진출한다. 그들에게는 엄청나게 복잡한 세계를 관리할 수 있는 필요한 정보가 없다. 만약 엄청난 노력과 피와 땀, 그리고 눈물을 흘려 가며 일을 진행해서 가치가 있을 법한 무언가를 시장에 내놓는다손 치더라도, 판매와 유통에 관한 데이터가 없이는 그 창업자나 기업은 단순히 앉아서 더 나은 내일이 오기만을 바라게 될 뿐이다. 그들은 직관을 따를 수밖에 없고, 마치 크리스마스를 맞이하는 아이와 같이 정보가 불충분한 상태에서 의사 결정을 하면서 마법과 같은 일이 생기기를 바랄 뿐이다.

분명 획득 가능한 데이터를 갖는다고 해서 성공이 보장되는 것은 아니다. 앞으로 무슨 일이 벌어질지 알 수 있더라도 사업은 매우 어려운 것이다. 하지만, 데이터 없이 사업을 꾸려 나가는 것은 분명 재앙으로 가는 지름길이다. 이 얼마나 연구개발 비용과, 인센티브와, 인간 창의성의 낭비란 말인가! 결코 이렇게 되어서는 안 된다. 하지만 이런 일들이 비일비재하게 일어나고 있다.

결국 정보 투명성의 부재 때문에 권력에 굶주린 기업들과 비도덕적인 개인들이, 많은 기업들이 어렵게 쌓아 올린 혁신과 신제품을 가로채어 간다. 너무 많은 통제권을 대형 고객에게 넘기는 것은 오직 부정적인 위험만 있을 뿐이다. 더 나빠질 것이 없다면, 계속 읽어 보라.

Chapter 05

아웃소싱 시대의 생존 전략

돈이 많기 때문에 임금을 많이 주는 것이 아니다.
임금을 많이 주기 때문에 나는 많은 돈을 가지고 있다.
- 로버트 보쉬(Robert Bosch)

정부, 경영대학원, 그리고 많은 산업분야에서는 해외 생산의
저비용 등을 이유로 고비용 구조인 국내 사업을 접어야 한다고
제안하고 있다. 제품을 국내보다 30%~50% 더 저렴한 가격으로
생산할 수 있다는 것이 최근에 많은 미국 기업들이 해외로 몰려
나간 이유이다. 지금까지 아웃소싱(Outsourcing)—좀 더 정확한
표현은 '오프쇼링(Offshoring)'이다—에 관한 논의는 아웃소싱을
통하여 거래 비용을 줄일 수 있고, 효율성을 제고할 수 있으며,
실업, 사회 혼란, 그리고 디지털화되고 글로벌화되는 현실에 맞
추기 위한 산업 재편에 따르는 경제적 불안감 등에 비해 이익을
제고할 수 있다는 점에 초점이 맞추어져 있었다.
　　종종 아웃소싱 - 오프쇼링의 논의에서 전략적 부문이 빠져
있었다. 사실, 어쩔 수 없이 선택하게 되는 해외로의 아웃소싱
은—특히 초기에는 인도·멕시코·중국으로, 그리고 최근에는 방

글라데시나 베트남 같이 더욱 저비용 국가로 옮겨 가는 형태로 나타나고 있는데—국제 비즈니스와는 관련이 적고 오히려 제품이 어떻게 미국 내수 시장에서 구매되고 판매되는지와 더 연관이 깊다. 오프쇼링 현상은 실제로는 대형 고객이 가지는 사업 전략의 일환으로, 의도적으로 미국 산업 구조를 약화시켜 왔다. 미국 생산업체를 해외로 이전시키는 것은 새로운 시장을 개척하거나 기회를 모색하는 것이라기보다는 대형 고객이 내수 시장에서 채택한 강력한 공격적 전술에 대응하는 방어적인 움직임이다.

근본적인 원인은 생산 시설의 상당한 부분을 해외로 빼돌리려는 기업의 탐욕이 아니다. 수천, 수만의 기업들이 미국 내 사업을 접고 노동자들을 해고하도록 강제하는 것은 이전 장들에서 논의된 것처럼 유통·판매 모델에서의 불균형이 그 원인이다. 미국 기업이 선택하도록 강요받은 오프쇼링은 내부적으로 결정된 목표나 목적에 의한 것이 아니라, 오히려 기업의 생존 때문에 선택하게 된 것이다.

▎세계화: 가장 큰 필요악

세계화라는 용어는 세계의 여느 나라와는 달리, 미국 기업에게는 종종 관련이 없는, 나중에나 생각해 볼 법한 일이었다. 성장 기회가 외부에 넘쳤지만, 내수 시장만 하더라도 전체 기업 활동의 70% 가량을 차지하고 있다. 분명 최근 몇 년간 신흥시장이 부상하면서 중산층 소비자들과 관련 있는 기회가 발생하고 있는 것이 사실이다. 미국 기업들은 미국 브랜드들이 전 세계에서 위세를 떨친다고 여겨 왔다. 실제로 애플, 코카콜라, 캐터필러, 구글과 같은 회사들은 오하이오 주 애크런뿐만 아니라 카자

흐스탄의 수도 아스타나나 멕시코의 아순시온에서도 잘 알려져 있다. 그럼에도 불구하고 대부분의 미국 기업들은 국내 소비자들을 중심에 두고 있는데, 소비재 시장만 하더라도 약 4,190억 달러에 이른다. 예를 들어, 중국의 인구가 세계 최대인 14억 명인데 반해 서구식의 중산층 라이프스타일을 향유하는 중국 인구는 아르헨티나와 페루의 인구를 합친 것에 조금 모자란 7천만 명에 불과하다. 결국, 아웃소싱과 오프쇼링을 합쳐 미국 비즈니스의 대부분은 오직 내수 시장에서 일어나는 것에만 초점이 맞추어져 있다.

남북전쟁 이후, 미국 시장은 모든 형태의 사업에게 가장 커다란 선물이었다. 안전한 대륙, 무한한 자연 자원, 크기에 비해 작고 간섭하지 않는 정부, 다양한 형태의 자본 창출과 배분, 기업가 정신이 결합되어서 그 어떤 나라와 비교할 수 없을 정도로 미국은 인류 역사에서 독보적인 나라가 되었다. 이런 요소가 잘 결합되어 마치 신의 섭리가 이를 떠받쳐 주는 듯 했다. 과거 15년을 돌이켜 보면, 경제 불황, 공황, 폭락, 그리고 거품 경제 등에도 불구하고 미국 경제는 2000년대 초보다 훨씬 더 부유해졌다. 사실, 미국 경제가 세계 경제를 주도할 수 있는 힘으로 떠올랐다는 사실 자체가 과거 150년 동안의 전 세계 비즈니스의 역사라고 할 수 있다. 존 스틸 고든(John Steele Gordon)이 이야기한 것처럼 미국은 과거 100년 동안, 그리고 지금도 그렇듯이, '부의 왕국'이 되었다.

제2차 세계대전이 끝날 무렵, 미국은 경제 대국 이상으로 부상했다. 미 해군은 오대양을 지배했고 가장 큰 선단을 보유하고 있었다. 미국의 항공기는 방해받지 않고 하늘을 날아다녔으며, 두 번씩이나 원자폭탄을 만들고 투하할 수 있는 능력을 보여주었다. 할리우드는 전 세계에 유흥거리를 제공했다. 전 세계 자본의 절반 이상이 미국의 손에 쥐어져 있었다. 역사상 어떤 나라도 그렇게 강력한 적이 없었다. 아마도 신이 정말로 '은혜를 내려 주었는지'도 모른다.

　이러한 권력을 가지고, 미국은 인류 역사에서 매우 독보적인 일들을 해냈다. 복수심에 불타 사회적 약자들을 종속시키는 낡은 방식 대신, 미국인들은 실로 세계를 놀래켰다. 1944년 7월에 시작된 브레튼 우즈 협정에서 미국은 쇠약해진 동맹국들과 전쟁에서 패배한 적들에게 믿을 수 없는 제안을 했다. 즉, 미국이 동맹국 및 패전국의 재건에 필요한 자본을 제공하고 그들을 위협하는 위험으로부터 보호할 부담을 대신 해결해 주는 것이었다. 그 대가로 미국은 전 세계에 미국식 자본주의를 확장하는 데에 협력할 것을 요구했다. 게다가 이도 모자라 그 제안을 더 솔깃하게 만들었던 것은 미국 스스로가 자유 무역이라는 문구 아래 외국 제품과 기업이 아무 제한 없이 미국 내수 시장에 접근할 수 있도록 선언했다는 점이다.

　미국이 이러한 제안을 내놓았을 때, 모두 귀를 의심할 수밖에 없었다. 역사상 가장 강대국인 국가가 미래를 위한 전략적 비전으로 소비자와 생산자에 기반을 둔 세계를 이야기하고 있다니 말이다. 더 놀라운 것은 이러한 비전을 위한 비용과 부담을 패전국들이 부담하는 것이 아니라 승전국들이 앞으로 모든 부담을 지겠다는 것이었다. 실로 사실이 아닌 것만 같았다. 하지만, 이는 사실이었다.

　소련의 침략에 걱정할 필요 없고, 주변국과 수세기 동안 이어 온 싸움을 걱정할 필요 없이, 영국, 프랑스, 독일, 일본, 대만, 대한민국 같은 나라들은 경제를 재건하는 데에만 집중할 수 있었다. 미국의 보호막 아래 다른 국가들이 자기들의 성장을 침범할지를 염려하지 않고서 재건 사업을 진행할 수 있었다. 마셜 플랜 같은 계획을 통해 제공된 미국의 지원 자본 덕분에 서유럽과

동아시아 국가들은 빠르게 회복할 수 있었다. 이후 이들 지역에서 번성한 상당 부분의 물량이 미국 시장으로 수출되었다. 1972년 닉슨 대통령에 의해 촉발된, 중국의 세계 경제를 향한 점진적인 편입 움직임과 1990년 구소련의 몰락은 미국 자본주의가 전 세계적으로 퍼져 나가리라는 예측을 확인시켜 주었다.

어떻게 미국식 자본주의, 특히 유통·판매와 관련해서 미국에서 진화했는지를 이해하기 위해서는 19세기와 20세기 초를 돌이켜 보는 것이 필요하다.

▌ 판매와 유통의 역사에 대한 단상

19세기 중반, 판매와 유통은 그저 무계획으로 이루어졌다. 미국이 서부로 뻗어 나가면서, 서부 개척자들은 동부 도시나 서부 주요 지점들에서 물건을 떼다가 여기저기 돌아다니면서 파는 행상인에게 물건을 공급받았다. 외딴 지역에 있는 점주들은 6개월에 한 번 정도 대도시로 나가 물건을 구입하고는 재고를 쌓아두었다. 철도와 전신의 발전으로 인해—비교하자면 오늘날의 인터넷을 무색하게 할 정도의 혁신이었는데—사업하는 방식이 완전히 변화했다.

신기술의 덕을 본 최초의 사업가들은 도매사업자들이었는데, 그들은 중간 구매자(jobbers)로 알려지기도 했다. 이들은 자기들만의 구매 네트워크를 통해 생산업체로부터 직접 구매하여 대규모의 유통망을 통해 소비자들과 접하는 전진기지인 잡화상들에게 판매했다. 철도의 빠른 속도와 정시성이, 장거리에서 제품을 주문할 수 있는 전신과 결합되면서 중간 구매자의 유통 능력이 대폭 향상되었고, 단위당 원가를 낮추어 주었으며, 이는 높은 수익으로 연결되었다. 이러한 새로운 기술들의 편리성으로 인해 소매점주가 지역 사업에 중점을 둘 수 있었던 것처럼, 생산업체도 물건이 팔리기를 기다리기만 하는 것이 아니라 즉각적으로 대금 지불을 받을 수 있었다.

남북전쟁이 끝나자 미국 중서부 지방의 소매점들이 19세기 후반 유통을 장악하고 있던 도매회사의 지원을 받아 남부로 퍼져 나갔다. 철도와 마차로 전국을 돌아다니는 행상인들의 지원 덕분에 도매상들은 지역소매점들이 사업을 업그레이드하고 회계 관행을 개선하며 제품 전시 방법을 개선시켰다. 게다가 도매상들은 구매 방법도 정교하게 발전시켰다. 각각의 제품들에는 특정한 전문성과 시장에 맞는 특별한 접근법이 필요했기 때문에 이들 구매자들의 판매활동도 각각 상이했다.

어떤 경우에는 제품을 해외의 생산업체로부터 직접 들여와야 했으며 다른 경우에는 도매업자들을 위해 자체적으로 프라이빗 브랜드(Private Brand)를 개발해야 하기도 했다. 또, 특정 도매업체가 어느 생산업체 제품의 유일한 유통업체가 되기도 했다. 때때로 제조업에 대한 후방통합이 이루어지기는 했지만, 대부분의 도매업체들이 생산보다는 구매나 판매에 집중했다.

도매업체는 대체로 경제활동을 조직화하는 역할을 했다. 부서 중에는 흔히 "수송" 부서라고 불리는 조직이 있었는데, 그 조직은 생산자의 제품을 창고 및 소매업체에 발송하는 일정 일체를 관리하였다. 시스템이 발전하면서 성과 측정 도구도 발전되었으며 그것은 오늘날까지도 쓰이고 있다. '재고회전'이라고 불리는 것이 그것인데, 이는 '특정 시점의 재고가 어떤 기간 내에—대개는 연간으로—다 팔리고 다시 채워지는 기간'으로 정의된다. 재고회전은 유통의 속도를 측정할 수 있는데 재고회전율이 높으면 제품이 상점의 진열대에 머무르는 시간이 짧은 것과 동시에, 단위 비용이 낮으면 근로자의 생산성이 높다는 것을 의미한다. 높은 재고회전율이 가능했던 것은 전신과 철도의 발전 때문이었고 대형 소매업(Mass Marketing)을 가능하게도 했다.

대형 소매업의 등장

1880년경, 도매업체들은 생산자로부터 직접 제품을 구매하여 자신들의 가게를 통해 판매하는 대형 소매업자들 혹은 직접 중간 도매를 운영하는 제조업체에 따라잡히기 시작했다. 두 가지 경우 모두 과거에 군림했던 도매업자의 역할이 이들에게 넘어갔으며 더 높은 운영 효율성을 보였다. 소매업체가 번성할 수 있었던 이유는 도매업체보다 규모의 경제(제품 물량의 증가에 따른 비용 저하) 및 범위의 경제(다양한 제품의 마케팅에 따른 비용 저하)를 달성하는 데 유리했기 때문이다.

이러한 대형 소매업체에는 4가지 형태가 있다: 백화점, 우편 판매 소매업, 소매 체인점, 그리고 수직통합된 기업이다.

백화점

백화점은 도시의 등장과 함께 발생한 업태이다. 의류와 가정에 필요한 피복 제품을 파는 소매업태가 가구, 식기, 보석 및 다른 신제품 등을 취급하기 시작하며 백화점이 되었다. 니만 마커스와 마셜 필드가 그랬던 것처럼 메이시즈나 블루밍데일이 이런 과정을 밟았다. 백화점의 성장 이면에는 남북전쟁 이후 수십 년간 발생한 도시 인구의 증가가 역할을 했다. 도시의 인구가 폭발적으로 증가하면서 새로운 제품들이 추가되었는데, 카펫, 직물가구, 가죽제품, 남녀 의류, 모자, 신발, 장난감 등 모두 새로운 도시 소비자 계층의 수요를 만족시키기 위한 제품들이었다. 백화점의 전략은 거의 비슷했다. 알프레드 챈들러는 이렇게 기록하고 있다.

그들은 낮은 가격에 낮은 이윤으로 판매하면서 많은 물량, 높은 회전율을 목표로 했다. 수익은 물량으로 달성하는 것이었지, 가격을 높게 책정함으로써 발생하는 것이 아니었다. 결국, 대형 소매점들은 재고회전율을 높은 수준으로 유지하는 데에 집중했다. 이것은 판매가 잘 되지 않는 제품은 가격을 내리고, 광고를 대규모로 집행하며, 철저한 관리 구조를 만듦으로써 가능했다.

백화점은 분권화된 지주 회사처럼 경영되었는데, 백화점의 점장은 마치 왕처럼 제품 구입과 판매에 관한 모든 결정을 자유롭게 내릴 수 있었고 중앙 조직에서는 각 지점의 재무 실적에 대해서만 책임을 물었다. 예를 들어, 신발 부문을 맡은 사람은 신발의 구입처, 가격, 그리고 심지어 백화점의 신발 광고에 어떤 광고 문구를 사용해야 하는지까지의 모든 결정을 내렸다.

간혹 백화점들은 의류와 소형 가구 품목의 한정 판매 제품을 만들기 위해 생산 분야로 후방통합을 하기도 했다. 하지만, 이러한 경우는 매우 드물었고, 경영진은 공급업체의 활동을 통제하거나 관리하는 것을 피하려 들었다. 대신, 앞서 말한 것처럼 초기 백화점의 전략은 재고회전(속도)에 기반하고 있었다. 예를 들어 마셜 필드는 20세기 전반에 걸쳐 재고회전이 5 가량 되었고, 반면 메이시즈는 재고회전이 1887년에 12에 달했다. 빠른 재고회전 덕분에 낮은 가격에 적은 수익으로 판매하더라도 수익을 낼 수 있었다. 소형 소매점들은 이러한 새로운 양상의 불공평한 경쟁에 격분하면서 백화점들이 가격을 낮게 책정하지 못하도록 하는 주 법률을 요구했다.

우편 주문 소매업

전신과 철도는 최초의 직접 판매업체(Direct Marketer)를 위한 길도 터 주었다. 남북전쟁 이전에는 매우 제한된 형태로 존재했지만, 남북전쟁 이후에는 우편 주문 기업들이 매우 성행했다. 다양한 제품을 우편 카탈로그를 통해서만 판매한 최초의 기업은 몽고메리 워드였는데, 이 기업의 카탈로그는 500쪽 이상에, 취급 제품도 2만 4천 종류나 되었다. 시어즈 로벅이 뒤를 이었는데, 시어즈는 1898년, 532쪽에 달하는 카탈로그를 이용해 거의 모든 소비재 제품을 판매했다. 예를 들어 신발, 마차, 미끼, 스토브, 도자기, 총포류, 카트, 유리제품, 악기 등이 이러한 유통경로로 판매되는 제품이었다. 1893년에 40만 달러이던 매출은 2년 후 배가 되었다. 당시의 백화점과 마찬가지로 각 구매 부서는 완전히 자율적이었다. 구매 담당자는 물량, 가격, 그리고 공급업체에 지불하는 단가를 완전히 조정할 수 있었다. 매출 규모가 기하급수적으로 늘어나자 우편 주문 업체들도 제조업으로 후방통합을 하기도 했다. 1906년, 시어즈는 취급하고 있는 다양한 제품을 지속적으로 공급받기 위해 16개의 공장을 가동하고 있었다. 우편 주문 업체들이 정교한 물류 시스템 덕분에 당시 취급 물량 면에서 백화점을 앞서기도 했다.

시어즈와 몽고메리 워드의 높은 재고회전율에 기반한 저가 정책 및 저마진을 통한 이익 창출 때문에 20세기 초반에는 정치적인 분쟁이 일어나기도 했다. 소규모 소매상들과 도매상들은 이전에 백화점을 상대해서 싸웠던 것처럼 불공평해 보이는 경쟁에 반대하고 나섰다. 하지만 이러한 반대에도 불구하고, 지방까지 소포 서비스를 확대하는 법안이 1912년에 통과되었다. 대형 소매업은 지역의 이익에 의해 저지되지는 못했다. 실상은, 정부에 의해 이러한 확장이 장려되었던 것이다.

체인점

체인점은 20세기 초에 미국 소매 역사에 등장했다. 1920년 대까지, 체인 스토어는 백화점이나 우편 주문 소매업을 향했던 정치적 공격을 그대로 받았다. 체인점은 백화점과 비교해 두 가지 면에서 달랐다. 첫째는, 특정한 지역에 퍼져 비슷한 종류의 물품을 취급하는 복수의 매장으로 구성되었다는 점이다. 둘째는, 백화점이나 우편 주문 소매업과는 달리, 중앙 집중적으로 관리 되었다. 다른 형태의 소매 기업에서는 구매담당자가 독립적인 분야로 일했지만, 체인점의 관리자는 중앙 부서에서 구매담당자 들의 주문을 받아들였다.

체인점을 가리켜, 1920년대 한 작가는 이렇게 쓰고 있다. "어 떤 체인점의 경우 중앙에서 소유하고 있지만, 독립적으로 운영된 다. 또 일부는 중앙에서 소유와 운영을 맡고 있다." 구매담당자들 은 체인점 본사의 전문가들로 구성된다. 채용과 해고는 인사 부 서가 관리했다. 체인점 관리자는 기관차를 운행하는 엔지니어에 비유되었는데, 모든 운영 방식의 표준화가 그 핵심이었다.

> 표준화 공정은 체인점의 모든 부문에까지 확장된다. 매장의 겉모습은 거의 비슷하고, 실내 장식품 역시 동일하다. 판매대에 전시되는 제품과 제품의 위치까지 모두 같다. 매장을 운영하는 지시사항도 모두 동일하 다. 각 매장의 관리자는 매일 같은 양식을 보고하고 현금 취급 방법도 같으며, 매일 폐장하는 것이나 매장을 운영하는 작은 세부 사항까지도 모두 같다.

F. W. 울워스(Woolworth)는 1880년대 초기에 펜실베이니아 주에서 7개의 점포를 운영했다. 19세기 말까지 매출은 500만 달 러였으며, 1909년에는 미국 전역에 318개의 매장을 운영했다. 다

른 소매점들과 마찬가지로, 성공의 열쇠는 재고회전이었다. 1920년대에는 시어즈와 몽고메리 워드가 자신들의 브랜드로 체인점을 시작했다. 1930년대에는 대형 백화점들도 뒤를 이었다.

이 기간 동안 생산과 유통 과정에 긴밀한 협력이 결여됨과 동시에 제조업체들이 영향력을 행사하려고 들면서 생산업체와 소매업체들의 관계에 긴장감이 돌았다. 20세기에는 전반적으로 의사소통이 우편이나 비싼 '장거리' 전화로 이루어졌다. 1960년대 들어서야 상업화된 컴퓨터는 고가에다가, 사용하기 어려웠으며, 서로 연결도 되지 않았다. 월마트는 1987년이 되어서야 공급업체를 조정할 수 있는 정보 기술을 사용하기 시작했으며, 이메일은 1990년대 중반이 되어서야 널리 보급되었다. 우리가 오늘날 당연하게 받아들이고 있는 통신은 과거에는 매우 접근하기 어려운 것이었다.

수직·통합 기업

20세기 전반에 걸쳐, 유통에 있어 가장 큰 예외적인 존재는 수직통합 기업이었다. 수직통합 기업은 유통·판매와 더불어 제조를 결합한 기업이었다. 외부 시장에 의존하기보다는 사업에 필요한 모든 활동을 기업 내부에서 조정함으로써 제조업체가 유통의 모든 면을 통제·관리하게 하였다. 이로 인해 중간 유통업체를 다루지 않고, 판매 기업들과 협상할 필요 또한 없게 되었다. 제조업체들은 판매, 서비스, 금융, 설치 및 다른 관련 분야의 활동을 포함한 유통 역량을 개발했다.

직영 소매 매장을 통해 이들 기업은 소비자의 욕구를 파악하고 시장을 더 잘 이해할 수 있었으며 고객 그룹을 어떻게 세부적으로 나눌지에 대해서 고민할 수 있게 되었다. NCR(National Cash Register), 레밍턴 타자기(Remington Typewriter Company), 이스트먼 코닥(Eastman Kodak), 팝스트 양조(Pabst Brewing Company) 등이 이 시기에 직영 매장을 운영한 대표적인 제조기업들이다.

대형 유통 할인점의 등장

통신, 철도, 그리고 이후 출시된 트럭이 20세기 전반에 걸쳐 대규모 유통을 확대하는 데에 일조하긴 했지만, 생산자와 최종 소비자의 관계는 제한적이었다. 둘의 거래 관계는 절대적으로 거리가 유지됐으며, 그로 인해 제조업체들은 비용을 낮추고 생산을 극대화하며, 제품을 시장에 '밀어내기' 위해 소비자의 요구가 무엇인지 제대로 이해하지 못한 채로 규모의 경제만을 추구했다.

수요와 공급을 조정하는 것은 생산업체와 소매업체 사이에서 둘의 연결을 돕는 도매업체, 대리점, 유통업체 등의 몫이었다. 많은 재고를 관리하면서 이들 중간 업체들은 생산자와 판매자 사이에서 완충 역할을 했고 이로 인해 둘을 조정하려는 필요성이 제한되었다. 이후 기술 발전으로 생산자와 소비자 사이의 역학 관계가 바뀌게 되기도 했다.

경영 역사학자인 알프레드 챈들러는 대형 유통 할인점의 등장과 함께, 도매업체들과 새로운 형태의 대형 소매업체를 관통하는 경제 원리에 대해 이렇게 설명한다.

생산자와 소비자를 연결하는 유통업체는 규모의 경제와 범위의 경제를 모두 추구한 결과이다. 그들이 많은 제조업체들의 제품을 취급했기 때문에 하나의 제조업체가 하나의 제품을 마케팅하고 유통하는 것보다 더 큰 물량을 취급하고 단위당 비용을 줄일 수 있었다(규모). 게다가, 그들은 다양한 분야로 확대하여 이러한 이점을 활용했다. 즉, 일련의 활동을 통해 관련제품을 취급했던 것이다(범위).

속도가 모든 것 위에 군림하며, 규모와 범위의 경제가 지배했다. 챈들러가 말하는 소위 '관리 자본주의'는, 시장의 '보이지 않는 손'을 통해 모든 거래 관계를 다루는 것보다 그것이 더 효과적이기 때문에 큰 회사들 사이에서는 관리자가 생산과 유통의 모든 활동을 조정해야 한다는 생각에 바탕을 두고 있다. 사실, 챈들러는 이 주제와 관련해서 그의 책 제목을 "보이는 손 (The Visible Hand)"이라고 붙였는데 이는 시장의 보이지 않는 손이, 즉 관리 활동을 하는 보이는 손에 의해 대체되고 있다는 것을 의미했다. 그는, "대형 소매점들이 대규모 기업 내에서 시장의 막대한 거래를 처리하고 있습니다. 이 때문에 미국 경제에서 대형 소매점들이 그동안 상품의 유통을 담당해 왔던 중간상들을 대체하게 된 것이죠"라고 말한다.

증가하는 물량으로 인한 높은 재고회전율, 취급 제품 확대, 그리고 신규 매장 개설 덕분에 대형 소매점들은 도매업체에 의존하던 소형 소매점들보다 가격을 더 낮게 책정할 수 있었고 또한 도매업체보다 수익성도 좋았다. 이러한 경영 방식의 덕을 본 회사로는 김벨스(Gimbels), 하트포즈(Hartfords), 울워스(Woolworths), 크레스게스(Kresges) 등이 있었는데, 이 회사들은 이 과정에서 엄청난 부를 쌓았다.

"전략적 사고"

1970년대 초, 제조업체들은 자원, 역량, 혁신, 기술, 그리고 업무 혁신 등을 강조한 사업 변혁을 설파한 경영학자들의 충고를 따르기 시작했다. 제품 개발, 판매, 서비스 등 사업의 모든 부문을 관리하던 기업들이 '일류' 경영 사상가들에 서서히 설득되더니 '핵심 역량'에만 집중하고 다른 요소는 제거한 것이다. 그 결과 대기업들은 '가치 창출'에 도움이 되지 않는 것으로 여겨지는 사업 부문을 떼어 내기 시작했고, 반면 동시에 전사적 품질 관리(Total Quality Management, TQM), 자재 소요 계획(Material Requirement Planning, MRP), JIT(Jus-In-Time) 재고 관리 및 린(lean) 생산방식 등의 경영기법을 채택하기 시작했다.

점차 '핵심 역량'에만 집중하는 움직임은 성과를 내기 시작했고, 기업의 경계에도 큰 변화가 일어났다. 가치사슬의 여러 부문에서 힘을 발휘하던 기업들이 이제는 가장 지속할 수 있는 경쟁 우위에 도움이 될 만하다고 생각되는 부분을 제외하고는 모두 아웃소싱해 버리게 된 것이다. 고품질을 제공한다고 여겨지는 일본 기업의 압력과 더불어, 미국 제조업체들은 핵심 자원 및 핵심 역량과 관계없는 사업 분야뿐만 아니라, 중요한 유통·판매 역량도 분리해 버리고 말았다.

또, 기술적 발전으로 인해 소매 분야에서 발생할 수 있는 비효율적인 문제들이 더욱 두드러지게 되었다. 오늘날에는 계산원이 금전 등록기에 숫자를 입력하고 거스름돈을 정확하게 세어 주거나, 물건을 사는 사람이 천천히 수표를 쓰는 동안 인내심을 가지고 기다리는 상황을 상상하기는 어렵다. 1970년대 말경, 정교화된 물류 및 재고 관리 방법과 함께 공급 사슬 관리, 데이터 마이닝과 분석 기법을 바탕으로 대형 할인점이 생겨나게 되었다.

1987년 P&G와 월마트 간의 관계에 기반한 새로운 접근이 시도되면서 커다란 변화가 일어났다. 전직 월마트의 임원은 그때 발생한 일을 이렇게 설명하고 있다.

> 양사는 모두 벤더와 소매점 간의 전반적인 관계가 문제가 있다고 생각했죠. 모두 최종 사용자, 즉 고객에게 집중하고 있었지만, 서로 독립적으로 관련 일을 하고 있었어요. 정보 교환이나, 공동 기획, 시스템 조정 같은 일도 없었죠. 우리는 단순히 각자의 길을 가는 거대한 사업체였고,

퇴물이 된 시스템에 의해 발생된 과도한 비용을 망각하고 있었어요. 실제로는 문 밑으로 노트를 밀어 넣는 식으로 의사소통을 하고 있었던 거죠. … P&G와 월마트의 파트너십을 따라서, 다른 많은 기업들도 공급업체를 중요한 사업자로 인식하기 시작했습니다.

제조공정과 기술의 발전 덕분에 공급업체는 새로운 대형 할인 유통점에게 최종 소비자의 요구사항에 따라 주문제작된 제품을 만들고 공급할 수 있게 되었다. '마케팅' 개념이 널리 퍼지고 제조업체들이 JIT 및 다른 생산 방식으로 제조 공정을 축소하여 제품을 고객의 요구에 맞추어 생산하는 능력을 키움에 따라 과도한 재고를 보유할 필요가 없게 되었다.

▌현대 미국 시스템

과거 국제적으로 사업을 하는 것은 오늘날의 모습과는 매우 달랐다. 대부분의 미국 기업들은 지역별 생산, 판매 그리고 유통을 통해 계속 확장하는 국내 시장의 니즈와 기대를 맞추는 데에 집중했다. 해외 원재료를 공급받는 것은 옵션 중의 하나였을 뿐이고 그것이 합리적이라고 생각될 때 추진되었다. 하지만 주로 미국 기업이 생산하는 대부분의 제품은 미국 소비자에게 판매되었고, 서비스 역시 거의 미국에 기반하고 있었다.

동시에 외국 기업들은 미국 시장의 낮은 진입장벽의 혜택을 보았고 거대한 미국 내수 시장에 접근이 가능했다. 이러한 접근을 하는 기업들에는 일본의 혼다, 파나소닉, 소니를 비롯해 독일의 보쉬, 지멘스, 그리고 폭스바겐이 있었다. 초기에는 외국 기업들이 수출 전략을 폈지만, 장기적인 성공을 위해서 기업 운영의 전체를 미국으로 옮겨 오기도 했다. 오하이오 주 메리스빌

(Marysville)에 있는 혼다 공장은 오토바이 생산을 위해 1978년에 처음 지어졌다. 그리고 몇 년 후, 혼다는 바로 옆에 최초의 미국 자동차 생산 공장 시설을 지었다. 가능한 미국 소비자에게 가까이 다가서는 것이 그 목표였다.

현재 판매 유통 기업들은 다른 기업이 생산하는 제품이나 서비스에 의존하고 있다. 인구 증가, 극심한 경쟁, 기술 발전, 세계화, 전문화, 그리고 제품의 생산과 유통에 관련된 기업의 가치 창조 활동을 분리하는 능력이 발전함에 따라 다시 한 번 시장 환경을 지배하는 '보이지 않는 손'이 도래한 것처럼 보인다. 코네티컷 주립대의 기업경영 역사학자인 리차드 랭글로는 이렇게 설명한다.

> 많은 면에서, 작금의 새로운 모형은 관리 자본주의 시대보다는 남북전쟁 이전 시대와 닮아 있는 것 같습니다. 생산은 많은 기업에서 일어나고, 생산된 제품들은 흔히 시장 교환이라고 불리는 방법에 의해 조절됩니다. … 수직통합과 전문화는 아마도 20세기 후반에 있어 가장 중요한 조직적 발전이라고 할 수 있습니다.

세계화의 시대, 즉 기업이 모든 것을 내부에서 만들기보다는 시장을 통해 공급받는 때에는 아웃소싱과 오프쇼링이 생존의 방법이라고 할 수 있다. 세계화로 인해 기업은 국내 시장뿐만 아니라 세계 곳곳의 시장을 통해 효율성을 추구할 수 있게 되었다. 대형 유통 기업들이 어떻게 세계화라는 현상을 자신들의 무기로 활용할 수 있었는지를 알아보기 위해서는, 사람들이 '해외직접투자(Foreign Direct Investment, FDI)'를 선호할 때 그것이 무엇을 의미하는지를 주의 깊게 살펴보아야 한다.

▎해외직접투자(Foreign Direct Investment, FDI)

학계의 이론가들은 기업이 해외직접투자를 추진하는 이유로 새로운 고객과 시장 확보, 원재료에 대한 접근 용이성, 혹은 값싼 노동력 등을 꼽는다. 예를 들어, 최근의 중국 투자에는 여러 가지 이유가 있다. 중국은 14억 명의 인구를 가지고 있는 나라로 세계에서 잠재력이 가장 큰 시장이다. 기업들은 앞으로 기하급수적으로 성장할 신흥 중산층의 시장 기회를 확보하고자 중국에 앞다투어 진출했다. 최근까지만 해도 평균 생산직 임금은 시간당 1달러 미만이었는데, 저임금을 바라는 기업들에게는 매우 매력적인 선택지였다. 마지막으로, 어떤 산업에서는 중국이 미국보다 나은 숙련된 기술과 전문성을 제공하기도 한다. 예를 들어, 중국 엔지니어들은 무선칩이나 소프트웨어 분야의 기술 개발에서 가장 선두에 있으며, 자동차 부품 생산 분야에서는 무서울 정도로 제품과 물류 기술을 선보이고 있다. 이러한 상황이 일어난 이유로는 해외직접투자와 관련된 다양한 동기가 있었기 때문이다.

해외직접투자는 한 나라의 기업이 다른 나라에 투자할 때 일어난다. 개념상으로 해외직접투자는 포트폴리오 투자와는 다른데, 해외직접투자는 소유와 관리를 모두 동반하기 때문이다. 해외직접투자의 예로는 1990년 맥도날드가 모스크바 매장을 개설한 것, 1997년 팀켄(Timken)이 루마니아에 롤러베어링 생산시설을 인수한 것, 그리고 2014년 레노버가 IBM의 x86 사업을 인수한 것 등이 있다. 이러한 사례는 모기업이 해외 국가의 고객을 확보하기 위한 일환으로 이루어진 예들이다. 이러한 '시장 접근적' 해외직접투자가 미국에서 발생한 사례로는 해외 기업의 자동차 공장 건설(예를 들어, 토요타), 미국을 상징하는 기업의 매수

(예로, 앤호이저부시), 혹은 미국 기업과의 조인트 벤처 설립(일렉트리시테 드 프랑스와 콘스텔레이션 에너지) 등이 있다. 다른 형태의 해외직접투자로는 소위 '요소 접근적' 해외직접투자라 불린다. 이러한 형태는 기업이 생산에 필요한 요소, 예를 들어 원재료나 값싼 노동력을 모색할 때 발생한다. 하지만 해외직접투자 이론에 고려되지 않는 것은 많은 미국 기업들이 조인트 벤처나 계약 생산 등을 이용해 아웃소싱 생산—국내 공장을 닫고 제품생산을 위해 해외 제조업체를 고용하는 것—으로 밀려나고 있다는 사실이다. 그들이 원하든 원치 않든 간에 말이다.

1979년 해외 기업들에게 개방된 중국에서는, 서구의 경영자들은 초기에 중국의 거대한 시장을 중심으로 생각했다. 10억 명이 넘는 인구는 거대한 잠재 고객들이며, 억눌려진 소비 욕구를 고려한다면 더욱 그랬다. 하지만 경제개발 초기에 몰려든 해외직접투자는 소비재 제품이 아니라 대개 인프라 프로젝트에 집중되었다. 중국 정부는 해외직접투자를 선택적으로 받아들였으며, 그 결과 근대화에 필요한 사업과 수출 중심의 기업들을 불러들였다. 중국 정부는 외국인들이 중국 기업을 매입하거나 직접 중국 지사를 설립하는 것을 허용하지 않았다. 1990년대 중반까지만 해도 중국에서 사업을 하는 해외 기업들은 중국 기업과 조인트 벤처를 설립하여 사업하는 것이 의무화되어 있었다.

하지만 만약 미국 기업들이 이익을 증가시키는 데에 중국 시장을 즉각적으로 활용할 수 없었다면, 미국 기업들은 풍부한 중국의 노동력을 활용하는 것이 현실적이라는 사실을 빨리 알아챌 수 있었다. 1990년대가 되어서야 중국 정부는 외국 기업이 중국 시장에서 소비재 제품을 생산하고 판매하는 것을 허용했다. 그 이전까지, 중국은 해외 판매를 목적으로 한 생산 기지로서만 이용되었다.

중국 정부의 목적은 국제 기업 파트너로부터 학습하고 해외 자본을 확보하는 것이었다. 중국 정부가 두려워한 것은 해외 기업이 중국 기업들과 파트너 관계를 유지하도록 강제하지 않는다면 중국이 수출 기지, 즉 선진국에서만 개발되고 이해될 수 있는 부품을 조립하는 생산 기지 그 이상이 될 수 없다는 점이었다. 대신, 조인트 벤처 전략이 추진되었고 오늘날의 중국은 대형 신흥 경제국 중에서 연구개발과 신제품 개발에 집중 투자하고 있는 나라가 되었다.

하지만 강제된 조인트 벤처는 단점도 있는데, 중국 정부에는 매력적인 것이 때때로 미국 기업에는 매력적이지 않다는 점이다. 지적 재산권 침해, 사업운영 및 물류상의 어려운 점, 그리고 문화적 배경이 다른 두 나라에서 사업을 운영하는 데 따르는 다양한 도전들이 미국 기업들이 조인트 벤처에 갖는 열의를 누그러뜨렸다. 그러나 대형 할인 유통점과 대형 고객들의 끊임없는 압박 때문에 많은 기업들이 조인트 벤처라는 쓴 약을 삼키고 해외 아웃소싱으로 내몰렸다. 그들에게는 선택의 여지가 없었다.

중국의 개방은 대형 유통업체들에게도 아주 적절한 시점에 일어났다. 정보 기술, 특히 정보 공유의 수단이 된 인터넷의 빠른 보급 덕분에 해외 생산과 관련된 많은 난관들이 해소되었다. 성숙된 시장, 고강도 경쟁, 그리고 끊임없는 가격 압박에 부담을 느낀 대형 유통점들은 실적 기대치를 맞추기 위해 운영 효율성에 관심을 둘 수밖에 없었다. 하지만 20년이 넘은 경영이론의 틀에 갇힌 공급업체들로는 실적의 반 정도밖에 달성할 수 없었다. 생산과 유통의 긴밀한 연결 관계를 생각하는 대신, 생산업체들은 오직 어떻게 하면 더 효율적일 수 있을까에만 매몰되어 있었기 때문이다. 유통업체가 어떻게 중국을 공략했으며, 미국 경제에 미친 영향이 무엇인지를 다음의 예에서 자세히 살펴보자.

중국에서의 월마트

샘 월튼(Sam Walton)[1]은 처음부터 중국에서 물건을 수급하는 것에 관심이 많았고, 1980년대 중반, 월마트는 상당량의 제품을 중국에서 수입하고 있었다. 그는 미국의 무역적자가 증가하자, '미국으로 가져오기'라는 프로그램을 1985년에 도입했다. 수년간 아시아로부터 공급받는 상품이 월마트가 만든 회사인 태평양 자원 수출 회사(the Pacific Resources Export Limited)에 의해 관리되었다. 월튼은 미국 기업에서도 구매하고 싶어 했지만, 국내 기업들이 해외의 공급업체와 경쟁이 가능할 때만 그랬다.

1992년 월튼의 사망 후 경제 침체기가 지나자, 월마트는 미국 이름 없는 공급업체와 관계를 확장해 나가며 자사의 브랜드 제품을 늘렸다. 클린턴 정부의 인권 문제에 대한 무관심과 2001년 중국의 WTO 체제 편입으로 인해 중국 업체들이 월마트에서 팔리는 제품의 주요 공급업체로 정당하게 들어올 수 있었다. 가격 인하 압력을 받자, 월마트의 공급업체들은 유일한 대안이 생산을 해외로 옮기는 것임을 거듭 알게 되었다. 레이크우드 엔지니어링 & 매뉴팩처링 회사(Lakewood Engineering & Manufacturing Company)가 그 예이다. 수년간, 이 기업은 20인치 크기의 박스형 선풍기를 20달러에 판매했다. 월마트의 가격 인하 압력에 순응해, 이 기업은 2000년 중국 선전에 공장을 세웠는데, 그곳의 평균 임금은 시카고 지역의 시간당 13달러의 임금에 비해 25센트에 지나지 않았다. 2003년경, 그 회사의 선풍기는 월마트에서 10달러에 팔렸다.

2008년 레이크우드의 노동자들은 지역의 노동조합들과 함께 레이크우드가 전기 히터 부문을 정리하고 생산을 중국으로 옮기

---

1 세계 최대 할인유통점인 월마트의 창업자.

는 결정에 반대하고 나섰다. 월마트는 회사의 80~90% 물량을 구매하고 있었다. 레이크우드는 회사가 웰스 파고 은행에 빚을 지고 있는데, 웰스 파고 은행이 더 이상 대출을 해 주지 않기로 해 다른 대책이 없이 손이 꽁꽁 묶여 있다고 주장했다. 이러한 상황에서 레이크우드는 월마트와의 관계 때문에 결국 220명의 근로자를 해고하고 생산을 아웃소싱했다. 그 회사는 결국 2009년 비자발적 파산을 선포하고 선빔 제조(Sunbeam Products)에 매각되었다. 이 계약에서 누가 수익을 냈을까? 분명 레이크우드는 아니다.

레이크우드가 예외는 아니다. 월마트에서 팔리는 제품의 70%가 중국에서 들어왔거나 중국에서 생산된 부품으로 만들어져 있다. 월마트가 하나의 국가라면, 규모로 따졌을 때 전 세계에서 27번째로 큰 경제체제이다. 포브스의 한 논평에서는 이렇게 정리하고 있다.

> 월마트가 제조 부문을 중국으로 아웃소싱하고자 한 결정은 미국 제조업의 공동화, 특히 저가 제품을 담당하는 제조업 공동화의 한 원인이다. 경제정책연구소(the Economic Policy Institute)에 따르면 월마트의 수입으로 인해 미국에서 200,000여 개의 일자리가 없어졌다. 이는 중국이 세계 경제 대국이 되는 데 일조하고 있기도 하다. 월마트는 이제 제조 부문을 다시 미국으로 가져오기를 원하고 있으며 미국 제조업을 지원하기 위해 1,000만 달러의 펀드를 조성하고 있다. … 하지만, 1,000만 달러는 새 발의 피에 불과하다.

다른 기업들도 뒤를 따르다

중국으로 아웃소싱하는 것은 보편적인 현상이다. 가장 유명한 아웃소싱 센터는 소니의 플레이스테이션 3, 아마존 킨들

파이어, 닌텐도 위를 비롯해 애플의 아이패드, 맥, 아이폰이 만들어지고 있는 중국 선전에 위치한 폭스콘(Foxxconn)의 '캠퍼스'이다. 이 대만 기업은 휴렛패커드(HP), 델, 에이서(Acer)와 같은 컴퓨터 기업의 조립업체임과 동시에 닌텐도, 소니, 마이크로소프트의 모든 게임 콘솔을 생산한다. 중국인 노동자 120만 명을 고용하고 있으며, 선전에만 20만 명을 고용하고 있다. 월마트에 대한 프론트라인(Frontline)2 다큐멘터리는 이렇게 정리하고 있다.

> 지금까지 많은 제조업체들이 … 자신들을 해외 생산 제품의 '브랜드 유통업체'로 재정의할 수밖에 없다. 즉, 스스로 제품을 생산하는 대신, 중국에서 만들어진 제품에 자신들의 브랜드를 붙여 소매업체에 판매한다. 그들은 생산을 아웃소싱하고 생산된 제품을 마케팅함으로써 수익을 늘려 나간다. 이 과정은 실제로는 월마트와 중국의 조인트 벤처에 굴복하는 마지막 단계이다.

대형 유통업체들이 중국에서 제품을 들여오기 위해 빠르게 움직이자 다른 소매업체들도 경쟁력을 갖추기 위해서 전례를 따를 수밖에 없었다. 우편 카탈로그 주문업체인 엘엘빈(L. L. Bean)은 수십 년간 미국의 제품들을 판매하는 기업이었다. 1990년대에는 대형 유통업체들의 가격 압박과 신생 우편 주문업체들의 등장으로 인한 압박을 받았다. 1998년 엘엘빈은 아웃소싱을 할 막바지 단계에 이르렀다. 엘엘빈의 크리스 맥코믹(McCormick)은 이렇게 말한다.

---

2 미국 공영방송 PBS(Public Broadcasting Service)의 다큐멘터리 보도 프로그램.

과장하고 싶지는 않지만, 우리는 아웃소싱 경쟁력에서 뒤쳐지고 있었습니다. 추측컨대 우리 제품의 60%~70% 가량이 미국에서 생산된 것이었어요. 그보다 낮을 수는 있지만 그보다 많지는 않았죠. 컨설턴트들은 전 세계가 해외 생산으로 눈을 돌렸다고 충고했어요. 그렇죠, 제품 수급을 미국 내에서 할 수만 있다면 좋은 것이겠죠. 하지만 현실적으로는 모든 일자리가 해외로 빠져나가고 있어요. 경쟁력 있는 기업이나 사람들도 미국을 떠나고 있고요. 그래서 경쟁 측면에서 보면, 우리에게는 선택의 여지가 없었어요. 다행인지는 모르겠지만, 품질이 미국 생산 제품보다 좋지는 않아도 못하진 않았어요. 결국 우리는 제품 수급 부서를 만들었고 수익을 개선하고 제품 매출 원가를 낮추기 위해 일에 착수하도록 했죠.

2000년에는 아웃소싱 추진으로 인해 3천만 달러 가량을 절감했고, 그 해 회사의 수익성은 매우 좋았다. 맥코믹은 말한다. "그 해에 실적을 주도한 요인은 매출이 늘어나서가 아니었어요. 수익성을 개선한 요인은 마진이 좋아져서였죠. 2006년에는 단지 20% 제품만이 미국에서 생산된 것이었어요." 이러한 결정에도 불구하고 엘엘빈은 웹 사이트에 메인 주와 독일의 브런즈윅에 위치한 공장에서 450명의 근로자를 고용하고 있으며 그들이 회사의 대표적인 제품인 메인 사냥 신발(Maine Hunting Shoe), 엘엘빈 부츠(L.L.Bean Boots), 보트 토트백(Boat and Tote Bags), 애완견용 침구 그 외 소형 가죽 제품을 만든다는 사실을 게재하며 'Made in America'를 홍보한다. 하지만 자신들의 국내산 제품을 자랑하면서도 한편으로 애석한 사실도 지적한다. "우리는 미국에서 생산 설비를 소유하고 운영하는, 몇 안 되는 복합 채널 유통업체 중의 하나입니다"라고 말이다.

사실, 오늘날의 혁신 기업들은 미국 내에서 자신들의 제품을 생산할 수 있는 능력을 갖춘 기업을 찾기 위해 매우 애를 먹고 있다. 스펀지 느낌의 달콤한 '마시멜로 총알'이 들어간 총 장난감을 디자인하고 판매하는 마시멜로 펀 컴퍼니(Marshmallow Fun Company)를 살펴보자. 월스트리트 저널의 기사는 다음과 같이 쓰고 있다.

> 달라스에 본사를 둔 이 회사는 지금까지 자신들의 목표를 달성하지 못했다. 즉, 중국 제조업체에게 모두 의존하지 않고 적어도 자기 회사의 '총'의 일부를 미국 내에서 만드는 것 말이다. 이제 10년이 된 이 회사의 장난감은 20달러에서 28달러 정도 하는데, 최고 경영자인 비버 레이몬드(Beaver Raymond)는 "미국에서 제품을 만드는 누구에게나 경의를 표한다. 하지만 그것은 쉽지 않은 일이다"라고 말한다. 레이몬드를 비롯해 제조시설을 미국으로 되가져오고 싶어 하는 미국의 창업가들은 종종 한 가지 장애물을 맞닥뜨리게 된다. 그것은 바로 중국과 달리 미국에는 소비재 제품을 대규모로 생산할 수 있는 제조업체가 거의 없다는 사실이다.

이와는 대조적으로, 중국의 계약형 제조업체들은 모든 것을 만들 수 있다. 상하이에 위치한 알릭스파트너스(AlixPartners)의 스티븐 마우어는 다음과 같이 말한다. "중국에서는 어떤 제품이든 그와 관련된 전문 업체를 찾을 수 있습니다. … 오븐 토스터를 원한다고요? 중국에는 오븐 토스터를 만드는 계약형 생산업체들이 수십 개 있습니다. 그러한 계약 생산 형태는 다른 곳에서는 절대 존재하지 않죠."

멕시코: 새로운(혹은 오래된?) 중국

중국, 인도, 그리고 기타 아시아 국가들만이 미국 기업의 아웃소싱 대상국이 되는 것은 아니다. 최근에는 중국의 임금 상승 때문에 미국과 인접한 멕시코가 더 매력적인 대안으로 떠오르고 있다. 예를 들어, 멕시코에서는 자동차 공장에서의 평균 일일 임금이 26달러인데, 이는 동종업종의 미국 평균 임금의 3분의 1수준이다. 현재, 멕시코에서 월평균 생산직 노동자의 임금은 353달러이다. 중국에서 사업하는 데에 따르는 물류 관련 어려움을 고려할 때, 최근 중국에서의 임금상승 탓으로 미국 기업들이 멕시코로 생산 시설을 옮기는 것은 어쩌면 당연한 일이다. 심지어 중국 기업들도 멕시코로 사업장을 옮기기도 했다. 폭스콘은 현재 제품 주기의 진입기나 쇠퇴기에 있는 제품을 대량 생산하도록 하는 시설을 멕시코의 시우다드 후아레스에 두어 운영하고 있다. 배송과 관련한 비용 절감이 큰 폭으로 이루어지고 있다. 예를 들어, 모든 델 컴퓨터는 폭스콘의 후아레스 생산시설에서 제조되는데, 이 시설은 월 100만 대의 컴퓨터를 출하할 수 있는 능력을 갖추고 있다.

▌ 아웃소싱에 대한 강요

현재는 너무나 많은 미국 기업들이 사업을 '성장'시키는 데 있어 아웃소싱을 유일한 방법으로 인식하고 있다. 제품을 소비자에게 배송하는 것뿐만 아니라 기업의 내부 프로세스까지 통제하려는 대형 유통업체와의 비정상적인 관계 때문에 자국에서의 기회에서 배제되고 있다. 이들 기업은 유통과 판매를 통제하는 능력을 억제당한 채로 가치사슬의 맨 끝단, 즉 생산에서 발생하는 비용을 줄이는 방법을 통해서만 성장할 수 있다. 이 기업들은 적정 이윤과 주주가치를 유지하기 위해 가장 싼 투입재화, 특히 값싼 노동력을 쫓아야만 한다.

제조업체들이 해외에 투자하는 많은 노력이 실패하고 만다는 사실은 또한 실망스럽기 그지없다. 제조기업이 자신들의 생산시설의 일부 혹은 전부를 해외로 이전해야만 할 것 같은 압력을 느끼기 때문에, 저개발 국가에서 사업을 하는 데 내재된 위험을 정확하게 평가하지 못하고 있다. 예를 들어 중국에서는 엄청난 인프라, 매우 부족한 자원에 대한 경쟁, 그리고 외국 기업들의 이익보다는 자국 혹은 지역의 이익을 지키려는 정부, 그리고 임박한 환율 조정 등이 제조업체가 흔히 고려하지 않거나 고려할 수 없는 것처럼 보이는 중요한 요인들이다. 위의 사항들은 해외이전을 바라볼 때 심각하게 고려되어야 하는 요인들이다. 하지만 대형 유통 고객들이 제조업체에게 전략적인 선택을 해야 하며 그것을 이기고 나가야 한다고 강요함에 따라 신흥 시장에서의 사업 위험은 잊혀지고 만다.

미국 기업들이 잠재적인 이익과 낮은 노동 비용의 매력 때문에 해외로 이끌리듯 나가는 것이 사실이다. 미국에서 드는 비용의 절반 이하로 인도에서 소프트웨어 엔지니어를 고용할 수 있고, 비싸지 않으면서도 더 놀라운 능력을 보유한, 중국의 유연성이 돋보이는 제조 설비를 활용할 수 있다는 점이 서구 경영자들을 엄청난 마법처럼 홀렸다. 엄연한 현실도 여전히 존재한다. 상당 부분의 제조업을 미국 밖으로 내모는 것은 기업의 탐욕이 아니라는 점이다. 소비자들을 위해서 최저 가격을 제공하려는 목적도 또한 아니다. 이렇게 내몰리는 이유는 새로운 시장이나 저임금, 혹은 생산에 필요한 투입 요소들의 더 나은 효율성을 추구해서라기보다는 국내 환경과 관련 있는 이유들 때문이다. 수

많은 미국 사업장들로 하여금 문을 닫고 근로자를 해고하도록
하는 원인은 이전 장에서 서술한 대로 국내 판매와 유통 모델의
불균형 때문이다. 미국 기업들이 할 수 없이 해외이전을 추구하
는 것은 내부적으로 결정된 목표나 기준으로 결정되는 것이 아
니라, 대신에 고객의 함정에 갇힌 기업들의 단순한 생존을 위한
필요에 의한 것이다.

part 02

함정을 피하는 방법

chapter 06   스틸(STIHL)의 사례

chapter 07   혁신의 두 번째 단계

chapter 08   정보를 수집하고
옳은 방법으로 마케팅하기

chapter 09   세계화 지향과 신념의 유지

chapter 10   지역성과 독립성 유지

단순히 비판을 위한 비판은 극히 소수만을 위한 이야기이다.
예를 들어, 책, 영화, 공연 그리고 식당 비평의 경우 개인의 기호에 따라
비평 내용이 완전히 달라진다.
비즈니스에서 그런 식으로 비판하는 것은 매우 바람직하지 않다.
만약 어떤 사람이 특정 비즈니스 전략을 폄하하고자 한다면
실행 가능한 대안을 가지고 있어야 한다.
만약 그렇지 않다면 나서서는 안 된다.

고객의 함정이 우리에게 준 메시지는
판매나 유통과 관련된 많은 사고들에 중대한 결함이 있다는 것이다.
이 책의 1부는 우리의 비판이었다.
2부에서는 회사가 어떻게 고객의 함정을 피할 수 있는지를
제시할 것이다.

Chapter 06

스틸(STIHL)의 사례

옳은 일을 하라고 당신을 민망하게 하는 사람은 참기 어렵다.
– 마크 트웨인(Mark Twain)

　　미국 스틸의 사장인 프레드 화이트(Fred Whyte)는 자기 회사의 대표적인 체인톱으로 나뭇가지를 정리하는 사람처럼 신중하게, 스틸의 야외장비에 대해 말하고 있다. 그는 42년 동안 스틸에서 근무했다. 이후 25년 동안은 미국 지사의 사장으로 근무했다. 그 이전에는 10년간 캐나다 지사의 사장이었다. 화이트는 캐나다 국적을 유지했지만 아직 남아 있는 중서부 억양에 따라 종종 감탄사로 사용하는 "에(eh)"라는 표현을 잘 사용하지 않았다.

　　우리가 그와 만났을 때, 우리는 "대형 창고형 할인점에서 물건을 판매하고 싶은 유혹이 든 적은 없습니까?"라는 질문으로 대화를 시작했다. 그는 잠시 머뭇거리는 듯 했으나 단호하게 말했다. "한 번도 없었습니다." 그리고 이어서 말했다. "모든 사람에게 모든 것이 될 수는 없습니다. 당신은 당신이 누구이고, 성장했을 때 무엇이 될 것인지를 알아야 합니다."

　　스틸은 미국에서 12개의 지역 유통업체들과 8,500개의 서비스 대리점들을 통해 제품을 유통시키고 있다. 그중 50% 이상이 스틸의 휴대용 제품만을 취급하고 있다. 스틸의 체인톱과 송풍기, 잔디 깎기 기계, 또는 예초기 등은 로우스(Lowe's)나 홈디포, 월마트에서 찾아볼 수 없다. 이것은 스틸 제품을 대량으로 판매하려는 노력을 하지 않은 것이 아니다. 비록 대형 할인점을 이용하면 유통업체에서 자체적으로 제품 시연을 할 수 있으며 성과가 보장되고, 막대한 이익을 예상할 수 있다. 그러나 스틸이 아닌 대형 할인점들이 판매 활동을 수행한다. 프레드 화이트는 "한동안 우리는 로우스와 홈디포의 담당자가 전용 비행기로 우리에게 와서 그들의 제안을 발표하도록 했습니다"라고 말했다. 하지만 스틸이 중요하게 여기는 점은 창의성, 서비스, 충성도, 비전이 동반된 품질과 관련한 부분이었다. 비전이 눈에 띄게 명확한 것, 고객의 함정으로부터 회사를 보호하는 것이야말로 이러한 일련의 활동들이 추구하는 궁극적인 결과이다. 때문에 스틸은 한순간도 대형 할인점을 고려하지 않았다. 이 비전과 공유가치는 창업자가 창업 당시부터 고수해 온 것이다.

▌ 회사의 창업

안드레아스 스틸(Andreas Stihl)은 사물이 움직이는 원리를 찾아내는 데 관심이 많았다. 그는 1896년 스위스 취리히에서 태어났고 독일의 친척 집에서 자랐다. 그는 아이제나크(Eisenach) 기술원에서 기계공학을 공부했고, 대기업에서 3년간 근무했는데, 그중 한 회사는 제재용 톱의 엔진을 만드는 곳이었다. 이 회사에 근무하면서 그는 임업용 제품의 문제점을 발견했고, 산업을 혁신할 수 있는 솔루션을 개발했다.

그가 발견한 문제점은 고정된 톱이나 도끼로 나무들이 다루기 쉬운 크기로 잘리지 않은 채 제재소로 이동된다는 점이었다.

이는 거대한 목재를 수마일 이상 이동시켜야 하는 문제점을 가지고 있었다. 소규모 워크샵을 몇 차례 개최한 뒤 스틸은 1926년 최초의 전기체인톱을 발명하였는데, 2명이 사용하는 140파운드 무게의 '횡단체인톱'이 그것이다. 1929년 그는 첫 번째 가솔린엔진을 이용한 체인톱을 소개했다. 비록 이 제품도 작동시키려면 두 명이 필요했지만 휴대성만큼은 당시 임업 산업에 혁신을 가져다주었다.

스틸의 특별한 개성이 수십 년간의 전후 성공을 보증하고 궁극적으로는 대형 유통점으로부터 회사를 보호할 수 있었던 때가 바로 이 시점이었다. 스틸은 고객에게 봉사해야 한다고 굳게 믿었다. 종업원들은 회사 제품을 어떻게 사용하고 유지·관리해야 하는지에 대해 고객들에게 설명할 수 있도록 훈련받았다. 추가로 회사는 스틸 제품을 판매하는 사람이 누구이든지 간에 그 제품에 대해 서비스를 해 주고 수리를 해 줄 수 있는 능력을 가져야 한다고 강조하였다. 초창기의 종업원들은 "사람들에게 톱을 팔 때, 가르치고, 도와주고, 친절하게 사후 서비스를 제공하지 않으면 안 되었어요"라고 말했다.

다른 혁신들처럼 체인톱에 대한 비판도 있었다. 벌목꾼들은 새로운 기술로 인해 자신들의 일자리가 없어질 것을 두려워하여 신기술을 격렬히 반대했다. 심지어 스틸의 판매원을 공격하기도 하였다. 스틸은 교육과 훈련을 통해 이러한 반대를 줄여 나갔다. 1939년 스틸은 독일 전역의 벌목장들에 체인톱 교육과정을 개설하였고, 1939년 그들이 미국을 방문하는 동안 전기톱 기술 관련 세미나를 개최하였다. 이러한 노력들 덕분에 신기술에 대한 저항을 극복할 수 있었고, 잠재 고객들에게 혁신적인 신상품을 소개하기도 용이했다.

체인톱 교육이란 오늘날에는 상상하기 어려운 긴 작업이었다. 스틸의 역사는 1939년부터 일어난 일을 다음과 같이 기록하고 있다.

독일 남서부 삼림지대 블랙 포레스트의 배드 리벤젤 부근 랑엔브란트 건강 리조트에 거주하는 주민들은 옥젠 호텔의 마당에서 열 대의 체인톱이 내는 굉음을 듣고 매우 놀랐다. 교육관들이 보기에는 마치 축제 같았는데, 벌목기를 가진 지역의 삼림감독관들과 벌목꾼들이 체인톱을 연습하기 시작했고, 때때로 필요 이상의 속도를 내고자 조절판을 열기도 했다. 첫 연습에서는 몇 가지 재밌는 일도 있었는데, 예를 들어 시작하기, 횡단 자르기를 할 때 벌목꾼들은 정말로 어린애들 같았다.

교육과정 둘째 날부터 참석자들은 실제로 숲에 들어가 체인톱을 이용해 그들이 원하는 만큼 나무베기와 목재만들기를 연습하였다. 이 과정에서 몇몇 벌목꾼들은 너무 열정적이어서 그들의 동료들 또한 그 기계를 시험해 보고 배우고 싶어 한다는 사실을 잊은 채 혼자 심취했다.

삼림 책임 감독관은 매일 말을 타고 의기양양하게 숲으로 와서 교육참가자들 가까이서 그들을 관찰하였다. 교육과정은 강의, 설명, 실습 등의 연속이었고, 금요일 저녁에는 축제 분위기 속에서 교육과정의 성공을 축하하였다. 책임 감독관인 에버스와 스틸, 그리고 회사 중역 몇몇이 함께 했고, 축하연 자리에서 향후 더 많은 체인톱 교육과정을 개설하기로 결정하였다. 이 회식이 얼마나 성대했냐면 두 마리의 돼지가 축하연을 위해 도살되었을 정도였다. 토요일 점심 식사 후에 교육과정 참석자들은 그들이 구매한 기계들과 새로운 에너지를 가지고 자랑스럽게 귀가하였다.

이 시기에 스틸은 톱을 지속적으로 개량하였고, 경량화에 힘쓰며 신뢰성이 더욱 높은 제품을 몇 가지 더 선보였다.

제2차 세계대전 동안 연합군의 폭격으로 슈투트가르트의 바트칸쉬타트에 있는 스틸의 생산공장이 파괴되었다. 이로 인해 생산시설은 1945년 바이블링엔으로 이전되었다. 스틸은 프랑스 군대에 체포되었고, 미국에 이송되었다. 유럽의 모든 나라처럼 회사는 전쟁 직후에 쇠퇴하였다. 하지만 1948년 스틸은 억류에서 풀려나 회사로 복귀했다.

중요한 사건이 1950년 일어났다. 바로 스틸이 최초의 1인용 톱을 출시한 것이다. 그리고 1954년에 개량된 버전을 선보였는데, 무게가 31파운드밖에 나가지 않는 제품이었다. 그야말로 휴대 가능한 최초의 체인톱이었다. 신제품과 혁신들이 이어졌는데, 그중 대표적인 것은 1959년 격막 기화기로 유명한 콘트라(Contra) 제품과 1965년에는 진동 방지 시스템이 장착된 톱이었다. 회사의 지속적인 품질개선과 혁신은 이후에도 상당 기간 지속되었다.

스틸의 혁신 덕분에 체인톱에 대한 수요가 늘어났고 1963년과 1965년 사이에 판매량이 65,000대에서 130,000대로 두 배 가량 증가하였다. 이 시기에 독일 내 시장 점유율은 50%, 세계적으로 16%에 달했다. 이후 10년 동안 회사의 종업원 2,000명이 매년 340,000개의 톱을 생산했다.

안드레아스 스틸은 1973년 76세의 나이로 사망했다. 두 번의 세계대전과 극심한 인플레이션, 극심한 가난, 치열한 경쟁, 그리고 많은 장애물에도 불구하고, 창조적인 기계공학자는 2,500명의 종업원을 거느린 세계 1등 브랜드의 체인톱 생산 회사를 이루어 냈다. 이듬해, 스틸은 미국 시장에 회사의 수출품을 유통시키기 위한 2만 평방피트[1] 시설을 버지니아 비치에 개설하였고, 종업원 50명 정도를 두었다.

1960년에 그의 네 자녀는 회사의 유한책임 파트너가 되었다.

---

1 약 1,858제곱미터 혹은 약 563평.

그리고 세심한 계획하에 새로운 리더십으로의 이전이 서서히 이루어졌다. 한스 피터 스틸(Hans Peter Stihl)은 1972년 안드레아스의 후계자로 지명되었다. 회사는 1970년대에 경제 침체와 1980년대의 세계적인 불황도 이겨 냈다. 1986년에는 전기톱의 보완재를 공급하기 시작했는데, 여기에는 보안경, 장갑, 신발, 헬멧, 소음보호기 등이 포함되었다. 신제품 또한 소개되었는데, 여기에는 예초기, 나뭇잎 청소기뿐 아니라 정리용 톱도 포함되었다.

1990년대까지 스틸은 삼림과 목재 산업에 사용되는 전문 체인톱만을 생산하였다. 이것은 회사 입장에서는 50%의 시장을 내버려 두는 일이었다. 하지만 디자인 혁신을 포함한 지속적인 혁신 덕분에 제품의 무게를 20파운드까지 줄일 수 있었고, 소형 톱 시장에 공격적으로 진입할 수 있었다. 1994년 스틸은 모든 소형 톱 생산설비를 미국으로 이전하였고 2014년 즈음 버지니아 비치에 100만 평방피트와 2,100명의 종업원을 거느린 생산 및 관리시설을 갖추게 되었다. 1973년 또 다른 생산시설이 브라질에 설립되었다. 1995년에 중국에 판매법인이 설립되었고, 이어 2005년에는 생산 작업을 시작하였다.

스틸은 1992년 체인톱 시장의 시장 선도자가 되었다. 반대로 홈라이트(Homelite)와 맥컬록(McCulloch)은 쇠퇴하였다. 스틸 그룹은 오늘날 전 세계에서 13,800명 이상의 종업원을 고용하고 있고, 275개 이상의 체인톱, 예초기, 나뭇잎 청소기, 소형 경운기, 그리고 다른 관련 상품 모델을 생산하고 있다.

2008년 미국의 지역 유통업자 중 하나인 오하이오 주의 브라이언 장비 판매(Bryan Equipment Sales) 종업원들에게 실시한 연설에서 한스 피터 스틸은 회사를 성공으로 이끈 네 가지 전략을 언급하였다.

첫째, 생산혁신과 품질. 이것은 어떤 제조업이든지 생명과도 같습니다. 특히 우리 스틸에는 더더욱 그렇습니다. 왜냐하면 고객들이 우리 제품에 대해 높은 기대를 가지고 있기 때문입니다. 그것이 환경보호국(Environmental Protection Agency)의 엄격한 배출기준에 맞춘 산업을 선도할 신규 엔진기술을 소개하는 것이든지 혹은 버지니아 비치 공장의 개선된 생산 공정 때문이든지 간에, 우리의 고객들은 우리 브랜드의 상징이나 마친가지인 훌륭한 제품이나 기능들을 경험하고 있습니다.

둘째, 높은 수준의 자체 생산시스템. 다른 회사들과 달리 우리는 부품생산의 아웃소싱을 증가시키지 않았습니다. 사실, 우리는 품질을 극대화하기 위해 자체 생산공정을 추가하였고, 자재비용 증가를 최소화하였으며 납기목표를 달성하였습니다.

셋째, 국제 생산 네트워크의 구축. 아시는 바와 같이, 스틸에서 생산된 제품들은 북미 전역에 유통되고, 전 세계의 90개 이상 국가로 배송됩니다. 버지니아 비치 공장의 연간 생산량 중 상당 부분이 수출시장을 위한 것이고, 그것에 대해 스틸은 자부심을 가질 만합니다.

넷째, 독특한 마케팅 전략. 아마도 가장 중요한데, 스틸의 성공은 독특한 마케팅 전략에 기인합니다. 우리의 주요 경쟁자 대부분은 대형 유통업체나 대형주택 개선 용품점의 요구를 수용하기 위해 소매유통 전략을 타협해 왔습니다. 이러한 접근은 단기적으로 매출증가에 이점이 있지만 장기적으로는 정체성과 차별성을 잃게 만듭니다. 이것은 스틸의 방식이 아닙니다. 대신, 우리는 브라이언 장비 판매와 같은 유통망에 의존해서 고객 서비스를 제공하는 전문 서비스 대리점들과의 관계를 구축, 유지하였습니다. 그리고, 가족기업인 브라이언 장비가 스틸처럼 3대에 걸쳐 시장에서 높은 위치를 차지하고 있는 것이 매우 기쁩니다.

▮ 서비스

연설을 계속하면서 한스 피터 스틸은 기업의 서비스 철학을 설명하였다. "대형 유통업체들은 서비스를 제공할 수 없습니다. 서비스가 없으면 판매도 없습니다." 프레드 화이트 역시 서비스를 가치제안의 핵심 요소로 여겼기 때문에 처음부터 대형 유통업체에 판매해야겠다는 유혹을 받지 않았다고 말하였다. "누가 새 차를 살 때, 운전해 보지 않고 사기를 원하겠는가?" 그는 물었다. "스틸 대리점에게 첫 번째 도전은 왜 스틸의 체인톱이 50달러에서 100달러까지 경쟁사 제품보다 비싼지를 설명하는 것이다." 대부분의 미국인들은 가격에 민감하다는 사실을 인정하지만, 특히나 가격민감형 고객들은 스틸이 독특한 체인 브레이크, 고급 체인, 자동기어 유도오일, 그리고 크롬 함유 실린더를 가지고 있고, 탁월한 열전환 용량과 높은 내구성을 자랑한다는 사실을 모를 것이다. 전문 판매 직원은 스틸 제품의 탁월한 품질을 설명해야 한다. 버지니아 주의 스틸 대리점 매니저인 에릭 볼링(Eric Bolling)은 "고객은 고가의 고품질 제품을 살 것이다. 만약 당신이 고객이 지불하는 것만큼의 가치를 정확히 보여줄 수만 있다면…"이라고 말하였다.

스틸 대리점은 몇 가지 질문을 통해 '고객 걸러내기'를 하며, 그러한 과정을 통해 고객의 손에 올바른 제품이 전달된다고 확신한다. 또한 그들은 고객들이 제품을 어떻게 적절히 사용하고 관리하는지를 교육하며, 마지막으로 체인톱 보호기구, 시력 및 청력 보호장비 등의 보호복을 제공한다. 스틸이 고객에게 보호장비를 제공하려는 노력은 단순히 '부가판매'의 문제만은 아니다. 정확하지는 않지만 연간 20,000건 정도의 체인톱 관련 사고가 발생하기 때문이다. 월스트리트 저널에서 그웬돌린 바운즈

기자는 대형 할인점에서 중요한 안전장비를 얻으려면 운이 좋아야 한다고 언급하였다. 예를 들어 홈디포, 시어즈 등은 8개의 톱 브랜드를 취급하는데, 두 회사의 대변인은 안전장비가 아직 취급 아이템이 아니라고 말하였고, 로우스는 안전장비를 취급하지만 체인톱의 수요가 많은 지역을 중심으로 공급한다고 말했다.

반면 스틸 대리점은 그들의 판매 매장에서 서비스 센터를 운영한다. '완벽한 판매'를 하면서 고객과의 관계를 구축하는 것이 그 궁극적인 목적이다. 전문가가 상주하는 대리점을 통해 고객은 위험 요소가 있어 작동할 때 주의를 요하는 기계들도 안전하게 다루어 볼 수 있을 뿐 아니라 관련 제품에 관해서도 전문성이 있다고 여겨 신뢰하게 된다. 그것이 스틸의 제품이건 아니건 말이다.

스틸에서는 고가의 제품이 판매될 때 고객과의 접촉 없이 박스에 담긴 제품만을 전달하는 식으로 판매하는 것을 용납하지 않는다. 이러한 이유로 당신은 인터넷에서 스틸 제품을 구매할 수 없고, 집으로 배달되게 할 수도 없다. 하지만 스틸에서는 온라인 쇼핑 프로그램인 스틸 익스프레스(Express)가 대리점과 잠재 고객들 간의 간극을 좁히는 역할을 해 왔다. 이 프로그램을 통해, 고객은 스틸 제품을 온라인으로 예약하고, 대리점에서 제품을 수령할 수 있는데, 대리점은 이 과정에서 전문적인 조언과 더불어 제품을 바로 사용할 수 있도록 제품을 조립하고 연료 주입까지 제공한다. 스틸에 따르면 보호장구 및 전문적인 서비스를 제공하는 대리점 없이, 조립되지 않는 제품들을 박스 채로 판매하는 것은 고객과의 관계 구축에 반하는 것이며 스틸의 비즈니스 모델에 반하는 것이다. 서비스 없는 판매 접근방식은 결국 지속적인 저수익성으로 귀결되기 때문이다.

▌ 대리점의 관점

스틸은 대리점들이 회사의 생명줄이라고 믿고 있을 뿐만 아니라 유통관리의 가장 중요한 핵심은 서비스 대리점과 고객들을 연결하는 방식에 있다고 주장한다. 수십 년간 대리점들로 하여금 그들이 회사 운영의 핵심임을 이해시키려고 무척이나 노력해왔다. 회사 내부의 기록에는 스틸이 대리점들을 어떻게 대하는지 보여주고 있다.

"전 세계의 대리점들이 정기적으로 본사에 초대됩니다. 우리는 공장을 보여줄 수 있고, 스틸 톱이 어떻게 만들어지는지 관찰할 수 있게 합니다"라고 레인홀드 굴(Reinhold Guhl)이 설명한다. 밤에는 한스 피터 스틸을 비롯해 당시 건강했던 안드레아스 스틸 및 수출사업부장을 포함한 많은 스탭들이 대리점주들과 함께 앉아서 편안한 분위기로 이야기를 하였다.

굴은 그 모임에서 두 가지가 매우 중요하다고 지적한다. 첫째는, 많은 대리점들이 스틸의 규모가 커짐에 따라 언젠가는 그들과의 거래를 중단하리라는 두려움을 가지고 있기 때문에 대리점들을 향한 회사의 충성심을 강조하는 것이다. 결국, 주요 경쟁자들은 1980년대 이후 전문 대리점 체제에서 대형 체인 체제로 전환했다.

둘째는, 사진 촬영이 대리점과의 모임에서 중요한 부분을 차지한다는 점이다. 모든 사람들은 스틸 시니어나 주니어 또는 두 사람 모두와 사진을 찍는다. 그 사진들은 따뜻한 악수와 친절한 미소가 가득하도록 회사의 사진사에 의해 세심하게 촬영된다.

그러한 사진들은 전 세계 매장에 곧 걸린다. 그리고 대리점들은 자랑스럽게 이야기한다. "당신들이 보듯이, 나는 스틸 씨를 개인적으로 잘 압니다. 나는 스틸 톱 공장에도 방문해 보았습니다." 그리고 거대한 공장과 친구인 안드레아스, 한스 피터와 함께 먹은 스와비안(Swabian) 와인 등에 관한 이야기를 할 것이다. 독립 대리점들에게 개별적으로 다가가 맞춤 배려를 함으로써 회사와 스틸 가족은 서비스 대리점들 사이에서 좋은 평판을 갖게 된다.

거의 대부분의 스틸 대리점들은 회사를 칭찬한다. 빌링스 하드웨어(Billings Hardware)는 몬타나 주 빌링스(Billings)의 그랜드 애비뉴(Grand Avenue) 맨 끝에 자리하고 있다. 고객이 정문으로 들어가 바로 왼쪽으로 돌면 스틸 제품을 위한 거대한 전시공간을 볼 수 있다. 부드러운 목소리의 댄 토머스(Dan Thomas)는 50대 중반으로 보이는 남자로 이 매장의 서비스 책임자이다. "저는 1979년부터 야외동력장비 부문에서 일하고 있습니다. 그리고 두 개의 대리점을 관리하고 있습니다. 저는 공장 대표, 서비스 기술자, 판매원, 그리고 관리직을 포함하여 거의 모든 부서에서 일해 봤습니다. 이 분야에 관한 한 거의 모든 부문에서 일해 왔습니다." 그는 이 산업이 1980년대 그의 아버지와 함께 사업을 한 이래로 매우 극적으로 변화해 왔다고 설명한다. "수많은 제조업체가 대형 체인점 및 대형 유통업체들과 거래했고, 그를 통한 판매량도 증가시켜 왔습니다. 이는 산업을 바꾸었고 아마도 영원히 그럴 것입니다. 하지만 많은 제조업자들은 살아남지 못하였습니다."

제조업체가 대형 유통업체로 이동한 결과로 독립 대리점과의 관계를 잃었다. 독립 대리점은 대형 유통업체가 판매하는 가격대에 가격을 맞출 수 없었고, 그리하여 대형 유통업체에서 판매되는 제품군을 더 이상 취급하지 않았으며 고급 제품을 공급하는 제조업체를 찾아 나섰다. 하지만 독립 대리점 없이는 어느 누구도 판매된 제품에 대한 서비스와 수리를 해 줄 수 없었다. 토머스(Thomas)는 예외가 있다는 점을 지적했다. "빌링스에 위치한 로우스에서 판매되는 하스쿠바나(Husqvarna) 장비는 몇몇 대형 소매점에서 서비스를 받을 수 있습니다. 하지만 당신이 홈라이트(Homelite)나 포울란(Poulan) 브랜드의 체인톱을 구매한다면 "서비스는 당신의 몫입니다." 이 경우 고객 입장에서 제품 신뢰성은 운에 맡길 수밖에 없다. 토머스는 품질 이슈를 다음과 같이 묘사하였다.

> 대형 체인점에서 판매되는 야외동력장비는 일반적으로 독립 대리점에서 판매되는 것보다 좋은 품질이 아닙니다. 대형 유통업체는 저가에 시장에 공급하기를 원하기 때문입니다. 대형 유통업체가 동력장비 유통의 선두가 되기 전에는 대부분의 제조업체들이 좋은 제품들을 만들어 냈습니다. 제조업체들이 대량판매를 시작하면서 품질이 하락한 것은 다음 두 가지 이유 때문입니다. 첫째, 그들은 더 많은 제품을 더 빨리 생산해야 했습니다. 둘째, 유통업체들이 더 저렴한 제품들을 요구해 왔습니다. 그래서 제조업체들은 더 낮은 품질의 제품을 만들 수밖에 없었습니다. 이는 산업 전체에 거대한 변화를 초래했고, 시장에서 판매되는 모든 제품들은 이제 저품질이거나 저가경쟁을 하며 판매되고 있습니다.

토머스는 스틸을 긍정적으로 보고 있다. 그는 스틸이 매우 좋은 브랜드 이미지를 가지고 있고, '현재 시장에서 팔리는 제품 중 최고 품질'인 제품을 가지고 있다고 언급하였다. 하스쿠바나와 에코 브랜드는 토머스가 생각하기에는 '그다음으로 좋은 브랜드'들이다. 그러나 동시에 그러한 고품질의 브랜드들이 대형 유통업체에서 판매되면 고객들은 결국 그 제품이 특정 업무에는 적절하지 않다고 생각할 수도 있다고 말하였다. 토머스는 그의 접근법을 다음과 같이 설명했다.

가장 먼저 하고 싶은 일은 고객에게 그 제품을 어느 용도로 사용하려고 하는지, 그리고 그것을 어떻게 사용하려고 하는지를 묻는 것입니다. 당신이 할 수 있는 가장 나쁜 일은 누군가에게 그가 원하는 일을 하기에 충분하지 않은 장비를 판매하는 것입니다. 고객은 그 기계에 만족하지 못할 수밖에 없습니다. 이는 모든 제품라인에 해당되는 말입니다. 당신은 고객이 그가 특정 용도로 사용하고 싶어 하는 전문적인 기계를 얻을 수 있도록 도와야 합니다.

토머스는 버지니아 주에 있는 스틸 공장에서 최고 수준의 기술 훈련을 받았다. 그는 대형 유통업체들이 일반적으로 고객 서비스 직원을 엄격하게 선발하지 않는다는 것을 알고 있다. 일부 직원들이 지식을 어느 정도 가지고 있었지만 이 또한 많지는 않았다고 하였다. Arboristsite.com[2] 사이트에 게재한 다음 글은 많은 대리점들의 관점을 대표한다.

나의 거래처는 노스 캐롤라이나 주의 힐스보로우(Hillsborough)에 있는 미드 아틀란틱 스틸(Mid-Atlantic STIHL)이었습니다. 나는 그보다 좋은 회사와 거래해 본적이 없어요. 고객 서비스는 뛰어났고, 그들의 부품 수급 비용은 훨씬 좋았습니다. 스틸은 소매가격을 제시하였는데 그 가격에 대리점들은 충분한 이익을 낼 수 있었습니다. 한편 대리점은 판매수량은 마음대로 조절할 수 있었습니다. 나는 항상 부품과 전체 상품을 정해진 소비자 가격에 판매하였습니다(대량구매 고객은 예외이기는 했지만요). 대리점의 수익은 필수적입니다. 그렇지 않으면 어떤 대리점도 존재하지 않을 것입니다. 스틸은 최소주문량을 요구하지 않습니다. 하지만 최소주문 물량을 지키면 무료배송 등과 같은 인센티브가 있습니다(과거에는 2,500달

2 야외동력장비에 관한 리뷰와 사용 후기를 공유하는 사이트.

러였고 지금은 조금 더 높을 겁니다). 많은 경우, 어느 고객이 부품을 원했다면 스틸은 그것을 당일에 배송했고 나는 그것을 판매하고 화물차에 실어 보냈습니다. 고객과 대리점은 모두 만족했습니다.

이 증언은 스틸이 서비스 대리점에 대해 보이는 존중감을 잘 표현해 준다. 근본적으로 스틸은 그들의 사업이 세계에서 최고 야외동력장비를 생산하는 것 그 이상을 이해하고 있다. 그들은 세계적으로 활동하고 있는 소기업 경영자나 개인 기술자들이 성공의 열쇠임을 이해하고 있다.

▌고객의 함정 피하기

스틸의 마케팅 및 영업부문의 전 사장이었던 피터 버튼(Peter Burton)은 "카테고리 킬러(Category Killer)[3]는 꽤 매력적입니다. 그들이 요청할 때에는 아드레날린과 같은 매력에 빠질 수 있어요. 카테고리 킬러의 취급 물량은 실로 엄청나니까요"라고 말했다. 스틸은 자신들이 시장에서 가지는 지위와, 대형 할인점과 사업을 진행했을 때 발생할 수 있는 일들을 예견했기에 대형 할인점의 유혹을 이겨 냈다. 고객의 함정에 의해 발생할 수 있는 악순환에 대해 스틸은 잘 알고 있다. 화이트 사장은 이러한 악순환을 한 예를 들어 다음과 같이 묘사하였다.

대형 유통업체 사람들은 이렇게 말합니다. "앤드류, 당신은 우리의 가장 중요한 공급업체입니다. 우리는 죽을 때까지 당신을 사랑합니다. 당

---

3 하나의 상품군에 집중하여 여러 브랜드를 한 매장에서 파는 할인 소매 형태. 대표적인 카테고리 킬러로는 완구류의 토이저러스(Toy R Us), 전자제품의 베스트바이(Best Buy), 하이마트 등이 있다.

신이 우리에게 제공한 이 제품은 환상적입니다"라고 말이죠. 그러면 앤드류는 무엇을 할까요? 그는 집에 가서 아내와 이야기합니다. "여보, 대형판매점과 거래를 시작했어. 우리는 이제부터 탄탄대로야. 우리는 새로운 보트와 더 큰 집을 살 거고 곧 벤츠도 사게 될 거야." 그런 다음 앤드류는 20명을 추가로 고용하고 새 빌딩도 지을 것입니다. 이듬해에, 앤드류는 돌아와서 그의 고객과 마주 앉아 같은 이야기를 반복하게 됩니다. "앤드류, 당신은 우리의 탁월한 고객입니다. 하지만 우리는 그 정도의 성공한 제품을 가지고 내년에는 올해보다 두 배의 매출을 올려야 해요." 앤드류는 집으로 가서 아내와 대화합니다. 그는 이내 더 큰 보트와 큰집을 사고, 더 많은 사람을 고용합니다. 그는 또 다시 더 많은 생산장비를 구하고, 더 큰 빌딩을 구입합니다. 그다음 해에 앤드류는 대형 고객과 마주 앉습니다. 그 고객은 "앤드류, 우리는 당신과 정말 좋은 관계에 있습니다. 우리는 죽을 때까지 당신을 사랑합니다. 하지만 중국 회사의 사장 테리 켈리(Terry Kelly)는 같은 제품을 절반 가격에 공급할 수 있다고 합니다." 이제 앤드류는 무엇을 해야 할까요? 앤드류는 집에 가지 않고 아내에게 말합니다. 그가 보트를 내다 팔고 있고, 종업원을 해고하고 있다고 말이죠. 아니, 그는 그의 체인톱을 보면서 말합니다. "우리는 체인에 크롬을 넣을 필요가 없어. 우리는 엔진에 볼 베어링을 넣을 필요도 없어. 대신 부싱(Bushing)을 넣으면 돼. 우리는 기어유도 자동 오일 공급장치도 더 이상 필요하지 않아. 그리고 진동방지 마운트도 불필요해." 이렇게 반복되면서 제품의 품질은 가격에 맞춰지게 되고, 결국 브랜드에 무슨 일이 일어날지는 말하지 않아도 알 수 있습니다.

화이트의 이야기는 얼토당토않는 이야기가 아니다. 그는 이러한 일이 한때 강력한 경쟁사였던 기업들에서 일어나는 것을 목격했다. 1943년에 설립된 맥컬로 모터(McCulloch Motors Corporation)는 스틸보다 더 가벼운 체인톱을 당시 다른 독일기업들보다 더 진보

된 기술로 만들었다. 하지만 1970년대에 제이씨페니(J. C. Penney)에서 판매하기 시작하면서 결국 1988년 블랙앤덱커(Black&Decker)에 인수되는 수순을 밟았다. 블랙앤덱커(Black&Decker) 또한 매스마켓을 추구하였고, 맥컬록의 브랜드 이미지는 사라지고 말았다. 이로 인해 그들은 1992년 드왈트(DeWALT)라는 브랜드를 새롭게 개발해야만 했다.

오늘날 맥컬록은 1999년 파산 신청 이후 젠펑인더스트리(Jenn Feng Industrial Co.)의 손을 거쳐 현재는 하스쿠바나 소유가 되었다. 젠펑은 1999년에 회사 지분을 얻는 데 고작 750만 달러만 지불하면 되었는데 이는 맥컬록이 2년 전부터 장비 공급을 중단했기 때문이었다. 그리고 시장점유율은 경쟁자들에게 거의 모두 빼앗겼다. 젠펑의 CEO인 데이빗 종(David Jong)의 처음 계획은 홈디포, 케이마트, 로우스, 시어즈 등을 통해 잔디 정리용 품군을 시장에 공급하는 데 맥컬록 브랜드를 내놓는 것이었다. 처음 회사를 인수했을 때, 그는 미국의 대형 유통업체들이 시장점유율을 급격히 신장시키는 데 도움을 주리라고 생각했다. 그러나 실제로는 그렇게 되지 않았다. 오히려 2년간 공격적으로 대형 유통업체를 통해 유통시켰음에도 불구하고 맥컬록의 점유율은 여전히 낮은 상태였다. 이 전략의 실패요인은 무엇인가? 종은 다음과 같이 설명했다.

당신은 거대 소매업자가 당신의 꿈이 실현되도록 돕는다고 생각해서는 안 됩니다. 왜냐하면 그들은 수많은 공급업체를 가지고 있으며 장기파트너로 생각하는 업체는 몇몇 소수 대형업체에 불과합니다. 만약 당신이 그들의 우선 공급자가 아니라면 그들은 당신에게 소량의 구매만을 원할 것이고, 당신 제품이 품절되면 당신 제품을 위한 진열공간은 경쟁자에게 넘어간다는 것을 알게 될 것입니다. 무엇보다도 그들은 가격중심 구매를 하고 있기 때문에 지속적으로 공급가 인하를 요구합니다. 만약 당신이 가격을 인하하지 않으면 그들은 즉시 당신의 경쟁자로부터 상품을 공급받을 것입니다.

2003년 젠펑은 대형유통업체와의 거래를 중단했다. 대신에 종의 의견에 따라 미국에 기반한 MTD에 휴대용 정원장비를 위한 휘발유 엔진을 공급하는 데 주력하였다. 하지만 결국 2008년에 하스쿠바나에 인수되었다.

비슷한 운명이 홈라이트에게도 벌어졌다. 한때 홈라이트가 텍스트론(Textron)의 사업부였을 때 대형시장 판매를 늘렸다. 1978년까지 백만 개의 체인톱을 12개월 만에 판매하였다. 그러나 이 회사는 1994년 존 디어(John Deere)에 매각되었고 2년간 약 1억 달러의 손실을 본 후 2001년 홍콩기업인 테크트로닉 산업(Techtronic Industries)에 인수되었다. 당시 홍보책임자였던 켄 골든(Ken Golden)은 "모든 종업원들의 노력에도 불구하고, 홈라이트는 이윤을 내지 못했습니다"라고 발표하였다. 홈라이트 체인톱은 이제 홈디포에서만 구입 가능하다. 홈라이트의 웹 사이트는 미국 소비자 제품안전위원회(Consumer Product Safety Commission)의 요구에 의해 제품리콜 광고만 실시하고 있을 뿐이다. 당신이 홈라이트를 구글에서 찾아보면 웹 사이트가 소비자들의 불평과 리콜 정보로 도배되어 있다는 것을 발견할 것이다.

노스웨스턴 대학교의 켈로그 경영대학에서 경영학과 학생들을 대상으로 강연하면서, 스틸의 마케팅 및 영업부문 전 부사장이었던 피터 버튼(Peter Burton)은 대형 유통업체들과의 거래 문제점을 몇 가지로 제시하였다.

대형 유통업체들은 위협적입니다. 그들은 공급업체에게 품질보증을 지시하고, 비용이 많이 드는 활동들을 그들의 창고에서 공급업체들에게 전가시킵니다. 그리고 그들은 공급업체들이 가격을 낮게 유지할 것을 기대할 뿐 아니라 매년 지속적으로 더 낮출 것도 요구합니다. 요컨대 공급업체는 아무런 지원도 받지 못하며 수익성은 점점 더 악화됩니다. 만약 당신이 8,000파운드 고릴라 옆에서 잠을 잔다면 당신은 고릴라가 덮칠 때 밑에 깔리고 싶지 않을 것입니다.

스틸의 경영진은 대형 유통업체에게 판매하는 것을 '악순환'으로 보고 있다. 기업들은 가격경쟁력을 갖추도록 압력을 받는다. 그렇게 되면 수익성을 유지하기 위해 비용을 절감한다. 이는 품질을 낮추어서, 궁극적으로 브랜드 가치를 회복불가능한 상태로 떨어뜨리는 결과를 초래한다. 한스 피터 스틸은 "우리는 대형 유통업체가 최선의 조언과 기술적 서비스, 그리고 부품 지원을 하지 않는 것을 알기 때문에 서비스를 제공하는 판매 대리점들만을 통한 배타적인 유통철학을 견지합니다"라고 말했다.

▌광고 캠페인

스틸은 대형 유통업체를 피할 뿐 아니라 세상이 그들의 참모습에 대해 알도록 노력하고 있다. 2006년, 스틸은 매우 도발적인 광고를 월스트리트 저널과 USA 투데이(USA Today), 뉴욕타임즈(New York Times), 그리고 다른 전국지, 지역지 등에 게재하였다. 스틸의 체인톱 사진을 "왜 세계 1위 체인톱 브랜드를 로우스나 홈디포에서 살 수 없는가?"라는 제목 아래에 실었다. 또 다른 광고는 "왜 어버이날의 대표 선물들이 대형 유통업체에서 보이지 않는가?"라는 제목으로 실었고 스틸의 서비스와 유지보수 관련 설명을 작은 설명으로 실었다. 그 광고는 스틸 제품에 대한 '배타성'을 강조했을 뿐 아니라 잠재 고객들에게 스틸 제품을 사려면 어디로 가야하는지 인식시키려는 의도를 가지고 있었다. 스틸의 조사에 의하면 50% 이상의 설문조사 응답자들이 이 회사의 제품을 로우스나 홈디포에서 구매할 수 있다고 생각했다. 화이트는 "X세대와 Y세대는 홈디포에서 모든 것을 살 수 있으리라고 기대합니다"라고 설명했다. 사실 지역 주유소는 소형 식료품점처럼 작은 마을에서 사라져 버렸다. 작은 마을의 중심부에 있었던 가정용품점 또한 문신점, 티셔츠점, 부띠끄처럼 사라졌다. 젊은 세대는 지역의 전문점에 대한 기억이 없고, 모든 것을 대형 유통업체에서 찾을 수 있다고 생각한다. 스틸의 광고 캠페인은 이러한 관점을 약화시키려는 목적을 가지고 있었다.

이 광고는 회사의 대리점들로부터 자극을 받아 실시되었는데, 대리점들은 회사가 지속적으로 서비스를 제공하는 대리점들을 통해서만 판매하겠다고 약속한 것에 대해 지속적으로 의구심을 가지기 시작하던 터였다. 그들의 생각은 단순했다. 모든 사람들이 홈디포를 통해 판매하므로 결국 스틸도 언젠가는 그렇게 되리라는 것이었다. 전면광고에 대한 아이디어는 피터 버튼(Peter Burton)과 맥주를 마시던 중 프레드 화이트가 생각해 내었다. "우리는 우리의 서비스 대리점들에게 전념하고 있다는 점을 활자로 확실히 나타내려고 했어요. 우리는 정말로 숙고했고 그것이 옳은 일이라는 것을 알았습니다." 한스 피터 스틸은 그 의견에 적극 찬성했다. "바로 실행해도 좋겠어요." 그는 말했다. "내가 회사를 소유하는 한 우리는 서비스 대리점을 통해서만 판매할 것입니다."

스틸의 마케팅 노력은 <그림 6.1>에 나타난 것처럼 대리점으로부터 열정적인 지지를 받았다. 그 광고 캠페인이 처음 월스트리트 저널에 등장했을 때, 사회적인 이슈가 될 정도였다. 홈디포의 대변인 진 오스타 니에미(Jean Osta Niemi)는 질문에 답하면서 "홈디포에서 제품을 판매하는 공급업체들은 그들이 2,060개 매장에서 연간 13억 건의 거래를 하는 효과를 보고 있다는 것을 알고 있습니다. 그리고 그들은 최선의 가치에 최선의 상품을 제공하는 데 몰두하고 있습니다"라고 말하였다. 하버드 경영대학의 소매업 전문가인 라브지브 랄(Ravjiv Lal) 교수는 이 기사에 대해 대형 유통업체를 이용하는 소비자들이 품질에 만족하지 않는다는 것을 함의할 수 있기 때문에 이는 위험한 전략이라고 말하였

그림 6.1 스틸 광고

다. "당신은 많은 사람들을 공격하게 될 수 있습니다"라고 그는 말했다. "하지만 그들은 아마도 당신의 고객들은 아닐 것입니다." 스틸은 이러한 충고를 무시하고 품질과 고객서비스라는 핵심비전을 고수하면서 막대한 성공을 거둘 수 있었다.

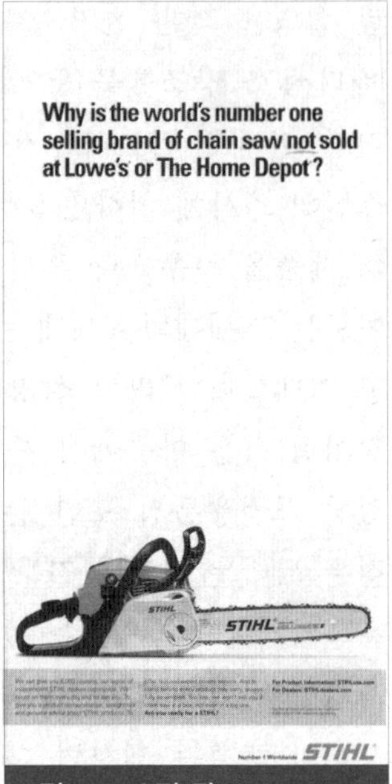

▌새로운 유통업체의 탐색

스틸은 그들과 거래하고자 하는 모든 유통업체를 거절하였다. 하지만 2008년 7월 존 디어와 합의하기에 이르렀는데, 미국과 캐나다에 걸쳐 활동하고 있는 존 디어 대리점의 소형 동력장비 부문 우선 공급자가 되었다. 스틸의 임원들은 존 디어가 소형 장비 생산을 접기로 결정했다고 알렸을 때, '오랜 시간 끝에 내린 어려운 결정이었다'라고 생각했다. 존 디어는 스틸이 자신의

대리점 네트워크를 통해 소형제품을 공급할 것을 제안했다. "그것은 녹색4이 아닌 제품이 본사의 축복과 함께 존 디어 점포에 들어간 최초 사례였습니다"라고 화이트는 말했고, 계속해서 다음과 같이 말했다.

> 존 디어는 매우 잘 알려진 전국 브랜드입니다. 그들은 분명 몇몇 소형제품을 판매하였습니다. 그들이 사업을 제안해 왔을 때 우리는 매우 놀랐습니다. 존 디어는 이렇게 말했습니다. "보시다시피 우리는 소형장비 시장에서 빠져나왔고, 스틸은 매우 성공적인 경영을 했기 때문에 우리가 못했던 부분을 당신들이 채워 주길 원합니다."

존 디어에서 판매되는 제품의 상호보완적 특징들은 이 유통경로의 조합이 특별한 매력을 가지도록 만들어 주었다. 존 디어는 다양한 일반용, 그리고 전문가용 잔디용품과 정원용품을 판매했을 뿐만 아니라 농장과 목장에서 사용되는 트랙터와 중장비도 판매하였다. 스틸은 소형장비 시장에서 빠져나온 존디어와 더 이상 경쟁하지 않아도 되었다. 두 회사 간의 관계는 오늘날까지 견고하게 남아 있다.

존 디어와의 거래로 스틸의 유통경로는 확장되었지만, 농장용과 대형 장비의 공급업체들을 통한 유통은 여전히 다소 제한적이었다. 그러나 많은 사람들이 그들을 그러한 환경에 내버려두지 않았다. 홈디포와 로우스가 성공적이었던 이유 중 한 가지는 그들이 하드웨어 점포와 목재제품 카테고리를 재창조했다는 점이다. 많은 사람들에게 목재 점포나 하드웨어 점포에 가는 일

---

4 존 디어를 상징하는 색상. 존 디어를 대표하는 색상은 녹색과 노란색으로 모든 제품의 외부가 녹색으로, 바퀴의 림(Rim)은 노란색으로 칠해져 있다.

은 그다지 유쾌한 일은 아니다. 톱질하고, 페인트를 섞는 데 능숙한 종업원들은 종종 물건 고치는 것을 잘할 줄 모르는 사람들과 어울리는 데 덜 능숙하다. 물건을 고칠 줄 모르는 고객들은 종종 목재소에서 바보가 된 느낌을 받는다. 어찌되었든 간에 이로 인해 수십 억 달러에 달하는 디아이와이(Do-it-yourself, DIY) 산업이 출현하기도 하였다. 스틸의 임원들은 대체로 많은 잠재 고객들이 대형장비나 트렉터를 파는 금속 장치가 즐비한 장소에 직접 방문하는 일이 드물다는 사실을 깨달았다. 이것은 대형 할인점의 급성장에 더해져서 스틸로 하여금 지속적으로 그들의 서비스 철학에 부합하는 새로운 유통기회를 탐색하게 만들었다.

스틸 경영진은 하드웨어 점포들을 회사 제품의 적절한 유통경로로 보고 있다. 화이트는 특별히 에이스 하드웨어(Ace Hardware), 두잇베스트(Do It Best), 그리고 트루 밸류(True Value) 등의 소매업자를 선호한다.

그들은 주로 대도시의 꽤 괜찮은 곳에 입지한 사업자들입니다. 전통적인 소매업자들은 일요일에 열지 않고 주중에도 6시에 문을 닫는 반면, 그들의 영업시간은 깁니다. 이러한 점포들은 편리합니다. 또한 에이스, 트루 밸류, 두잇베스트의 종업원들은 매우 수준이 높죠. 그들 매장에서 스틸 제품에 대한 단위면적당 평균 매출이 어떤 때는 다른 제품 매출의 10배나 됩니다. 이것은 그들이 고급제품을 판매하기 때문입니다. 심지어 그들은 포울란과 위드이터의 제품을 구매할 때도 있지만, 매장 소유주들은 프리미엄 제품을 공급하고 싶어 합니다. 우리는 지난해 수십여 곳의 에이스 대리점들과 추가로 계약을 하였습니다. 이것은 매우 효과적인 비즈니스입니다. 다시 말해 요점은 잠재 고객을 세분화하는 것입니다. 커다란 동력장비를 판매하는 점포나 존 디어 대리점보다 그러한 소매 환경을 더 편안하게 느끼는 고객들이 있을 수 있기 때문입니다.

스틸은 북미 전역과 전 세계에 걸쳐 유통망을 확장할 기회를 지속적으로 찾고 있다. 회사의 제품을 고객에게 전달하는 방법에 있어서는 여러 가지 방안을 검토할 수 있다. 그러나 대형 유통업체를 거치거나 다른 브랜드로 판매하는 것에는 관심이 없다. 1990년대 초반 스틸은 1984년 설립된 잔디 깎기 및 정원용품을 생산하는 유럽업체인 VIKING을 인수했다. 80%에 달하는 푸쉬형 잔디깎기가 대형 유통업체에서 판매되기 때문에 미국에서 이 브랜드의 잔디깎기는 구입할 수 없다. 이처럼 스틸은 회사 제품이 평범해지는 것을 원치 않으며, 회사 제품이 완전히 다른 브랜드로 팔리는 것, 즉 유통업체의 브랜드가 되는 것은 더욱 원치 않는다.

몇 년 전, 프레드 화이트가 샌디에이고의 무역콘퍼런스에 참석한 후 비행기를 탔을 때, 스틸의 경쟁자인 유명 전국 브랜드의 CEO가 그에게 말을 걸어왔다. "좋은 소식은 지금 가장 큰 고객을 만나러 애틀랜타에 간다는 것이고, 나쁜 소식은 가장 큰 고객을 만나러 애틀랜타에 간다는 것입니다." 그러나 스틸은 이미 자기 제품들의 운명을 스스로 결정하리라 마음먹었기 때문에, 스틸의 임원들은 이러한 좋은 소식이자 나쁜 소식이 되는 시나리오에 직면할 필요가 없었다.

스틸이 고객의 함정을 피한 가장 좋은 사례이기는 하지만, 다른 회사들도 이러한 실수를 범하지 않기 위해 노력해 왔다. 다음에서는 어떻게 다른 기업들이 자신들의 신제품에 대한 통제를 유지하고 있는지 살펴보자.

Chapter 07

혁신의 두 번째 단계

보이는 것이 전부는 아니다. 처음의 겉모습은 많은 이들을 속인다.
소수의 인재만이 주의 깊게 숨겨진 것을 인지한다.

– 파이드루스(Phaedrus, 로마의 시인)

경영학 교과서를 빌려 이야기하자면, 판매와 유통은 고객
욕구의 관점에서 접근되어야 한다. 개인이나 기업은 단순히 특
정한 시간과 장소에서 정확한 양과 올바른 가격으로 상품을 구
매할 수 있기를 원한다. 이 관점은 고객의 관점에서는 논쟁의 여
지가 없지만, 혁신 기업의 관점에서는 그들의 이윤이 무시되는
일이기도 하다. 특히나 혁신 기업에게 취약한 외형 확대 과정을
겪고 고객이 총매출의 10% 이상을 차지할 때에는 더욱 그렇다.

문제는 규모가 작은 혁신 기업들은 대형 고객(Mega–Customers)
의 영향력에 취약하다는 점이다. 많은 소기업들은 대형 고객들과
의 거래를 통해 사업의 규모가 커질 때 급속도로 성장한다. 작은
회사들은 전형적으로 자원의 한계를 지닌다. 결과적으로, 이 회
사들은 넘치는 주문을 충족해야 하는 압박을 받는데, 이는 대형
유통업체가 지정한 대로 제시간에 정확하게 상품을 배달해야 하
기 때문이다.

기업운영과 관련하여, 전 오피스디포(Office Depot) 부사장인 스캇 코너(Scott Koerner)는 "우리 회사가 잘 운영되기 위해서는 시계의 작은 부품처럼 크고 작은 회사들이 모두 일사불란하게 움직여야 합니다. 나는 이 도전에 대응하는 소기업들이 빠르게 성장하는 것을 지켜봐 왔습니다"라고 말한다.

많은 공급자들은 새로운 상품 개발과 기존 고객에 제공하는 서비스를 위해 써야 할 많은 시간을 끝없는 서류작업과 대형 유통업체와의 협상에 소비했다. 이것이 1장에서 예를 든 샘과 그의 조경 사업에서 발생한 일이다. 그는 대형 고객의 요구를 들어주는 것에 너무 집착한 나머지 기존 고객들을 위해 시간을 낼 수 없었다.

대개의 경우 규모 확장은 전략적인 의사 결정보다는 순간의 위급한 상황과 더욱 관련이 있다. 결과적으로 판매와 유통경로는 임기응변의 방식으로 만들어진다. 대형 고객이 혁신적인 상품을 요구할 때, 그 상품은 급격한 인기를 얻고, 그 상품의 제조업체는 새로운 수요와 그 수요를 충족하기 위해 매우 바빠진다. 이러한 조급함 때문에 열정적이지만 제한된 자원을 갖고 있는 이들 제조업체는 경험과 지식, 전략적 비전을 고루 갖춘 데다 그들을 지배하려는 '파트너들', 즉 대형 고객의 장기적인 전략에 말려들게 된다.

대형 고객의 협상력은 인터넷의 보급과 함께 강화되었다. 의사소통, 정보수집, 그리고 성과달성에 있어 더 이상 많은 비용이 들지 않는다. 대형 고객은 공급자에게 투명할 것을 요구할 수 있는데, 그 이유는 기술이 보다 쉽게, 그리고 상대적으로 비용을 적게 들여 투명성을 얻을 수 있게 하였기 때문이다. 마이클 포터(Michael Porter)는, "인터넷 기술은 구매자가 상품과 공급자에 대한 정보를 수집하는 것을 용이하게 하고, 이로써 구매자의 협상력을 강화시킵니다"라고 말하였다.

결국 혁신 기업들은, 혁신 기업의 운영, 가치사슬 및 제품에 변화를 강요함과 동시에 혁신 제품이 창출한 가치를 가로채려는 대형 고객과 맞닥뜨릴 수 있다. 동시에, 혁신 기업은 기존의 유통업체, 거래처, 또는 다른 유통 업체들과의 관계가 나빠질 위험이 있다. 게다가, 혁신 기업들은 종종 해외 거점 아웃소싱 생산을 하는데 이는 비용을 절감하여 대형 고객들의 가격인하 요구를 만족시키기 위함이다.

▌혁신 기업/유통업체 관계의 모형

실증적인 연구에 의하면 유통업체의 목표는 협력과 고객만족을 최대화하는 동시에 갈등을 최소화하는 유통경로를 구축하는 것이다. 판매와 유통 과정에서 비효율적 요소를 제거하고 소비자에게 집중함으로써 시장으로 가는 최적 경로가 만들어질 수 있다. 그러나 현실의 유통업체는 권력 관계의 영향을 받는다.

유통경로에서 권력 혹은 힘이란 한 유통경로 구성원이 다른 구성원의 행동을 바꿀 수 있는 능력으로 정의된다. 이러한 권력은 한 회사가 다른 회사에게 해야 할 것을 요구할 수 있는 법적 권한을 가진 경우에 긍정적인 역할을 하며, 한 회사가 또 다른 회사를 구속하거나 통제하기 위해 권력의 우위를 이용할 때에는 부정적으로 여겨진다. 대형 고객(Mega-Customers)이 라벨링 실수, 배송 문제 등에 부과한 '벌금'이 후자의 예가 될 수 있다. 유통경로 내에서는 이 힘이 협상력의 형태로 구성원 간에 발휘된다.

이 책의 1부에서 설명한 바와 같이, 일반적인 상식과 실증적 연구로 볼 때, 과거 몇 십 년간 협상력이 공급업체에서 구매업체로 이동해 왔다는 것을 보여준다. 이것은 제조업체가 그들의 내부 핵심 역량에 집중하면서 수직적 통합을 포기할 때 발생한다. 유통구조가 집중화된다는 것은 공급업체들의 수익성에는 부정적으로 작용한다. 마이클 포터의 산업구조분석 모델인 다섯 가지 경쟁 세력 모형(Five forces model)에서 강조된 '고객의 힘— 강화된 협상력, 지식이 더 많은 구매자, 그리고 후방통합의 위협 —'은 모두 중간 유통업체나 최종 구매자들이 유리한 위치에 있다고 보고 있다.

▌대형 유통업체 협상력의 근원

아래의 <그림 7.1>은 랑간(Rangan)의 저서 『Transforming Your Go-to-Market Strategy』를 바탕으로 제조업체와 유통업체 간의 협상력 구성 형태를 나타낸 그림이다. 이 그림은 대형 유통업체 협상력의 원천이 유통업체의 규모나 크기, 시장과의 접근성, 그리고 법적·제도적 제약으로 구성된다는 것을 나타낸다.

그림 7.1 협상력 구조

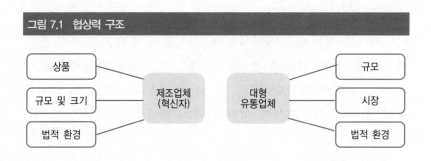

규모

이 협상력 구조에서 가장 분명하고도 결정적인 요소는 제조업체와 유통업체의 상대적인 규모이다. 몇 가지 예외가 있기는 하지만 역사적으로 큰 기업들은 유통업체들에게 여러 거래 조건을 요구할 수 있었다. 하지만 대형 유통업체의 부상과 함께 그들과 동등한 입장에 서 있을 수 있는 제조업체는 거의 없다. 이미 지적한 바와 같이, 대형 유통업체들은 체계적이고 강제적인 가격 재교섭을 통해 제조업체의 수익을 나누어 가질 수도 있을 뿐 아니라 전통적으로 소매활동에 드는 비용을 제조업체에게 떠넘길 수도 있다.

공급업체들을 관리하는 가장 효율적인 방법 중 하나는 '카테고리 캡틴(Category captains)'이라고 불리는 방법이다. 대형 유통업체들은 경쟁사 제품을 포함해 상품 카테고리 전체를 관리하는 대형 공급업체를 선택함으로써 그 제품군이 대형 유통업체의 수익성을 극대화시킬 수 있다는 점을 깨달았다. 카테고리 캡틴은 보통 매장의 복도나 판촉 일부를 관리하고, 유통업체에게 상품 카테고리의 판매나 경향에 대한 정보, 계획과 판매활동에 대한 조언, 그리고 선반 공간의 상품 할당에 대한 제안을 한다. 캡틴의 아이디어는 단지 제안에 불과하지만, 카테고리 캡틴이 보유한 전문지식과 동등한 수준의 지식이 없는 유통업체들은 이 아이디어를 진지하게 받아들인다. 카테고리 캡틴은 그들이 생산하는 상품 외의 상품을 관리하기 때문에 그들은 경쟁자들과 매우 가깝게 일하게 된다. 배리 린(Barry C. Lynn) 기자는 이 내용을 하퍼스(Harpers)의 기사에 아래와 같이 언급하였다.

> 한 가지 분명한 결과는 콜게이트-파몰리브(Colgate-Palmolive)와 같은 제조업체는 결국 이전에 경쟁하던 크레스트(Crest)의 제조업체 P&G와 같은 회사들과 함께 일을 하게 되는데, 이는 월마트가 제한된 선반 공간을 활용해 가장 많은 수익을 낼 수 있도록 해 주는 상품들의 조합을 찾기 위해서이다. 만약 월마트가 어느 한 공급업체가 월마트의 이익 대

신 자신의 이익을 추구한다는 것을 발견하게 되면, 월마트는 새로운 캡틴을 지정할지도 모른다.

분명히, 크기와 규모는 그 자체로 장점이 있는데, 유통업체에는 특히 그렇다.

시장

정의에 의하면, 대형 유통업체들은 많은 고객에게 접근 가능하고, 결과적으로 시장으로의 접근을 통제할 수 있다. 월스트리트 저널의 한 기사는 이와 관련하여 펜어게인(PenAgain)의 설립자인 콜린 로쉬(Colin Roche)의 인상적인 혁신에 대해 언급한다. 그는 캘리포니아의 팰러앨토(Palo Alto) 지역에서 고등학교를 다니던 때 기발한 위쉬본 모양의 펜 디자인을 출시했다. 2001년 그는 바비 론지(Bobby Ronsee)라는 친구와 퍼시픽 라이팅 인스트루먼트(Pacific Writing Instruments)를 설립하고, 특허 출원, 생산 준비, 웹 사이트 개설을 위해 각각 5,000달러를 투자했다. 그들은 대중 시장에서 펜을 팔기를 원했지만, 대중 시장에서의 판매를 위해서는 소형 소매점에서 그들 상품의 가치를 증명하는 것이 우선적이라는 것을 알았다.

초기의 유통업체 프레드 이버트(Fred Ebert)는 에드워즈 러기지(Edwards Luggage) 매장의 소유자로, 그 펜을 좋아했고 하나당 12.95달러에 팔기 시작했다. 얼마 지나지 않아, 캐나다의 스테이플스(Staples) 매장 200개와 5,000개의 사무용품 독립 점포뿐만 아니라, 프레드 마이어(Fred Myer)와 하비라비(Hobby Lobby)를 포함한 큰 규모의 업체들이 그들의 고객이 되었다. 2005년 9월경 펜어게인은 유럽에서 120만 개를 팔았고 매달 웹 사이트를 통해 5,000달러를 벌었다.

로쉬와 론지는 회사의 급속한 성장에 만족하지 않았다. 그들은 펜어게인을 대형 회사로 만들기 위해 전념했다. 즉, 그들이 원했던 대형 유통업체들에게 낮은 가격으로 물품을 제공하기 위해서 비용을 낮추고 규모의 경제를 창출해야 했다. 외부 투자자들의 재정적 후원으로 로쉬와 론지는 중국의 제조업체와 계약했고 이로써 상품 하나당 3.99달러까지 소매가격을 낮출 수 있었다.

마침내, 펜어게인 설립자들은 벤토필에 있는 월마트의 작은 회의실에서 월마트 바이어에게 그들의 상품을 내놓을 수 있게 되었다. 10달 후, 그들은 공급업체로 등록되었다는 소식을 들었다. 월마트는 6주 동안 500개의 지점에 그 펜을 입점시켰다. 펜어게인이 계속 진열 공간을 차지하기 위해서는 시험 기간 동안 상품의 85% 이상이 팔리는 조건이었다. 그 시험 기간 동안 판매량이 성공적이었고, 다시 발주가 들어왔다.

이 소식을 듣고 오피스디포는 1,049개의 전 지점에 펜의 신속한 배송을 요구했다. 그 주문에 맞추기 위해 비용이 적게 들지만 속도가 느린 배를 이용하기보다는 중국으로부터 비행기로 펜을 들여왔다. 월마트는 펜을 하나당 3.76달러로 판매한 반면, 홈디포는 3.99달러에 팔았다. 확실히, 펜어게인 시장은 회사가 개별 유통업체들과 온라인으로 판매했을 경우보다 더 큰 시장에 접근할 수 있었다.

대형 시장 입성의 성공으로 그들의 파트너들은 몇 가지 도전 과제를 안게 되었다. 첫째로, 주요 수요층이던 '기존의 소매점 고객'들이 자신들은 7달러 이상의 프리미엄 가격으로 판매하고 있는데 대형 고객들에게는 더 낮은 가격이 제공되는 것을 보고는 달가워하지 않았다. 둘째로, 월마트 입점으로 인해 다른 대형 유통업체들도 자극을 받아 펜어게인의 펜 수요를 자극했다. 예를 들어 7월 중순, 미국 약국 체인점인 월그린(Walgreens)은 신학기 시즌에 맞춰 47만 개의 펜을 주문했다. 다른 고객들의 주문 물량을 맞추면서도 중국에서 약 50만 개의 펜을 추가로 들여오는 것은 도전이었다. 그들은 특별한 로고를 붙이는 펜에 대한 주문 이행을 늦추고 유럽의 대형 고객을 통해 물량을 확보할 수 있었다.

셋째로는, 대형 고객들이 요구한 지불 조건은 회사의 제한된 재무 능력에 엄청난 압박을 가져왔다. 중국 공장에서 50,000건, 혹은 그 이상의 주문을 확보하기 위해서, 회사는 주문량의 30%에 달하는 금액을 선불로 지불해야만 했고, 상품 수령 전 30일 이내에 잔액을 지불해야 했다. 하지만 대형 유통업체들은 전통적으로 상품 수령 후 몇 개월이 지날 때까지 제품 판매 회사에 대금을 지불하지 않기 때문에, 그들은 곤경에 처했다. 대형 고객들은 주문 물량에 대한 재정적인 지원을 하는 회사를 끌어들임으로써 이 문제를 해결했다. 재정 지원을 담당하는 회사는 후에 이익의 상당 부분을 가져가는 대신 초기 비용을 지불해 주는 역할을 했다. 넷째로, 이 전 과정 동안 펜어게인은 두 명의 설립자와 두 명의 풀타임 직원들, 그리고 몇몇의 파트타임 직원들로만 구성되어 있었다. 그야말로 쏟아져 들어오는 이 모든 일들을 감당할 충분한 사람이 없었다.

2009년, 프로펠러 이노베이션(Propeller Innovations)은 펜어게인이 소유한 국제 판권과 특허를 사들였다. 회사의 창업자이자 관리 감독을 하는 알예 엘바즈(Aryeh Elvaz)는 대형 유통업체가 가진 시장에서의 힘에 대해 이렇게 말했다.

일부 사업가는 대형 유통업체를 마치 배우가 큰 할리우드 스튜디오를 보듯 바라보죠. … 작품을 위한 가장 큰 무대이자 '성공'으로 가는 열쇠. 이러한 대형 소매매장들의 영향력이 너무 크기 때문에 사업가들은 그들의 최종 소비자보다는 상품의 수요에 맞춰 사업 모델을 구상합니다. 대형 유통업체와의 거래는 매우 빠르게 전개되어 사실을 깨달았을 때에는 이미 돌이킬 수 없는 지점을 지나온 위험한 플레이와도 같습니다. 단지 나의 의견입니다만.

하지만 작은 혁신자들만 대형 유통업체의 협상력에 이끌리는 것이 아니라, 대기업 또한 대형 유통업체가 보여주는 시장의 힘에 매료되게 된다. 리바이스, 굿이어, P&G, 그리고 이 책에서 언급되는 다른 회사들 모두 대형 할인점을 통한 판매를 위해 그들 각자가 가진 가치사슬의 주요 요소들을 변경했다. 이런 대형 유통업체가 얼마나 힘을 뻗칠 수 있는지, 그리고 그 외연을 얼마나 잘 활용할 수 있는지는 경이롭고 숨 막힐 정도로 놀랍다.

법적 환경

법적 환경은 제조업체와 대형 유통업체 간에 형성된 관계에 많은 제약을 주었다. 오랫동안 제조업체가 권력을 쥐고 있었지만, 법적 환경은 마침내 바뀌었고, 오늘날에는 유통업체들이 권력을 가지고 있다. 최근에서야 권력이 조금씩 제조업체에게로 옮겨 가고 있는 추세이다.

규제가 가장 두드러지는 분야는 자동차 산업분야이다. 1956년 법률에 등장한 자동차 대리점의 날을 비롯해 이후 제정된 프랜차이즈 관련 법률로 인해 자동차 회사가 판매 방법을 결정할 수 없게 되었다. 이 법률에는 다음과 같이 쓰여 있다.

자동차 유통업체는 분쟁의 규모와 관계없이 관련 제조업체가 위치해 있거나 지정된 지역, 혹은 대리인이 위치한 어느 지역의 지방 법원에서라도 자동차 제조업체를 상대로 소송을 제기할 수 있고, 1956년 8월 8일부터는 제조업체의 과실로 인한 손실 및 제조업체가 계약조건을 수행하고 준수하지 못하며 프랜차이즈와의 계약을 종료, 취소, 재계약을 성실히 이행하지 않을 경우 소송비용 또한 보상받을 수 있다. 이 경우 제조업체는 유통업체가 선의로 이행하지 못했다는 것을 주장할 수 없다.

2006년 뉴요커(The New Yorker)의 기사는 이 법률의 영향에 대해 기술한다.

저비용 TV 상업광고와 고객환대 전략을 가진 자동차 유통업체는 전형적인 소기업 경영자들로 여겨지는데, 그들이 지엠이나 포드와 같은 글로벌 회사들의 결정을 뒤흔들 것이라고 믿기는 어렵다. 하지만, 힘을 합치면 그들의 영향력은 엄청나다. 유통업체들은 자동차 회사의 직원들이 아니다. 즉, 그들은 지역 프랜차이즈를 소유하며, 모든 주에서 소위 말하는 '프랜차이즈(가맹점) 법률'에 의해 보호받는다. 이 법률 때문에 지엠이 기존 대리점에서 몇 마일 떨어진 곳에 새로운 캐딜락 대리점을 개설하는 것이 제한된다. 더 중요한 것은 이 법률로 인해 자동차 제조업체가 대리점을 폐점하는 것이 거의 불가능하다. 만약 지엠이 폰티악과 뷰익을 없애기로 결심했다면, 그 유통업체들에게 가서 단순히 "그동안 당신과 사업하는 것은 즐거웠어요"라고 말할 수 없다. 대리점의 문을 닫기 위해선 유통업체들의 동의가 필요한데, 사실상 대리점을 매입하는 것을 의미한다. 몇 년 전, 지엠이 자사 브랜드 중 하나인 올즈모빌을 없앴을 때, 유통업체들에게 약 100억 달러를 보상해 주었고 무수한 소송에서 피고의 위치에 내몰리게 됐다. 결과적으로, 결국 큰돈을 절약하게 되는 것은 유통업체들이기 때문에, 하나의 브랜드를 없애는 것이 비용 감소보다 훨씬 많이 비용이 든다.

미국의 자동차 제조업체들은 두 가지 면에서 압박을 받았다. 한편으로는 전통적으로 높은 비용구조와 함께 노동조합의 압력으로 결정되는 높은 노동비용, 그리고 다른 한편으로는 대리점으로부터 촉발된 자동차 유통에 대한 압력이었다. 대리점을 옹호하는 측면에서는 유통업체들은 독립된 사업자로서 차를 직접 구입하고 그들의 운영비용을 직접 지불했기 때문에 대리점의 급증은 지엠과 무관하다고 주장했다. 월스트리트에 게재된 기사에는 이렇게 적혀 있다. "유통업체가 한 해에 100대만 판다고 해서 그게 무슨 문제가 있나요? 하나하나가 제조업체들이 금전적 수익을 얻게 되는 판매입니다." 지엠이 파산 신청을 하고 하루 지난 2009년 6월 2일, 덴버 포스트에 실린 기사는 유통업체들이 그 회사를 어떻게 파산시켰는지 설명한다.

> 수년 간, 회사를 비판하는 사람들은 시보레 트럭과 거의 동일한 제품을 판매하는 올즈모빌과 GMC 트럭 부문을 없앨 것을 요구해 왔다. 하지만 지엠은 자신들이 주(state) 가맹점 법에 의해 보호받는 통제 불가능한 판매자들에게 묶여 있다는 것을 깨달았다. 지엠은 마침내 2004년에 폐쇄된 올즈모빌 대리점들을 매입 처리하기 위해 10억 달러 이상을 지출했다.

심지어 지엠이 파산에 접어들고 수백 개 대리점을 폐쇄한다고 발표했을 때, 연방 및 주 정치가들은 정부가 나서서 유통업체를 구제할 것을 요구했다. 심지어 거위가 죽은 후에도 정치가들은 황금알을 계속 나을 것을 요구하는 것과 마찬가지였다. 오늘날, 테슬라(Tesla) 자동차가 회사 소유의 매장들을 통해 판매를 하려고 하자 이와 같은 앓는 소리가 주 입법부에서 들린다. 테슬라의 홍보 부문 부사장 리카도 라이에스(Ricardo Reyes)

는 이렇게 말했다.

> 이 주에서 소비자가 직접 구매할 수 없는 것이 술과 자동차밖에 없다는 것이 이상하다고 생각합니다. 유통업체망을 통해 판매해야만 하는 걸스카우트1를 상상해 보십시오. 유통업체를 통해 판매해야만 하는 애플(Apple)을 상상해 보십시오.

종종 사람들은 미 법무부가 마이크로소프트와 같은 제조업체나 구글과 같은 서비스 회사들에 대해서는 반독점 소송을 고려하지만, 대형 유통업체 대상으로는 반독점 위반에 관여하지 않는 것에 대해 불평한다. 하지만, 반독점법은 독점적 위치를 남용하는 것, 궁극적으로는 가격을 올리려는 목적을 위해 권력을 남용하는 것을 막고자 제정되었다. 저비용 전략과 가격을 낮추려는 대형 유통업체들은 독점금지법을 위반하고 있지는 않다. 낮은 가격에 초점을 맞춘 그들의 사업 모델은 소비자의 최대 이윤추구에 위배되지 않는다. 오바마(Obama) 정부의 초기 여러 해 동안 연방거래위원회(the Federal Trade Commission)는 독점금지법에 약간의 관심을 보였지만, 독점적인 유통업체들을 제재해 달라는 요구는 대개 무시되고 있다.

유통업체 자체 브랜드는 대형 유통업체에게 매우 요긴했다. 대형 유통업체들은 모방 브랜드나 모조품의 생산을 위탁하거나, 전국 브랜드 상품 바로 옆에 그들의 모방 상품을 진열해 왔다. 이전에 P&G에서 소유했던 화이트 클라우드(White Cloud) 브랜드의 화장지를 월마트에서 가로챈 것이 가장 대표적인 예이다. 샤

---

1 미국의 걸스카우트는 직접 쿠키나 과자를 판매함으로써 걸스카우트 활동 및 조직운영에 필요한 수익모금 활동을 하기도 한다.

민(Charmin) 브랜드에 집중하기로 했던 P&G는 화이트 클라우드 상표를 1994년부터 더 이상 사용하지 않았다. 월마트는 P&G가 머뭇거리는 동안 이 브랜드를 소유한 회사로부터 상표권을 획득했다. 이렇게 획득한 다른 브랜드들도 아주 명확하지는 않았지만, 나름대로 성공적이었고 법적으로 보호받았다.

또 다른 문제는 '트레이드 드레스(Trade Dress)'이다. 트레이드 드레스는 디자인 요소를 포함해 포장이나 제품의 기능과는 관련 없는 제품 특징을 뜻하는 법적 용어이다. 애플의 제품 상자, 원더브레드(Wonder Bread)의 포장, 그리고 맥도날드의 해피밀 상자가 트레이드 드레스의 예이다. 미국 대법원은 트레이드 드레스가 반드시 상표법에 보호받지는 않는다고 판결 내렸다. 상표권 침해 건으로 의류회사로부터 소송을 당한 월마트가 승소함으로써 법원의 결정을 촉진시켰다.

원고 월마트 주식회사는 미국의 가장 잘 알려진 유통업체 중 하나로 여러 상품 가운데 아동의류도 판매한다. 1995년 월마트는 공급업체인 주디 필리핀(Judy-Philippine) 주식회사와 계약하고, 1996년 봄/여름 시즌의 판매를 위해 아동의류 라인을 생산토록 하였다. 월마트는 주디 필리핀이 제조할 제품의 디자인이었던 사마라(Samara) 라인의 의류사진 다량을 주디 필리핀에게 보냈다. 주디 필리핀은 사소한 변화만 주고 계획대로 사마라 의류의 16벌을 모방했고, 그 의류의 다수는 저작권으로 보호된 요소들도 포함하고 있었다. 1996년에 월마트는 이러한 의류 복제품들을 적극적으로 판매했고 총 115만 달러의 총수익을 냈다.

월마트의 승리는 구매자가 트레이드 드레스를 보고 기업의 브랜드 제품으로 인식할 수 있다는 것을 제조업체가 증명할 수 있어야만 한다는 것을 의미한다. 만약 한 회사가 트레이드 드레스와 회사 브랜드 사이의 관계를 문서화하지 않는다면, 자신의 브랜드라고 생각하는 대부분의 제품들이 파트너 유통업체에게 불법적으로 복제되고 팔릴 수 있다.

┃ 제조업체의 협상력

<그림 7.1>은 또한 제조업체가 유통업체와의 거래에서 가지는 협상력도 보여준다. 제조업체 협상력은 대형 유통업체의 협상력에 달려 있고, 대형 유통업체와 동등한 정도의 협상력을 행사하는 제조업체는 갈수록 보기 드물다.

상품

회사가 대형 유통업체와 거래할 때 가지는 협상력의 가장 큰 원천은 상품에 있다. 정말 차별화된 혁신적 상품을 판매하는 회사는 상품 제조의 초기 단계에서 대형 유통업체를 이용해 상품을 성공적으로 유통시킬 수 있다. 진정한 혁신 상품이 되기 위해서는 실질적 경쟁자가 거의 없고, 독점에 의해 만들어진 충분한 선도 기간이 필요한데, 이 선도 기간은 상표권, 유통선점과 같이 경쟁자들이 다가올 수 없는 차별화된 요소에 의해 만들어진다. 반면 한때 혁신 제품의 자리를 꿰차고 있다가도 기술적, 법적, 영업상의 취약성 때문에 반값에 판매되는 유통업체 자체 브랜드 옆 진열대를 차지하기 십상이다. 사실, 대형 유통업체를 통해 판매하게 되면 시장에서 제품 인식이 하락하게 된다.

대규모 시장 유통은 필수적으로 제조업체와 소비자 간의 장벽을 만든다. 이미 범용화가 진행된 제품은 상관없지만 혁신 제품에 있어서 이 장벽은 큰 차이를 만든다. 대형 유통업체를 통해 판매할 경우 많은 회사들이 서비스와 수리 작업을 효과적으로 제공할 수 없다. 결함이 있는 제품이 팔리면 소비자와 제조업체가 서로 커뮤니케이션할 기회도 없이 대형 유통업체들에게 반품된다. 필요한 서비스가 적절하게 제공될 가능성은 극히 적다. 제조업체의 입장은 형편없이 저평가되어 반영된다. 더욱이, 대형 유통업체를 통해 판매되는 많은 상품은 구매자가 조립해야 할 필요가 있는데, 이 과정에서 종종 소비자들은 좌절하고 제조업체로부터 점점 더 멀어지게 된다.

또한, 대형 유통업체를 통한 유통은 제조업체로부터 적절한 부가 제품들을 팔 기회를 빼앗아 간다. '부가판매(plus-selling)'는 제조업체로부터 제공되는 상호보완적인 상품에 대해 잘 모르기 쉬운 영업사원들의 몫이다. 예를 들어, 존 디어의 승용형 잔디 제초기는 제초기에 설치하는 기구를 비롯해(예를 들어, 씨 뿌리는 장비와 거치형 선풍기), 여덟 종류의 잔디 모집백, 그리고 네 종류의 제설기 등을 이용해 다섯 가지로 활용할 수 있다. 만약 이 모든 옵션들이 이용가능하다고 해도, 홈디포나 로우스의 영업사원이 모든 옵션들을 안내할 지식을 갖출 가능성은 낮다.

대형 유통업체가 상품의 진열과 전시 제품의 구색에 권한을 가지는 한편, 제조업체는 신제품이나 혁신 제품에 대한 통제권을 가진다. 정의에 따르면, 혁신적인 제품은 잠재적으로 새로운 시장을 창출한다. 이것은 대체품보다 우월하거나 혹은 차별화되어 있다. 혁신 상품은 다른 제품에서는 발견할 수 없는 기능이나 특징을 가지고 있거나, 상품을 가치 있게 만들도록 고품질이다. 혁신 상품의 다섯 가지 측면은 대형 유통업체에 대한 제조업체의 협상력에 영향을 미친다.

- 혁신의 깊이
- 차별화

- 대체품의 이용가능성
- 생산 공정 혁신
- 브랜드 인지도

혁신의 깊이

대표적인 글 「기업의 핵심 역량」에서, 프라할라드(Prahalad)
와 하멜(Hamel)은 기업을 큰 나무와 비교한다.

> 그루터기와 큰 나뭇가지는 핵심제품이며 작은 나뭇가지들은 사업 부
> 문입니다. 잎, 꽃, 그리고 열매는 최종 상품입니다. 영양분과 자양물, 안
> 정성을 제공하는 뿌리 체계는 핵심 역량입니다. 당신이 만약 잎만 보고
> 나무의 세기를 판단하는 식으로 경쟁자들의 최종 상품만을 본다면, 그들
> 의 힘을 잘못 파악할 수 있습니다.

이 저자들이 회사의 핵심 역량에 대해 말하고 있지만 우리
는 그들의 말이 또한 혁신 제품에도 적용가능하다고 생각한다.
여러 제품에 적용가능한 핵심 기술들을 발명하면서 '뿌리' 단계
에서 창조하는 기업들은 우리가 말하는 "깊이 있는 혁신"을 보
유하고 있다. 예를 들어, 플로우팅 아일랜드 인터네셔널(Floating
Island International, FII)은 바이오헤이븐(BioHaven)이라 불리는 제
품을 만드는 몬타나 주에 위치한 회사이다. 이 회사 제품은 습지
대의 생태학적 기능을 모방한 것으로, 환경 정화, 수질 개선 그
리고 야생동물 서식지를 개선하는 데 이용될 수 있다. 이 회사는
그들의 핵심 기술을 25가지 이상의 제품에 적용했다. 제조업체
가 높은 수준의 혁신 제품을 만들 때, 대형 유통업체의 대체품
수립 전략을 미연에 방지할 수 있기 때문에 더 큰 영향력을 가
진다. 물론, 이는 혁신자들이 그들의 시장에 대해 이해한다는 것

을 가정할 때 그렇긴 하지만, 항상 그렇지는 않다. 이 장에서 앞서 언급한 펜어게인 이야기를 보라.

차별화

마이클 포터는 "기업은 단순히 낮은 가격으로 제품을 제공하는 것을 넘어서 소비자에게 가치 있는 독특한 무언가를 제공할 때, 경쟁자들로부터 차별화된다"고 말했다. 포터에 따르면, 이러한 차별화는, 가치사슬의 어느 위치에서든지 일어날 수 있다. 상품에 대한 통제력을 유지하면서 그 차별화 상품이 대규모 시장에서 성공적으로 확대하였다면, 제품 차별화는 제조업체에게 필수적이다.

대체품의 이용가능성

특허권과 상표 보호법 때문이던지, 그들의 최첨단 기술 때문인지에 상관없이, 쉽게 복제될 수 없는 차별화된 상품이 혁신 상품이다.

생산 공정 혁신

혁신적인 생산 공정은 생산품을 만들어 내는 제조 방법들로 구성된다. 기업은 공정 혁신을 통해 고효율을 실현할 수도 있지만, 공정 혁신을 개발한 기업이 그 경제적 가치를 가지게 될 수도 그렇지 않을 수도 있다.

브랜드 인지도

대형 유통업체 환경이 자체 브랜드 상품들로 인한 가격 경쟁으로 전개되면서, 브랜드의 중요성은 줄어들었다. 하지만 만약 혁신 상품이 경쟁자가 아닌 그 혁신 기업의 '소유'가 된다면, 그 혁신 제품이 소비자의 마음에서 하나의 브랜드로 각인되는 것은 중요하다. 따라서 마케팅, 특허, 그리고 브랜드에 대한 투자는 필수이다.

다시 한 번 펜어게인이 대형 유통업체와 거래한 후 어떤 변화가 일어났는지 생각해 보자. 2008년의 금융위기로 인해 펜어게인의 오너들은 그들의 유통 전략을 다시 생각해 보게 되었다. 2009년경, 그들은 대형 매장과의 거래를 중단하고 애틀랜타에 있는 범가튼스(Baumgartens)와 유통 계약을 맺는데, 범가튼은 펜어게인의 제품을 전 세계적으로 유통하는 역할을 하고 있다. 펜을 이용할 때 불편을 느끼는 사람들은 물론, 관절염으로 고통받는 사람들이 쓸 수 있는 펜으로 제품을 새롭게 소개함으로써, 회사는 엄청난 고객 충성도를 확보했다. 펜어게인의 제품은 독립 소매상과 전문점에서 4.99달러에 판매되고 있다. 펜어게인은 '최종 소비자가 단순히 멋지다고 생각하는 디자인'보다는 필요로 하는 시장에 '착 달라붙는' 혁신 덕분에 고객의 함정에서 탈출할 수 있었다.

규모 및 크기

많이 알려지고 수요가 많은 제품을 만드는 대형 제조업체들은 대형 유통업체와 직접적으로 경쟁할 확률이 가장 높다. 하버드 경영대학원의 경영 사례에서 월마트와의 관계를 관리하기 위해 어떻게 P&G 직원인 톰 무치오(Tom Muccio)가 벤토빌로 이사했는지 설명한다. 양측은 다양한 도전과 분쟁을 극복하기 위해 함께 일해 올 수 있었다. 예를 들어, 월마트는 일회용 유아 기저귀 팸퍼스(Pampers)를 0.83달러의 소매가에 팔기 원했지만, P&G는 기저귀 하나를 파는 데 0.9달러의 비용이 들었고 월마트에게

1달러에 팔았다. 기저귀 하나당 17센트의 손실이 발생한 것이었다. 이 갈등은 판매를 증가시키기 위해 공동으로 노력한 것과 함께, 더 큰 사이즈의 기저귀를 더 좋은 가격에 공급함으로써 해결되었다. 이러한 노력을 결과로 재고회전이 연간 20배에서 75배로 증가하게 되었다.

이 사례에서 분명한 것은 P&G가 월마트와의 관계로부터 득을 보았다는 점이다. 지금까지 비록 판매의 약 15%가 월마트에서 이루어졌을지라도, P&G는 월마트의 조건을 밀어붙이기엔 너무 큰 회사로 여겨졌다. P&G에 따르면, 월마트는 P&G 상품의 10% 이상을 판매하는 유일한 회사이다. 명백한 것은 두 곳 모두 그들 관계에서의 어떤 예상 밖의 변수에 취약하다. 그러나 최근에는 월마트가 독일산 세탁 세제 Persil을 Tide 옆에 배치하는 것처럼 P&G에 압박을 가하는 것을 주저하지 않는다.

하버드 경영대학원의 경영사례에서 대형 유통업체와 일하는 최고의 비결은 그 문화를 이해하고 월마트 바이어들이 이해할 수 있는 방법으로 소통하는 것이라고 밝혔다. 사례의 마지막에서 중요한 협상 원리 중 하나로 월마트와 '협상 중인' 작은 회사의 입장을 잘 요약하고 있다. "투덜거리며 시간을 보내지 마라. 대신 문제 해결사가 되라. 월마트에게 다가가 이렇게 말하라. '우리 같이 원가를 낮추고 나를 교체할 필요가 없을 정도로 더 싸게 물건을 만들어 봅시다. 왜냐하면 나와 함께 일하면 내가 더 잘할 수 있을테니까요.'" 정말 듣기에는 좋은 소리 아닌가?

법적 환경

수많은 법적 보호로 인해, 제조업체들은 대형 유통업체의 침해로부터 보호받을 수 있게 되었다. 2006년 미국 대법원의 판결에서 셔먼 독점금지법(Sherman Antitrust Act)을 재해석하였는데,

이는 공급업체들이 유통업체가 그들이 제조업체들이 승인한 가격 이하로 광고하는 것을 막을 수 있도록 하기 위함이었다. '최소광고가격(Minimum Advertised Price)' 혹은 줄여서 MAP라 불리는 이 정책은 할인으로 인해 브랜드의 이미지가 피해 입는 것을 보호하기 위해 만들어졌다. 대개의 경우, MAP 프로그램들은 제조업체의 광고정책과 연계되어 있어서 유통업체들이 승인된 가격 이하로 광고했다면, 유통업체가 광고비용을 공급업체에게 정산을 요구하지 못하게 된다.

MAP는 두 가지 점에서 제조업체에게 도움이 된다. 첫째, 대형 유통업체의 가격 기반 광고로부터 소형 매장들을 보호한다는 점이다. 대형 할인점을 우회하여 독립 유통점과 전문점을 통해 팔기 위해서는 소형 매장이 있어야 한다. MAP는 가격 비교 쇼핑을 어렵게 만듦으로써, 공정한 경쟁이 조성되도록 돕는다. 둘째, 비록 제조업체가 법적으로는 유통업체가 부과하는 가격을 통제할 수는 없지만, 지나치게 낮은 가격으로 광고하는 것을 금지함으로써 대형 매장의 할인 파상공세 속에서 브랜드가 악화될 위험을 줄일 수 있다. 그러나 어쩌면 이전에 언급된 다른 이유들(예를 들어, 값싼 모조품 옆에 고급 상품을 전시하는 것)과, 소비자들이 MAP를 알아 가고 있고 이에 따라 그들의 구매 행동을 조절한다는 사실 때문에 브랜드의 범용화는 여전히 진행될 가능성이 높다. 게다가, 대형 유통업체가 소비자에게 광고하지 않고 할인을 제공하는 것은 여전히 가능하다. 이것은 대형 유통업체를 통해 판매하는 회사가 할인가격에 판매하지 못하는 다른 유통회사들과 타협을 해야 할 지도 모른다는 것을 의미한다.

결국 모든 제조업체가 MAP를 긍정적으로 생각하는 것은 아니다. 7번째로 큰 침구 제조업체인 컴포트 솔루션즈(Comfort Solutions)의 대표 데이브 로버츠(Dave Roberts)는 "제조업체는 가치에 대해 말해서는 안 되며, 가격을 통제해서는 안 된다. 제조업체는 제조업체여야만 하며, 유통업체는 유통업체이어야 한다"라고 말했다. 컴포트 솔루션즈는 제조업체들보다 유통업체가 상품의 가치를 더 잘 판단할 수 있는 위치에 있다고 생각한다. 이 회사는 2013년 MAP를 포기했다. "왜 우리가 존재할 만한 가치가 있는가?" 로버츠가 물었다. "우리는 시장에서 판매되는 제품과 비교해서 훌륭한 대안 제품을 제공한다." 시간이 지나면 로버츠가 옳았는지 여부를 알게 될 것이다. 우리가 다른 회사들을 관찰해 본 바에 따르면, 대형 유통업체를 다룰 때 일방적인 순응은 좋은 사업 전략이 아니다.

아마도 개별 제조업체가 반길 가장 중요한 법적 보호는 특허보호일 것이다. 그러나 이전에 언급하였듯이, 독점권에는 한계가 있다. 대형 유통업체의 저가 상품 생산에 대한 법적 책임이, 그들이 제조업체와 저가 제품 생산을 위해 '협업'할 때는 증가하지만 사실상 특허를 피해서 디자인하는 일이 일반적인 관행이고 혁신을 자극하는 방법의 일환으로서 오히려 독점금지법에 의해 장려되고 있다. 어떤 때에는 대형 유통업체가 법적으로 인정받을 무언가를 만들기 위한 노력을 충분히 하지 못하는 경우도 있고 또 어떤 때에는 제대로 해낼 때도 있다.

제조업체들은 다양한 상황에서 단체의 협상력을 성공적으로 이용해 왔다. 1980년대에 일본산 자동차 수입을 제한하도록 한 자동차 제조업체의 노력이나, 1990년대의 '바나나 전쟁', 그리고 조지 부시 대통령의 첫 번째 임기에 있었던 외국 철강에 대한 보호무역 정책 등은 정부가 미국 산업계를 돕도록 압력을 가하는 그들의 능력을 방증한다. 대조적으로, 제조업체들은 아직 대형 유통업체를 전체 산업에 대한 위협으로 보지 않았다. 대형 유통업체를 단순히 미국 경제의 공급 사슬을 구성하는 하나의 고리라고 여겼기 때문에, 제조업체들은 그들과 대형 할인점과의 관계를 조정하는 법률을 바꾸고자 무역 협회나 외부의 정치적 수단을 이용해 본 적이 없다.

▌두 번째 단계

대형 유통업체와 중간 유통업체가 도전해 온다 할지라도, 제조업체가 그들의 판매와 유통에 대한 통제를 유지하면서, 소규모에서 대규모 운영체제로 전환하는 일은 가능하다. 혁신 상품의 가치는 유통업체와 공유될 수 있는데—사실 이 부분이 중요한데—대형 유통업체의 선호에 따라서라기보다는 제조업체 전략의 결과로써 그런 일이 발생한다. 성공적으로 그들의 사업규모를 키워 온 기업들은 판매와 유통 체인에서 그들의 혁신 상품에 어떤 일이 일어나는지에 대해 통제하는 것이 매우 중요하다는 사실을 인식한다. 통제력이 있어야만 대형 유통업체들의 도전에도 불구하고 그들 상품과 운영 방식에 내재되어 있는 창조된 가치를 보호할 수 있기 때문이다.

혁신자들이 범하는 오류는 어떠한 유통경로를 이용하더라도 자신들의 상품이 가진 특유의 가치제안 때문에 유통단계에 내재한 잠재 위험을 충분히 상쇄하리라는 기대로 상품공급에만 집착할 수도 있다는 것이다. 이러한 경우에 그 혁신 상품에 의해 발생한 수입은 아마 유통을 통제하는 대형 유통업체들이 불균형적으로 가져갈지도 모른다.

혁신의 첫 번째 단계는 새롭고 차별화된 상품이나 서비스 창조이다. 만약 이것이 전부라면, 혁신에 실수가 발생할 경우, 희망과 잠재성을 가진 이 창조는 아마도 결코 빛을 보는 날이 오지 않거나 모든 잠재력을 실현시키지 못할 지도 모른다. 혁신의 두 번째 단계를 다스리는 원리는 이것이다. 혁신 기업은 반드시 해당 상품의 판매와 유통을 통제해야 한다. 혁신으로 창조된 가치가 유통업체들과 공유될지라도, 어떻게 상품이 소비자에게 전달되는지에 대한 결정의 권한은 혁신 기업 자신이 가지고 있어야만 한다. 통제의 최우선 원리를 고려하여, 우리는 회사가 규모를 확장하면서 판매와 유통(그리고 그들의 혁신 가치)에 대해 권한을 가지기 위한 네 가지 유통경로를 제안한다.

1단계: 소규모

1단계에 있는 회사들은 규모가 너무 작아서 자기 상품에 대한 통제력을 잃지 않은 채 대형 시장에 대처하기란 어렵다. 이 단계에서 대형 유통업체를 통해 그들의 혁신 상품을 성공적으로 판매하고 유통하는 회사들은 그들의 상품을 개발하고 통제할 기회를 박탈당하기 쉽다. 1단계에서 회사가 혁신 상품을 완전히 활용하기 위한 최선의 방법은 소비자에게 직접 판매하거나 독립 유통업체를 활용하는 것이다.

직접 판매(Direct Marketing)

고객 관계 관리(CRM), 데이터베이스 관리 프로그램, 웹에 기반을 둔 고객 서비스 지원과 같은 도구들이 모든 규모의 사업에 이용가능해짐에 따라, 직접적으로 회사의 개별고객을 타겟으로 할 가능성이 매우 높거나 적어도 머지 않아 그럴 가능성이 크다. 고객 친밀성, 충성도, 입소문은 효과적인 직거래로 성취될 수 있는 이점들이다.

많은 작은 회사들이 오직 직접 판매만으로 성공적인 판매 활동을 하고 있다. 사소한 정보들을 전문으로 하는 잡지인 멘탈 플로스(Mental_floss)는 책, 달력, 의류, 그리고 사소한 스토리를 가진 제품을 판매하기 위해 웹 사이트를 적극적으로 활용한다. 테디 루즈벨트(Teddy Roosevelt)의 백악관 사교모임, 혹은 2020년에 당신이 소유하고 있을 차량 등이 그 예이다. 수많은 사람들이 매일 방문하는 멋진 웹 사이트를 만듦으로써, 회사는 소비자에게 직접 상품을 판매할 수 있게 되었다. 사업 풍자기업 디스페어(Despair.com)로부터 빈티지 의류 전문기업 아메리칸 빈티지 클래식스(American Vintage Classics)에 이르기까지 많은 회사들이 웹을 통하여 자신들의 모든 사업을 구축해 왔다. 우리는 8장에서 직거래 접근법의 성공적인 실행 방법에 대해 자세하게 이야기할 것이다.

독립 유통업체의 활용

1947년 알루미늄 외장용 자재를 개발한 올사이드(Alside)는 마침내 비닐 빌딩 외관과 특수 창문을 제조하는 미국의 가장 큰 제조업체로 등극했다. 회사의 공동 설립자 도널드 카우프만(Donald Kaufman)에 따르면, 회사 전략에서 가장 중요한 것은 유통에 관한 통제력을 유지하는 것이었다. 카우프만은 "만약 우리가 로컬 마켓에서 좋은 유통업체와 거래하지 않았다면, 우리는 상품을 유통하지 못했을 것입니다"라고 말했다. 대신에 회사는 유통업체의 목표를 회사의 목표와 맞추고, 그 결과 생겨난 상호 의존 관계를 관리했을 것이다.

제휴는 단순했다. 올사이드는 시장 점유율을 원했고, 유통업체는 최첨단 재료로 만들어진 외장용 자재를 판매하여 돈을 벌길 원했다. 이것은 전형적인 윈-윈 시나리오였고, 올사이드와 현지 유통업체는 이 구조가 장단기 목표를 모두 만족시킬 것이라 여겼다. 정해진 목표는 대리점들을 관리해서 대리점들이 자신을 단순한 유통업체가 아닌 파트너로 여기게 만드는 것이었다. 올사이드는 필요한 설비와 기반 시설들을 현지 파트너에게 제공받았기 때문에 자체 유통센터를 설립하기 위해 많은 초기 비용이 들지 않았다. 현지 유통업체는 올사이드의 혁신적인 제품, 기업 연수, 그리고 재고 관리 통제 시스템에 걸쳐 광범위하게 협력하였다.

2단계: 소-중규모

2단계 회사들은 어느 정도 대규모 시장에 다가갈 규모가 된다. 하지만 이 접근은 간접적이거나 제한적이어야 한다. 이 단계에서 혁신 기업들은 대부분 가장 최적의 상태에 있다. 이들의 제품은 혁신성이 뛰어나고, 매우 차별화되어 있으며, 대체품에 의한 위험도 낮다. 이 단계에서 생산 공정 혁신과 브랜드 인지도는 매우 높을 수도, 그렇지 않을 수도 있다.

직접유통이나 독립 유통업체를 통해 제품을 공급하는 것과 더불어, 우리는 회사가 라이센싱 계약을 통해 대규모 시장에 접근하는 방법을 제안한다. 라이센싱(Licensing)은 혁신 기업으로 하여금 산업 규격을 설정하고 자신들의 명성을 널리 알리며 학습의 기회를 창조하게 한다. 게다가 특정 상품이나 상품군의 생산을 다른 제조업체에게 맡김으로써 그 혁신 기업은 제품을 완성시키는 데에 자유로워지고 다른 시장으로 다각화를 추구할 수 있다.

이전에 예를 들었던 FII는 새비오 엔지니어링(Savio Enginerring)과 라이센싱 계약을 맺었다. 새비오 엔지니어링은 자회사인 프리덤 폰즈(Freedom Ponds)를 통해 소규모의 바이오헤이븐즈를 제조하고 유통한다. 남태평양과 뉴질랜드 지역에서도 비슷한 계약을 맺고 있다. 이 회사들은 조경 설치와 소형연못 시장을 위한 바이오헤이븐을 제조하고 유통하며, FII가 다른 상품을 개발하는 것을 허용한다. 바이오헤이븐즈의 생산을 다른 회사들에게 허가함으로써, FII는 더 큰 흥미를 끄는 시장으로 자유롭게 들어갈 수 있다.

또 다른 예는 중국의 남쪽에 위치한 소형 엔진 오토바이 제조업체인 팀코(Timpko)이다. 이 회사는 아프리카 사하라 주변 지역의 몇몇 유통업체들에게 자신들 제품을 라이센싱 제조권을 부여했다. 각각의 유통업체는 고유의, 그리고 종종 다른 오토바이의 최종 버전을 필요로 한다. 케냐에서 오토바이의 주요 용도는 현지 택배 회사가 배달용으로 사용하는 것이다. 팀코 공장에서 만드는 케냐 전용 모델은 자동차의 뒷부분에 안전한 화물적재 장치를 갖추고 있다. 시골 농부들이 오토바이의 주고객인 에티오피아의 경우에는 복잡한 지형 때문에 특수 타이어와 변형된 변속장치가 제공된다. 모든 팀코 제품은 지역 유통업체의 요구에 따라 개발되고, 팀코 엔지니어들은 어떤 변형이 필요한지 파악하기 위해 자주 아프리카를 방문한다.

3단계: 중-대 규모

3단계에서의 혁신 기업들은 마침내 대형 유통업체와 효과적으로 협업할 수 있는 규모를 갖춘다. 하지만 비록 상품 관련 특성들은 최적일지라도, 이들 혁신 기업들은 여전히 주의 깊게 대형 시장에 들어서야 한다. 2단계에서 언급된 라이센싱 계약 이외에도, 우리는 제조업체에게 제한된 수량의 상품과 대형 시장을 위해 특별하게 고안된 품목들로 대형 유통업체에게 접근할 것을 제안한다. 이 단계의 기업들은 대형 유통업체에게 단지 물량을 한정하여 단순화한 모델이나 회사의 상품공정 라인에서 한정적으로 선택된 상품만 팔 것을 허용함으로써 유통에 대한 그들의 통제력을 강화할 수 있다. 이렇게 함으로써 회사는 유통경로별로 시장을 분할한다.

여러 유통경로로 분할된 시장이 효과적이기 위해서는 최종 소비자가 다른 유통경로를 통해 팔리는 상품들 사이에서 중요한 차이점을 인지해야만 한다. 예를 들어, 야외 놀이기기를 제조하는 스텝2(Step2)는 대형 시장에서 규격화된 상품만을 다루는 반면, 웹 사이트에서는 새롭게 혁신된 제품들을 독점적으로 판매한다. 이것이 가능한 이유는 소비자들이 이 제품들을 대규모 시장에서 제공되는 것들보다 우수하다고 인식하면서 회사가 직접 판매하는 상품에 더 높은 가격을 지불할 의사가 있기 때문이다. 과거 여러 사례에서 볼 때 만약 한 회사가 차별화되지 않는 상품으로 단순히 여러 가지 유통경로를 이용한다면, 모든 유통경로들에 걸쳐 가격 인하의 압박을 받는다. 그 이유는 소비자들이 동일 상품이 대형 유통업체에서 더 싸게 팔리고 있다는 것을 인식하게 되기 때문이다.

4단계: 대-특대규모

시장에서 적절하게 자리 잡고 있는 아주 큰 혁신 기업들은 브랜드의 인지도를 높이고 아직 자신들의 제품을 사용해 보지 않은 고객들에게 도달하기 위해 대형 유통업체를 이용할 수 있다. 대형 유통업체 시장은 브랜드 인지도를 확대하고 시장의 침투를 빠르게 할 수 있는 잠재력을 갖고 있다. 이는 대형 유통업체를 활용함으로써 고객이 제조업체의 혁신 상품에 대해 쉽게 인식할 수 있기 때문이다. 제조업체는 이를 통해 소비자를 회사가 선호하는 유통경로로 이끌 수 있을 것이다. 동시에 제조업체는 그들의 대형 시장용 제품을 관리할 수 있고 그리하여 통제력도 유지하게 된다.

미국의 어떤 회사도 애플(Apple)보다 혁신을 더 잘 보여주는 곳은 없을 것이다. 이 회사는 핵심 역량 기반의 혁신적인 제품을 선보이는 기업의 전형이다. 애플은 자신의 역량을 활용하여 놀라운 신제품을 계속 출시함으로써 이전에 상상할 수도 없던 시장을 창조했다. 그럼에도 불구하고 애플은 IBM과 마이크로소프트의 그늘에 머물며 몇 년을 보냈다. 애플이 틈새시장 기업으로써 성공했지만 대형 시장에서 그들의 혁신적 능력을 발휘하는 것은 불가능해 보였다.

애플이 진정한 대형 시장에서 성공시킨 최초의 제품은 2001년에 출시된 아이팟(iPod)이었다. 음악 산업에 혁명을 가져온 이 제품은 타겟, 아마존, 베스트바이, 그리고 다른 많은 할인 소매점에서 팔렸다. 한 연구에 따르면, 5세대 아이팟의 소매가격은 299달러이며, 소매 수익은 애플의 총수익으로 추정되는 80달러보다 단지 5달러 적은 75달러였다. 물론, 애플은 온라인과 애플 매장에서 판매된 상품에 대해서는 유통 마진도 가져갔다. 아이팟은 2007년까지 회사 수익의 35%를 창출했으며, 비록 2012년에는 그 매출이 5%로 줄었지만, 어디에서나 볼 수 있는 제품이 되었다. 이는 대형 할인점의 매대에서 아이팟을 판매하도록 한 대중 시장 전략 때문이다. 아이팟의 엄청난 성공은 애플 브랜드에 활기를 불어넣었고 다음 단계인 아이폰 개발을 위한 발판이 되었다.

아이팟과는 달리, 아이폰의 유통은 매우 통제되었다. 싱귤러 와이어리스(Cingular Wireless)[2]와 독점적인 서비스 및 유통 계약을 맺을 때, 애플은 가격 책정 및 유통 방식 결정에 통제권을 가질 것을 고집했다. 이것은 아이팟을 유통시켰던 방법과는 다른 접근이었다. 더욱이 2007년 6월 아이폰이 출시될 때에는, 애플 웹사이트, 회사 직영 매장, 그리고 싱귤러 브랜드의 2,100개 매장과 웹사이트를 통해서만 독점적으로 판매되었다. 아이폰의 유통을 통제함으로써, 애플은 이전에 대중 시장에서 유통업체와 나

---

2 싱귤러 와이어리스는 AT&T, SBC 커뮤니케이션즈, 벨사우스 등이 공동으로 지분을 가진 미국의 이동통신 사업자였다. 2007년 AT&T로 브랜드를 통합함으로써, AT&T 와이어리스(Wireless)가 아이폰을 독점적으로 판매했다.

누었던 수익을 가져갈 수 있었다. 그러나 이는 대형 유통업체를 통해 아이팟을 판매하고 'i(아이)' 브랜드를 잘 확립한 후에 이루어진 것이었다. 애플이 월마트를 통해 아이폰을 판매한 것은 제품이 출시되고 거의 2년이 지난 2008년 12월이었다. 애플은 자신의 혁신 상품이 가진 가치를 극대화할 수 있는 방법으로 유통 경로를 바꾸었다.

더욱이 2015년을 기준으로 애플은 전 세계적으로 437개의 회사 직영 소매매장을 운영하고 있는데, 모건 스탠리의 연구에 따르면 이 매장들이 회사 성장의 원동력이었다. 이는 주요 외부 유통업체들이(예를 들어 베스트바이, AT&T, 버라이즌) 거래 관계를 통제하려 들 때 협상력의 지렛대로 사용될 수 있는 고객과의 직접적인 접촉을 가능하도록 하였다.

많은 다른 대형 회사들도 특히 신상품을 출시하거나 혹은 시장에서 회사의 제품 포지션을 바꾸거나 새로운 메시지를 홍보하는 방법으로 회사 소유의 직영 매장을 열어 왔다. 예를 들어, 240개의 레고 통으로 가득 찬 레고(Lego)사의 18개 '컨셉 스토어'는 고객들에게 상품과 상호작용할 충분한 공간을 제공한다. 이와 비슷하게, 보즈(Bose)사는 자사의 소매점을 이용하는데, 소매점에는 오디오 부품을 진열하기 위해 홈씨어터 전시 공간을 갖추고 있다. 나이키도 대중 시장에서 신발과 의류 판매를 위해 자사 매장을 이용하고, 의류 브랜드인 푸마와 라코스테(Lacoste) 역시 미국 전역에 걸쳐 전략적으로 중요한 위치에 수많은 매장을 열었다.

단계 요약

각 단계와 전략들은 <표 7.1>에 요약되어 있다. 또한, 이 표는 발생할 수 있는 위험뿐만 아니라, 전략 실행을 위한 단계도 제안한다.

표 7.1 혁신 상품 유통에 관한 주요 고려사항

전략	쟁점	회사의 유통 전략 개정	실행을 위한 단계	위험	사례
1단계: 소규모	대형 유통점에 대응하기에는 너무 소형임	직접 판매	1. 사업 환경을 분석하라 2. 당신의 의사를 전달하라 3. 잠재 고객의 데이터베이스를 개발하라 4. 주문 이행과 서비스에 집중하라	사업확대, 매출 및 수익 한계	• 멘타플로스 • Despair.com • 아메리칸 빈티지 클래식스 • 레드앤트 팬츠
		독립적인 유통업체	1. 적절한 유통업체를 알아내라 2. 정기적으로 독점계약을 하라 3. 훈련과 판매 자료를 제공하라 4. 관계 강화를 위해 인센티브를 제공하라		
2단계: 소-중규모	대형 유통점에 간접적으로 접근 가능	라이센싱	1. 제품군을 차별화하라 2. 적절한 고객을 타겟으로 삼으라 3. 라이센싱받은 기업을 훈련시키라 4. 라이센싱받은 기업을 감독하라	사업확대, 매출 및 수익 한계 비용증가 및 모니터링에 따르는 부작용	• 플로웃팅 아일랜드 인터내셔널
3단계: 중-대규모	다양한 유통경로 간의 균형 대형 유통업체에 대한 통제력 획득	대형 유통업체들을 포함한 다양한 유통경로 유통 경로에 따른 시장분할	1. 고객 프로파일을 기반으로 유통경로를 파악하라 2. 대규모 유통업체를 통해 판매되는 상품을 10%로 제한하라 3. 유통업체가 가격을 책정하도록 하지 마라 4. 혁신 상품과 혁신 기술을 보호하라 5. 고객과 가까이 하라 6. 유통경로 관리를 시행하라	부적절한 유통경로의 이용으로 인한 브랜드 이미지의 손상 대형 유통업체를 통한 대량 판매의 유혹	• 존스 소다 • 스텝2
4단계: 대-특대규모	다양한 유통경로 간의 균형 대형 유통업체에 대한 통제력 유지 유통망 확대	소매점 개설 직영 매장을 통한 신제품 출시	1. '쇼케이스' 매장을 만들라 2. 회사가 소유한 직영매장을 통해 신제품 출시	소매영업에 대한 과다한 투자 유통경로 갈등 높은 비용	• 애플 • 레고의 컨셉매장 • 나이키 타운 • 허쉬 • 푸마 • 보즈 • 코치

대형 유통업체와 고객업체들은 제조업체의 상품을 다른 회사에서 공급하는 제품으로 대체할 수 있을 때 제조업체를 장악하게 된다. 범용제품이라고 인식되는 제품들은 범용제품으로 취급되기 쉽다. "공급업체가 쉽게 바뀔 수 있을 때, 중간 유통업체는 공급업체와 강한 유대 관계를 형성하려는 동기가 부여되지 않는다." 이 상황에서, 제조업체는 오직 가격으로만 경쟁해야 하는 안타까운 입장에 놓이게 된다.

성장하려는 회사가 직면하는 도전과제는 장기적으로 더 나은 수익성으로 귀결될 수 있는 성장의 기회를 포기하지 않고 판매와 유통에 대한 통제력을 유지하는 것이다. 신제품에 대한 통제력을 갖기 위해서는 전략적인 혁신은 판매, 시장점유율 및 단기적인 이윤을 희생할 수 있는 능력과 동반되어야 한다. 이는 회사가 직영 매장을 통해 혁신 상품을 판매해야 한다는 것을 반드시 의미하지는 않지만, 규모를 확장해 나가는 각 단계에서 유통을 통제하려는 강한 의지가 있어야 한다는 점은 분명하다.

회사가 성장해 나감에 따라 판매와 유통을 통제하는 것은 어떤 상황에서나 같은 방식으로 작용하는 틀에 박힌 과정이 아니다. 회사가 한 단계에서 다음 단계로 넘어가야 할 때, 유통경로의 구조를 바꿀 준비가 되었을 때를 말해 주는 어떠한 공식도 없다. 유통경로 관리는 관리자가 업무상에서 직면해야 하는 결정들의 연속이며 이때 상황과 경험을 토대로 결정을 내려야 한다.

더욱이 성공한 기업은 그들의 가치, 임무 그리고 문화의 맥락 속에서 전략적으로 운영된다. 어떤 기업은 대중적인 유통업체를 선호하기도 하지만(예를 들어, 다이슨), 또 다른 기업은 적극적으로 직접 유통을 추진하거나 직영 매장을 오픈하기도 한다(예를 들어, 레고). 대개의 경우 회사들은 대중적인 유통업체를 전적으로 피하면서, 관련된 중간 유통업체 없이 고객을 대응하는 것을 선호한다. 예를 들어 오렉 청소기의 창립자인 데이빗 오렉은 대형 유통업체를 통해 상품을 판매하는 것을 강하게 반대했다. 시작부터 그의 목표는 프리미엄 가격에 팔리는 고품질의 제품을 만드는 것이었다. 만약 대형 유통업체에서 모델 XL 진공청소기가 팔린다면, 비슷한 상품의 옆에 진열될 것이다. 만약 그로 인해 고객들이 덜 비싼 경쟁제품과 XL의 특징을 비교한다면, XL 제품이 가진 프리미엄 디자인, 튼튼한 바퀴, 가벼운 무게, 그리고 마이크로 스윕 등의 기능은 평가절하될 것이다. 대신에 이 제품은 미국 전역에 걸쳐 300개가 넘는 오렉 매장과 온라인을 통해 판매되었다. 오렉은 "유통을 통제하지 않는 제조업체들은 결국 유통경로에 의해 통제당할 것입니다"라고 말했다.

　　대형 유통업체들을 피함으로써 데이빗 오렉은 그의 사업을 확장했고 대형 시장을 피하는 것을 선택했다. 결과적으로 그는 자신과 직원들의 이윤을 지키면서 혁신 제품을 보호했다. 오렉은 직접 판매를 통해 성숙 시장으로 여겨지는 고객들―처음에는 호텔, 그 이후 일반 대중―에게 신제품을 소개했다. 그렇게 함으로써 오렉은 동종 산업에서 직접적인 경쟁자들의 제품과 비슷하게 자신의 제품이 포지셔닝되는 것을 피할 수 있었다. 이는 회사 창립자의 선경지명과 철학으로 인해 가능했다. 실망스럽게도 1장에서 이야기했던 것처럼 오렉이 회사를 매각한 이후 판매와 유통에 대한 접근 방식은 완전히 바뀌었다. 그 이후는 뼈아픈 이야기가 되었다.

　　<표 7.1>은 관리자들이 그들의 회사가 소규모에서 대규모가 될 때 고려해야 할 주요 고려사항을 요약하고 있다. 작은 회사들은 대중 시장에 성급하게 뛰어드는 것을 조심해야 하며, 중형 및 대형 회사들은 대형 유통업체에 매우 조심스럽게 접근해야 한다고 권고하고 있다. 우리는 여기 제시된 각 단계의 접근법

이 회사가 성장할 때의 유통 전략의 가이드가 될 수도 있지만, 순차적인 단계들로부터 벗어날 가능성도 있다는 것을 안다. 예를 들어, 획기적인 혁신 제품을 가진 기업이 대중 시장 전략에 의존하는 것을 상상해 보자. 이들 제품이 매우 차별화되고 특허로 보호받으며 학습 효과, 그리고 독점적 기술로 인해 모방하기 힘들기 때문에 아이팟이나 다이슨 청소기와 같은 혁신 제품의 제조업체들은 대형 유통업체들과 대등하게 회사를 운영할 수 있게 되었다. 획기적인 혁신 제품을 만드는 기업들은 잠재적으로 좋은 협상 위치에 있다. 하지만 획기적인 제품이 아니라면, 제품을 생산하는 기업들은 매우 세심한 방법으로 유통해 접근할 것을 추천한다.

데이빗 브라이스(David Bryce)와 제프리 다이어(Jeffrey Dyer)가 하버드 비지니스 리뷰에서 다음과 같이 언급하였다.

> 똑똑한 시장 진입자는 기존업체의 조건과 구역에 도전하는 것을 거부합니다. 그들은 기존 사업 모델을 똑같이 따라하지 않습니다. 그들은 복잡한 유통 체계를 두고 경쟁하지 않습니다. 그리고 그들은 주류 고객들을 따라다니지 않습니다. 최소한 처음에는 따라다니지 않습니다.

유통경로가 복잡해서는 안 될 뿐만 아니라 선택된 유통업체는 과거에 기회주의적인 태도를 보이거나 강압적인 자세를 취한 적이 있으면 안 된다. 유통경로를 설정하는 과정에서 실수를 했건 혹은 유통업체가 보인 행동 때문이건 간에 잘못된 유통 방식을 이용하게 된 기업은 더 나은 성과를 위해 점진적으로 그들의 유통 체계를 바꾸어야 한다.

대중 시장의 유통 체계는 대형 유통업체가 소규모 혁신 기업들을 쉽게 지배할 수 있는 환경을 만들었다. 하지만 이것이 쉽다고 해서 그렇게 이루어져야 하는 것은 아니다. 많은 유망한 신제품들이 대형 유통업체들에 의해 제멋대로 통제되고 있다. 우리는 만약 회사가 그들의 생산 공정과 혁신 제품들을 그 제조업체에게 이득이 되는 판매와 유통 전략과 연결시킨다면 유통업체와의 관계에서 발생하는 부정적 결과들을 피할 수 있으리라고 생각한다. 단순히 혁신을 위한 혁신은 회사의 이익을 증진시키는 데에 거의 도움이 되지 않는다. 종종 관리자들은 그들의 회사가 기술적이거나 창의적인 혁신으로 인해 저절로 이익을 볼 것이라 가정한다. 하지만 회사가 누구를 위해 혁신하는가 하는 것은 혁신 그 자체보다 더 중요하다. 만약 혁신의 가치가 다른 사람들에게 이익이 된다면 새로운 상품이나 과정은 헛된 노력이 되고 만다. 궁극적으로 제조업체에게 혁신 제품의 가치는 대개 어떻게 그 상품이 팔리고 유통되는지에 의해 결정된다.

회사가 혁신을 제대로 활용하기 위해서는 반드시 유통을 통제해야 한다. 유통경로 관리는 그 혁신 기업에게 뒷전이 되어서는 안 된다. 회사의 규모가 커짐에 따라, 회사의 혁신을 위태롭게 하지 않으면서 이윤을 극대화할 수 있는 유통경로를 목표로 하기 위해 관리자들은 그들의 판매와 유통 전략을 다시 평가해야 한다.

Chapter 08

정보를 수집하고 옳은 방법으로 마케팅하기

정보기술의 가장 큰 이점은 사람들이 원하는 것을 할 수 있도록 권한을 준
다는 것이다. 정보기술은 사람이 창의력을 발휘하도록 한다. 정보기술은 사
람들이 생산적이게끔 한다. 정보기술은 사람들이 이전에 배울 수 있으리라
생각하지 않았던 것들을 배울 수 있게끔 하고 다른 의미로는 정보기술은
잠재력에 관한 모든 것이다. - 스티브 발머(Steve Ballmer)

레드 앤트 팬츠(Red Ant Pants)의 30대 창립자인 사라 캘혼
(Sarah Calhoun)은 아웃워드 바운드(Outward Bound)[1]의 강사이고
야생 애호가이다. 그녀는 여성들의 체형을 고려하지 않은 작업
바지를 개선하고자 직접 회사를 차렸다. 이 회사는 현재 앞은 허
리 아래까지 오고 뒤는 허리 위까지 오는 더블 니(double-knee)와
더블 시트(double-seat)[2] 작업 바지를 70가지 이상의 모델로 판매
하고 있다. 340그램 무게의 코튼 캔버스 섬유를 인도에서 수입
하고 이를 시애틀에 있는 공장에서 재단하여 한 벌당 129달러

1 청소년 대상 비영리 국제 아웃도어 교육단체.
2 더블 니(double-knee)는 허벅지부터 무릎 아래까지 원단이 한 겹 덧대어져
  있는 것을 말하고 더블 시트(double-seat)는 엉덩이 쪽에 원단이 한 겹 덧대
  어져 있는 것을 의미함.

나 되는 프리미엄 가격으로 표적 시장, 즉 농업 종사 여성, 건설업 종사 여성, 그리고 야외 작업을 하는 여성들에게 판매하고 있다.

현재 대부분의 판매가 온라인상에서 이루어지기는 하지만, 이 기업은 초기에는 빨간 개미로 장식된 1964년식 에어스트림의 트레일러를 마케팅 도구로 사용했다. 무역 박람회와 캘리포니아 여성 네트워크 콘퍼런스(Women Building California Conference) 및 국제수목학회(International Society of Arboriculture)와 같은 콘퍼런스에서 확보한 연락처를 이용하여 다이렉트 마케팅 수단을 확대하였다. 몬타나 주의 작은 마을인 화이트 설퍼 스프링스(White Sulphur Springs)에서는 매년 음악 페스티발이 열리는데, 사람들은 초원에서 라일 러빗(Lyle Lovett), 멀 해가드(Merle Haggard), 그리고 에밀리유 해리스(Emmylou Harris) 등의 노래를 듣고 한껏 춤을 추며 즐긴다. 이 행사는 다름 아닌 이 기업의 대규모 홍보 이벤트이다. 콘서트가 끝난 후, 그 지역의 보안관이 사라를 다음과 같은 말로 축하해 주었다. "훌륭합니다, 사라. 무슨 일이 있어도 당신을 막지 않겠습니다." 레드 앤트 팬츠가 성공적인 벤처 기업이 되는 것은 쉬운 일이 아니었지만, 분명 그 속에 즐거운 일도 많이 있었다. "우리가 작은 마을에서 큰일을 할 수 있다는 것을 보여주는 것은 멋진 일이죠"라고 그녀가 말했다.

물론 이 기업은 페이스북, 트위터를 사용하고 집에서 만든 광고들을 유튜브에 올렸다. 사라는 대형 유통업체를 통해 파는 것에는 관심이 없다. 그리고 그녀는 그녀의 브랜드를 전국 브랜드로 만들자는 몇몇의 제의를 거절했다. "우리에게는 단지 바지만을 사기 위해 여행을 하는 사람들이 많습니다." 그녀는 덧붙여서 "나에게 정말 뿌듯한 일은 이 바지들이 우리의 고객들에게 무언가를 의미한다는 것입니다"라고 말했다. 왜 사라는 대형 유통업체와 일하는 것을 집요하게 피하는 것일까? 그녀의 답변은 몬타나 주의 자족적 생활 방식과 지역 사회를 중시하는 도덕 관념을 반영한다. "우리는 우리 스스로 독립성을 유지하고 고객과 유대 관계를 유지하는 것을 매우 중요한 가치로 생각하고 있어요."

고객의 함정을 피한 또 다른 사업은 알루미늄 외장재 산업의 개척자인 올사이드(Alside)이다. 여러분은 알루미늄 외장재와 같은 상품을 상상할 때, 가격에 근거하여 구매결정을 하는 범용 제품을 떠올릴 것이다. 하지만 도널드 카우프만(Donald Kaufman)이 25년 동안 최고 경영자로 일했던 당시의 이야기를 들으면, 당신은 고객의 함정에 빠진 지도자와 의식적으로 그것을 멀리하려고 하는 선도 기업의 차이를 명확하게 알 수 있을 것이다.

도널드의 형인 제롬 카우프만(Jerome Kaufman)은 1947년에 그의 발명품인 에나멜 알루미늄 외장재를 기반으로 같은 해 올사이드를 설립했는데, 그 제품은 정말로 혁신적인 제품이었다. 1960년 주식을 공개하고 이듬해에 뉴욕 증권 거래소에 등록되었다. 처음부터 혁신적이었던 이 제조업체는 제품의 판매와 유통을 관리하는 데 적극적이었다. 사업의 기본은 회사가 그들의 고객들과 긴밀한 관계를 유지하는 것이었다. 30년 동안 올사이드는 수많은 집의 알루미늄 외장재를 설치하고자 지역 건축업자들과 직접 작업하는 독점 판매망을 전국에 구축하고 유지했다.

1974년에 도널드가 사업을 넘겨받자 산업 구조조정이 시작되었고, 지난 30년 동안 발전시켜 온 대리점들의 독점 판매망이 위협받게 되었다. 범용화 경쟁이 일어났다. 카우프만으로 하여금 올사이드 유통망을 스스로 잠식시켜 나가도록 하는 유혹은 매우 컸다. 올사이드의 경쟁자들은 이미 대형 유통업체에 공급하면서 그들의 상품에 대한 통제력을 잃고 있는 중이었다. 거대한 할인점이 올사이드를 곧 집어삼킴에 따라 알루미늄 외장재가 많은 다른 상품들의 전철을 밟고 가격이 주도하는 범용품으로 전락하는 수순은 거의 불가피해 보였다.

이러한 격변 가운데, 카우프만은 결정적인 순간에 직면하게 되었다. 그는 쉬운 길을 선택하고 다른 경쟁자를 따라갈 수 있었다. 그 자신의 이익을 월스트리트의 재무 투자자들이 단기적인 물량 증가로 보상을 하듯 몇몇의 대형 유통업체들에게 통제력을 이양할 수 있었다. 혹은 위협을 견디고 정면으로 맞서, 기업의 장기적인 지속가능성에 주력하는 방법도 있었다. 명예롭게도 카우프만은 주장을 굽히지 않았고 그의 리더십으로 올사이드를 성공적으로 운영해 나갔다.

여성들의 작업용 바지와 알루미늄 외장재의 표면적인 공통점은 없지만 사라 캘혼과 도널드 카우프만 두 사람이 보여준 전략에는 공통점이 있다. 그들 모두 고객 중심으로 맞추어 생각했다. 10%의 법칙을 고수함으로써 이루어 낸 것이다. 그리고 모든 회사의 성공을 위해 필요한, 고객과의 직거래 및 장기적이고도 지속가능하며 이득이 되는 관계 구축을 통해 이루었다.

▎모든 고객이 같지는 않다

본질적으로 마케팅은 가치를 고객에게 전달하기 위한 수단이다. 우리가 마케팅을 고객의 함정과 관련하여 이해하려 한다면, 우리는 정말 원하는 고객들과 그렇지 않은 고객들을 가려내고자 노력할 것이다. 고객들은 동등하게 태어나지 않았고, 동등하게 대우받아서도 안 된다. 대부분의 경영자들이 이를 기본적으로는 이해하는 것처럼 보인다. 하지만 많은 사람들이 초경쟁적인 시장에서 매일 전략을 수립하고 실행해야 하는 혹독함에 직면했을 때, 기업 운영의 어려움 때문에 이러한 사실을 잊고 만다.

그들은 너무나 자주 가장 큰 고객, 즉 그들의 제품과 서비스를 대량으로 구매하는 기업이나 유통업체만을 대하고는 한다. 물량만을 중요하게 생각한다. 물량을 좇으려는 사고는 이런 식이다. "우리가 당신에게 더 많이 팔수록, 당신은 더 가치가 있는 고객이 됩니다." 앞서 논한 대로 이것은 고객의 함정으로 빠지게 되는 미끼이다.

실제로 대량구입 고객이 정말로 가장 수익성이 있는지 알아내는 것은 중요하다. 사라 캘혼과 도널드 카우프만은 이 함정을 알고 있었고 좋은 고객과 그저 그런, 혹은 나쁜 고객을 분리하는 것은 물량이 아니라 수익성이라는 것을 스스로 상기했다.

마케팅은 쌍방향이다. 그것은 공급업체와 고객 사이의 관계를 포함한다. 고객의 함정의 특징인 대량판매 패러다임 속에서 고객과의 관계가 균형을 잃게 되기 때문에 혁신 기업들이 길을 잃고 만다. 고객들이 지배하게 되고 관계는 제대로 기능을 하지 못하게 된다. 고객들과의 쌍방향적인 관계가 균형적이라는 말은 요구사항이 두 당사자 간에 잘 정렬되어 있다는 뜻이다. 이러한 요구사항들은 적시공급, 충성도, 비전공유, 그리고 궁극적으로 수익성에 기초를 둔다.

▌고객들의 유형 분류

<표 8.1>에서 보여지는 바와 같이, 우리는 세 가지 보편적인 고객의 유형을 제시한다. 거래 고객, 우수 고객, 전략적 고객. 이것은 고객들을 분류하는 유일한 방법은 아니지만 고객들이 어디에 해당하는지 넓은 범위의 범주들을 보여준다. 거래 고

객은 가장 매력이 없는 고객이다. 우수 고객이 더 매력적이며, 전략적 고객이 가장 매력적이다. 전략적인 고객들은 제조업체와 강한 유대 및 동맹을 형성하고 시간이 흐름에 따라 그들의 제품과 서비스를 성장시킬 수 있도록 하는 기업들이다. 이러한 전략적인 고객들 덕분에 제조업체가 지속적으로 가치를 제공하게 되고, 그들의 혁신 제품과 서비스의 고유한 특징을 유지할 수 있다.

표 8.1 고객 유형 분류 체계

기준	거래 고객	우수 고객	전략적 고객
주요 관심사	가격	상품을 중심으로 한 관계	장기간의 상호 신뢰
기간	단기 또는 계약이 없음	장기	프로세스와 시스템의 통합
주안점	거래 조건에만 주력	품질에 주력	미래 시장
요구	정당하지 않음	학습 기회 제공	공동의 가능성을 높임
관계 접근법	우리 vs 그들	너와 나	공동 운명체
충성도	조금 있거나 아예 없음	중간 정도 충성도	가장 높은 충성도
수익성	수익성이 거의 없음	중간 정도 수익성	가장 높은 수익성

평가 기준

거래량은 고객의 가치를 평가하는 데 결정적인 요인이 아니다. 우리가 고객 유형 분류 체계에 제시한 것처럼 고객의 구매 물량에 관한 기준은 포함되지 않는다는 것에 주목할 필요가 있다. 앞에서 말한 바와 같이, 기업들이 대형 유통업체와 거래를 할 때 흔히 겪는 이익 없는 성장은 우리가 거래량의 관점에서 바라보는 기업의 실적에 반영되어 있다.

다시 말해서, 우리가 사업의 60~70%, 많게는 80% 비중을 대형 유통업체와 함께한다고 가정해 보자. 우리가 고객의 함정에 빠져 있다면, 우리가 정말로 하고 있는 일은 단순히 돈을 넘겨주는 것이며 더 박한 이득을 쫓고 있는 것에 불과하다. 실제로 하고 있는 일은 오직 제품과 서비스가 대형 유통업체로 흘러가도록 방치하는 것이다.

주요 관심사

첫 번째 기준은 주요 관심사이다. 거래 고객들은 가격 중심적이며 만약 가격 중심적인 대형 유통업체를 다루던 때를 떠올릴 수 있다면 이 기준은 이해되기 쉬울 것이다. 대형 유통업체와 사업을 할 수 있는 기업과 그렇지 못한 기업을 구별하는 요소는 가격 경쟁력이다. 요구하는 가격을 들어줄 수 있는가? 지금 당장 요구하는 가격을 들어주지는 못하더라도 해마다 낮은 가격을 요구할 때 들어줄 수 있는가? 이것이 바로 많은 혁신 기업들이 깨닫지 못하는 사실이다. 문제는 대형 유통업체와 일을 시작한 첫해에만 그들의 가격을 맞추는 것이 아니다. '1년 후, 5년 후, 10년 후에도 가격을 충족시킬 수 있는가?'가 핵심이다.

지속적으로 낮은 가격에 대한 요구를 맞추지 못하기 때문에—이는 거래 고객들의 동기이기도 한데—혁신 기업들이 결국 그들의 제품과 서비스 생산을 해외로 이전하거나 아웃소싱하게 된다.

<표 8.1>을 보면, 우수 고객들의 주요 관심사는 이와 다르다는 것을 알 수 있다. 이 고객들은 제품보다는 관계를 가치 있게 여긴다. 그들은 거래 고객들처럼 가격 중심적이지 않다. 가격도 여전히 중요하지만, 가격만이 전부가 아니다. 나아가 최고 수준의 고객인 전략적 고객을 살펴보면, 그들의 주요 관심사는 장기간의 상호 신뢰인 것을 알 수 있다. 전략적 고객들은 "당신이 우리를 필요로 하는 만큼 우리도 당신을 필요로 합니다"가 구현되는 공동 운명체적인 관심을 가지고 있다.

거래 기간

거래 고객의 거래 기간은 단기적이다. 그들이 계약을 한다면 월단위, 분기단위, 연단위 계약이다. 반면 우수 고객들은 장기적인 관점을 가지는 경향이 있고, 전략적 고객들은 그 기간이 더 긴 경향이 있다. 이것은 전략적 고객들이 관계중심적이기 때문이다. 좋은 관계가 형성되는 데에는 시간이 걸린다. 하지만 이것은 충분히 수용가능한 점이다. 왜냐하면 시간은 관계를 형성하기 위해 기꺼이 공을 들여야 하는 부분이기 때문이다.

주안점

거래의 주안점에 관해서라면 거래 고객들은 당연히 지불하기 원하는 가격과 구입하기 원하는 제품 또는 서비스의 양에 관심을 가질 것이다. 특정 시간대의 어느 시점에서 모든 조건이 맞다면 거래가 이루어진다. 하지만 모든 것은 한 번의 거래에 기반한다.

반면 우수고객들은 공급업체로부터 받는 제품과 서비스의 품질에 기인하는 가치를 중요하게 여기기 때문에 기꺼이 더 많이 지불할 용의가 있다. 한편 최고 위치에 있는 전략적 고객은 현재의 이익을 바라볼 뿐 아니라 시간이 흘러 공급자와의 향상된 관계가 무엇을 의미하는 지도 바라본다.

요구

거래 고객의 요구들은 혁신 기업에게는 문젯거리이며 정당하지 않다. 거래 고객들은 모든 것을 원한다. 낮은 가격, 배송 시간, 심지어 신뢰까지 원한다. 대량판매 시장 패러다임을 수용하는 기업들은 거래 고객을 위해 무언가를 하도록 요구받을 때마다 열심히 일한다. 왜냐하면 거래 고객들이 사업에 가장 큰 비중을 차지하기 때문이다. 하지만 우리가 보았듯, 거래 고객들은 단기적인 결과나 가격을 제외한 것들에는 관심이 없다.

반면 우수 고객들의 요구는 공급자에게 그들이 잘하고 있는지 못 하고 있는지 학습의 기회가 될 것이다. 한편 전략적 고객의 요구들은 두 회사 간의 상호관계를 강화하는 가능성을 만들어 나가는 방법이 된다.

관계 접근법

거래를 중심으로 한 수준에서는 관계가 '우리 대 그들'에 초점이 맞춰져 있다. "우리는 그럴 필요가 있기 때문에 최저가로 구매할 것이다." 이 접근법은 적대적이며 대립을 일삼는다. 반면 우수 고객 수준에서는 같이 일하는 경향이 있고 상호관계의 필요성이 존재하며, '너와 나' 관계가 존재한다. 한편 전략 고객 수준에서는 '함께'에 귀 기울인다. 단순히 현재를 말하는 것이 아니라 미래 또한 해당된다. "우리는 이것을 할 예정입니다. … 우리는 이것을 이루어 낼 겁니다." 이러한 협업은 거래 파트너들이 유지하는 장기적인 관점이기 때문에 발생한다.

충성도

거래 고객 수준에서는 가격과 단기성과에 의해 지배되기 때문에 충성도가 거의 없거나 아예 없다. 중간 수준의 충성도는 우수 고객 관계들에서 존재한다. 이때 이들의 충성도는 더 커질 수도 있으며 점차 가장 충성도가 높은 전략적 고객 수준으로 이동할 수도 있다.

수익성

궁극적으로 가장 중요한 것은 장기적으로 이윤을 남기는 것이고, 그 이윤을 유지하기 위해서 사업을 하는 것이다. 거래 고객들은 가장 큰 집단임에도 불구하고 종종 가장 수익성이 낮다. 거래 고객들이 요구하는 가격 수준에 맞추면 자연스럽게 가장 수익성이 낮은 상황이 초래된다. 반면 우수 고객 수준에서의 이윤은 거래 고객보다 높으며, 전략적 고객들은 가장 수익성이 높을 것이다.

물어볼 몇 가지 질문

우리가 스스로의 마케팅 방식으로 회사를 보고 있다면 이러한 질문들을 하는 것이 중요하다. 우리가 시장에 제공하기 위한 가치의 방향은 무엇인가? 누구를 위해서 하는 것이며 우리는 어떻게 하고 있는가? 우리는 전략 고객에게 초점을 두고 있는가? 우리는 양측 모두를 잘 정렬해 줄 수 있는 관계를 전략 고객과 쌓고 있는가? 아니면 주로 거래 고객에게 초점을 두고 있는가? 고객과의 사이에서는 다양한 관계가 존재한다. 이때 중심이 되어야 하는 생각은 혁신 기업으로서 단순히 어떻게 고객에게 제품 또는 서비스를 제공하는가를 고민하는 것이 아니다. 같은 고객들이 그 혁신 기업을 어떻게 보게 하는가이다.

예를 들어 당신이 125,000곳 이상의 공급업체를 가지고 있는 월마트와 거래한다고 하면 당신은 다음과 같은 질문을 할 것이다. 월마트가 정말로 필요해하는 공급업체들은 얼마나 될까? 얼마나 많은 공급업체들이 월마트 입장에서 전략 공급업체로 인식될까? 월마트의 관점에서 전략적인 공급자들이 분명히 있다. 코카콜라, P&G, 존슨앤존슨 같은 수십 개의 업체 혹은 기껏해야 수백 곳일 것이다.

월마트는 그들의 공급자 대부분을 거래 고객으로 본다. 다시 말해, 만약 그들이 원하는 가격을 얻지 못하고, 요구 사항을 충족시키지 못하며, 그리고 궁극적으로 구매하는 제품이나 서비스로 충분한 수익을 얻지 못한다면, 월마트는 공급체와의 관계를 끊을 것이다. 고객의 함정의 역기능적 성격은 월마트가 거래 고객으로 보는 공급업체가 월마트에 모든 것을 걸 때, 즉 모든 계란을 월마트라는 하나의 바구니에 담을 때 나타난다. 월마트가 전략적 고객이라고 잘못 믿게 되는 것이다.

오늘날 대부분의 거래 고객들, 심지어는 몇몇 우수 고객들의 관계는 대량 판매 접근의 결과이다. 이런 고객에게는 수익성이 조금 있거나 거의 없다. 만약 대형 유통업체가 낮은 가격을 제시할 수 있는 더 나은 기회를 얻게 된다면, 그들은 생각할 것도 없이 돌아서 버릴 가능성이 높다. 충성도라는 개념은 고려하지도 않고 심지어 내팽개쳐지고 만다.

1946년에 American Chemical Corporation을 설립한 4명의 창업자들이 1947년에 세운 콜롬비아 페인트 코팅(Columbia Paint & Coatings, 이하 '콜롬비아')을 생각해 보자. 이들은 생산과 유통의 중요한 측면을 통제하면서 전략적인 고객들과의 관계 형성을 중심에 놓는 전략을 세웠다. 이 콜롬비아는 미국 몬타나 주 이스트 헬레나(East Helena)에 있는 ASARCO에서 산화 아연을 얻어 그것을 안료화해 주택용 페인트로 사용할 수 있도록 색소를 입히면서 사업을 시작했다. 지역적으로 시카고와 시애틀 사이에 페인트 제조업체가 없는 것을 보고, 네 사람은 페인트 회사를 설립했다. 그때, 헬레나의 인구는 15,000명 정도였고, 몬타나 주의 인구는 약 500,000명이었는데, 이는 그리 큰 잠재 고객은 아니었다.

설립자들은 성장을 위해서는 이웃 주로 확장해야 할 필요가 있다고 결정했고, 확장의 수단으로 '지점'이나 '유통센터'로 불린 직영 소매점과 도매점들을 이용하기로 했다. 이러한 지점들은 주택 보유자, 중개인, 배급업자, 페인팅 도급업자, 건축가, 부동산 관리 회사, 학교, 모든 형태의 정부 등 모든 최종 사용자들에게 판매하였다. 콜롬비아 사업의 5%가 배급업자들 또는 외부 중개인에 의해 이루어졌는데 이들은 주로 콜롬비아가 직접 운영하기에는 매우 규모가 작은 소도시의 철물점, 개인이 소유하는 목재소, 그리고 건축 재료 공급 센터 등이었다. 2007년 셔윈 윌리엄스(Sherwin-Williams)에 매각될 때까지 이 회사는 마운트 웨스트(Mountain West), 퍼시픽 노스웨스트(Pacific Northwest) 지역의 7개 주와 알래스카 주에서 41개의 유통센터를 운영했다.

콜롬비아가 직영 매장을 통해 유통을 시작하기로 결정했을 때, 미국의 코팅 산업 유통의 전형적인 패턴은 제조업체가 유통업체에게 팔고, 유통업체가 대리점에게 팔고, 대리점이 최종 사용자에게 파는 방식이었다. 콜롬비아는 원자재를 구입해서 제품을 생산한 뒤, 직영 유통망으로 최종 사용자들에게 파는 수직적 통합이라는 개념을 구축한 미국 최초의 지역 페인트 기업이었다.

1976년부터 2007년까지 콜롬비아의 회장이었던 래리 래리슨(Larry Larison)에 따르면, 수직적 통합과 유통경로를 통제하는 것의 이점은 시장 점유율을 높일 수 있다는 점이다. 건축용 페인트와 코팅재의 주요 소비자 집단은 'DIY'를 하는 주택소유자, 부동산을 소유하고 유지하기 위해 사는 사람, 그리고 페인팅 도급업자였다. 콜롬비아의 매장들은 그러한 고객들에게 친절함과 최적의 서비스를 제공하도록 설계되었다. 이로 인해 회사는 어느 곳에서나 시장 점유율을 25%에서 50%까지 확보할 수 있었다. 래리 래리슨이 콜롬비아를 매각할 때까지 전체 시장 점유율은 35%에 임박했다.

콜롬비아는 로우스나 홈디포와 전혀 접촉하지 않았고 그들을 유통경로로 사용할 것을 고려하지도 않았다. 래리슨은 다음과 같이 이야기한다.

우리는 몇몇의 연계단체에서 활동했습니다. 네트워크를 통해 우리는 서부와 동부에 있는 페인트 회사 중에서 홈디포와 관계를 맺은 회사들을 알게 되었습니다. 홈디포는 그 회사들에게 매우 중요한 고객이 되었습니다. 그들의 사업이 홈디포와 함께 성장하고 홈디포가 그 회사들의 주된 고객이 되자 그들이 느낀 것은 가격인하에 대한 압박감이었습니다. 홈디포와 로우스, 코스트코와 같은 모든 대형 유통업체들은 납득하지 못할 정도로 밀어붙이고 관계를 지속할 만한 가치도 없을 만큼 마진을 남기려 한다는 평을 듣고 있었습니다.

놀랍게도, 고객의 함정은 대부분 지역 페인트 회사들이 다 다르고자 했던 매력적인 목적지가 아니었다. 대신에 대형 유통업체는 자신에게 판매하는 데에 '특화된' 대형 기업들 중 페인트 공급업체로부터 페인트를 공급받는다. 예를 들어, 홈디포는 거의 독점적으로 베어(Behr)사의 페인트를 판매하며 셔윈-윌리암스와 발스파(Valspar)는 자체적으로 대중상품 유통경로를 통해 파는 다양한 유통업체 브랜드를 가지고 있어 이를 통해 판매한다. 대중상품 홈 센터는 페인트 도급업자 시장에 진출하는 데 실패했다. 왜냐하면 셔윈-윌리암스 같이 전국적으로 자기들의 매장을 운영하는 기업을 비롯해 지역 회사들은 페인팅 도급업자들에게 최상의 서비스를 제공하도록 맞추어졌기 때문이다. 소매업을 지향하는 대형 유통업체들은 도급업자들에게 효과적으로 어필하지 못했다. 게다가 소매매장을 찾는 특정한 부류의 소비자들은 대형 매장을 좋아하지 않고 외장 표면 준비과정과 응용장비뿐만 아니라 건축 페인트와 코팅을 전문으로 하는 매장에서 구할 수 있는 제품 전문 기술과 개인화된 서비스를 선호한다. 래리슨은 다음과 같이 말한다. "우리가 고도로 전문화되어 있었기 때문에 특정한 고객들에게 어필할 수 있었습니다. 대형 소매 유통업체는 이러한 고객들을 제조업체의 직영매장에서 빼앗아 가지 못했습니다."

스틸, 올사이드, 그리고 레드 앤트 팬츠와 유사하게, 지역 페인트 회사들은 전문화된 서비스를 제공함으로써 그들 자신을 대형 유통업체와 차별화시킬 수 있었다. 수직적 통합은 또한 이러한 회사들이 부각될 수 있도록 했다. 설립 10년 이내에 미국에서 건축 페인트와 코팅재의 가장 큰 제조업체였던 셔윈 윌리엄스의 자회사인 콜롬비아는 제품을 유통시키는 방법을 바꿨다. 이전에는 수직 통합형의 조직으로 운영하지 않았으며 가치사슬의 가장 끝에 있는 최종 소비자에게 판매하는 페인트 매장도 보유하지 않았다. 1950년대에 들어 직영매장을 열기 시작했는데, 건축 코팅 산업에서는 이단이라고까지 여겨졌다. 콜롬비아와 많은 지역 및 전국 규모의 페인트 회사들이 이러한 움직임을 보였고 10년이 채 지나지 않아 이러한 움직임은 주류가 되었다. 래리 래리슨은 수직적 통합이 콜롬비아로 하여금 경쟁력을 갖추는 데 어떻게 도움을 주었는지 설명한다.

관여하는 중간업체가 전혀 없습니다. 우리는 상품을 원재료 구입부터 최종 사용자에게 전달하는 데까지 자체 유통 시스템으로 처리했습니다. 발생하는 모든 이익도 우리들의 것이었습니다. 가공 공장에서 비용이 발생했지만 손익분기점에 맞춘 가격으로 매장에 판매하기 때문에, 우리는 수익의 모두를 매장에서 챙길 수 있었습니다. 우리는 제조업체이자, 유통업체들에게 판매하는 제조업이고, 대리점에 제품을 공급하는 유통업체이며, 최종 소비자에게 제품을 판매하는 대리점입니다. 통합된 하나의 구조하에서 세 가지 혹은 네 가지 수준의 모든 이익을 챙기는 것입니다. 오늘날 페인트와 코팅 산업에서 중요한 유통경로 두 가지는 로우즈, 홈디포와 같은 대형매장, 그들과 비슷한 작은 지역의 업체들, 그리고 페인트 제조업체 직영 매장입니다. 굉장히 많은 지역 제조업체들이 미국에 산재해 있으며, 회사가 운영하는 직영 매장으로는 미국, 캐나다, 멕시코에서 운영하는 두 대형 업체인 피츠버그 페인트 산업(Pittsburg Paints PPG 산업)과 셔윈-윌리엄스가 있습니다.

래리슨이 수직적 통합을 받아들인 이유들 중 하나는 수직적 통합으로 인해 콜롬비아가 유통업체나 대리점의 역할에 의존하지 않고 소비자 각각의 유형에 맞게 판매를 통제할 수 있었기 때문이다.

우리는 우리의 제품을 스스로 시장에 내놓았고 따라서 제품을 팔기 위한 잘 정리된 접근법이 있었습니다. 매년 우리 세일즈 팀은 표적 고객을 고려한 (판매를 증가시킬 수 있으리라고 예상하거나 한 번도 팔아 보지 못해서 미래에 팔기를 원했던 고객) 맞춤형 계획을 세웠습니다. 우리는 대단히 적극적이었고 직접 판매를 하고자 집중했습니다. 우리는 우리가 생산한 제품과 생산하지 않고 재판매하는 제품들 각각의 제품 그룹에 맞는, 효과적이면서도 전략적인 가격 책정 방법을 고안했습니다. 우리가 판매한 재판매 제품들은 응용제품과 표면처리 도구 및 장비였습니다. 매출의 약 30%가 재판매 제품이었고 70%는 직접 생산한 제품이었습니다. 80-20 법칙은 전략적 가격에 일반적으로 적용됩니다. 매출의 80%를 차지하는 제품 중 20%는 가격에 민감한 제품입니다. 그 나머지는 가격에 민감하지 않기 때문에 더 많은 이익을 남길 수 있는 제품군을 확인하고 그에 따라 가격을 책정합니다. 그래서 대량 페인트와 코팅 물품은 판매 단위당 수익성이 떨어졌고, 소량 제품들은 가격에 덜 민감했기 때문에 수익성이 더 높았습니다.

더 작은 페인트 제조업체들은 공정 경쟁의 장을 만드는 수단으로 지역 협동조합에 참여할 수 있다. 래리슨에 따르면, "지역 페인트 제조업체들은 구매력을 집중하고, 제조업체들로부터 전국적인 대형 페인트 및 코팅재 업체와 거의 같은 가격에 자재를 구매할 수 있는 조합에 참여할 수 있습니다." 각기 다른 조합들은 원자재 구매, 용기, 색상 체계 그리고 판매지원 물품과 같은 다양한 제품에 주력한다. 래리슨은 또 말한다. "구매 협동조합을 구축하는 것은 여전히 성행 중이며 매우 효과적입니다. 이로 인해 지역 페인트 코팅 회사는 구매력 측면에서 대형 유통업체와 공정한 경쟁을 할 수 있도록 도움을 줍니다."

래리 래리슨은 고객의 함정을 겁내지 않는다. 대신 그는 소형 지역 제조업체를 위한 현재 영업 환경에 낙관적이다. 그는 다음과 같이 말한다.

제가 유년 시절에는 각자의 상표를 단 다양한 크기의 맥주 공장이 있었습니다. 3~4만 명 인구의 도시에는 정육 공장이 있었죠. 하지만 대기업들이 나타나서 그들의 시장을 모두 흡수하고 그들을 비용 효율이 더 낮은 생산자와 판매자로 전락시킴으로써 그들은 모두 사라졌습니다. 하지만 당신이 작은 양조 맥주를 생산하는 작은 맥주 공장의 부활을 고대한다면 그들은 이미 도처에 널려 있습니다. 예를 들어, 이전의 몬타나 주 헬레나에 있는 콜롬비아의 페인트와 코팅재 가공 공장은 현재 작은 양조 공장을 운영하는 루이스 클라크 양조(Lewis and Clark Brewery)의 고향입니다. 최근의 기술개발 덕분에 저렴한 포장 장비를 이용할 수 있게 되었고, 소형 맥주 양조업체가 알루미늄 캔을 구매하여 짧은 조립 라인에서 캔으로 포장하는 것이 저렴해졌습니다. 매장의 선반에 전시된 루이스 클라크 브랜드의 맥주는 유명 브랜드의 맥주와 다름없습니다. 또, 작은 정육 공장을 시작하고 전문적인 고객층에게 판매하여 이윤을 남기는 일도 가능합니다.

1960년대와 70년대에 페인트와 코팅재 제품에서 가장 경쟁력 있는 유통업체는 시어즈였습니다. 홈디포와 로우스가 사업을 시작하기 이전이었죠. 전문화된 주택 개선 센터로서, 시어즈와 케이마트는 구식 마케팅에 머물러 있었고 그들은 모든 소비자를 목표로 삼았습니다. 그들은 홈디포와 로우스에게 주택개선용품 시장을 빼앗겼고, 샵코, 타켓, 월마트와 같은 더 공격적이면서도 정교화된 업체들에게 일반 잡화 시장을 빼앗겼습니다. 유행이 바뀌고 시장 점유율에도 변화가 일어나는 제품 마케팅의 거의 모든 단계에서 변화의 양상을 지켜보는 일이란 매우 흥미롭습니다.

래리 래리슨은 모든 것을 이 희망적인 문구로 요약한다. "자원이 많은 작은 기업들은 여전히 등장할 수 있고 성공할 수 있습니다."

효과적인 마케팅 비전은 전략적인 고객과의 직접적인 관계에 초점이 맞춰져 있다. 물론, 사업에서 최고 수준을 달성하는 것도 중요하지만 그것은 전략적인 고객 수준에서, 그리고 다소 낮은 목표라면, 우수 고객 수준에서 달성되어야만 한다. 이러한 기준들을 만족시키기 위해서는 데이터를 확보하고 올바른 방식으로 마케팅을 해야 한다.

┃ 데이터의 활용: 좋은 마케팅의 기본

많은 조직들은 데이터베이스 관리와 통신 기술의 변화가 실로 엄청나서 그들이 어디서부터 시작하고 어떻게 경쟁해야 하는지조차 모른다.

과거 매스 마케팅은 궁극적인 마케팅의 해결책이라고 여겨졌으나 시장이 세분화되면서 마케팅은 "세분 시장" 또는 "틈새 시장"이라고 불리는 작은 소비자군을 겨냥하게 되었다. 데이터에 기반한 마케팅은 개인 시장을 겨냥하고 있다. 개인 시장은 전략적인 고객이다. 치과에서는 약속을 알려 주기 위해 고객에게 전화한다. 가까이에 있는 식료품점은 고객의 구매 목록을 기록하기 위해 카드를 요구한다. 고객이 50세가 되면 퇴직자협회 (AARP)로부터 회원가입에 관한 정보를 얻는다. 이것들은 모두 일상생활에서 데이터 기반 마케팅이 영향을 주는 것의 예시들이다. 아주 조용하게 그리고 종종 소리 소문 없이, 데이터 기반 마케팅의 응용 프로그램이 삶의 방식을 바꿔 왔고 앞으로도 그 영향력이 줄어들 것이라고 보이지 않는다.

유통데이터 관리의 출현

찬드란 산카란(Chandran Sankaran)은 자임 솔루션(Zyme Solutions)의 설립자이자 최고 경영자이다. 자임 솔루션은 최근 떠오르는 분야인 유통데이터 관리(CDM)의 선구자이다. 산카란과 이야기를 하다 보면 많은 사람들이 기대했던 것만큼 정보 공유가 제대로 작동하지는 않는다는 것이 금세 명백해진다.

산카란은 열정과 이성을 결합하여 일반적 통념에 도전하는 합리적인 낙관론을 가진 독특한 사람이다. 산카란은 제조업체가 더 많은 물량을 얻기 위해 혁신 제품들의 판매와 유통에 대한 통제권을 기꺼이 대형 유통업체에 넘겨줄 것이라고 생각했다. 그가 확인한 바로는 시장은 혼란스러워지고 투명성 역시 결여된다는 것이었다. 현명하게도 산카란은 지배적인 유통업체의 증가가 역설적으로 기업들이 그들의 진정한 고객과 연결될 수 있는 방법을 찾아 나서도록 종용하게 했음에 주목했다.

이전에도 유통경로에 대해 논의가 있었겠지만, 그것은 "라틴 아메리카에서 어떻게 판매해야 할까?" 정도였을 겁니다. 새로운 시대에는 "고객에게 가는 길"과 "뱅크 오브 아메리카에 어떻게 도착할까? 낙엽 청소기를 필요로 하는 사람에게 어떻게 접근할까? 이웃하는 회사의 산업관리부에는 어떻게 갈까?"라는 질문이 될 것입니다. 즉, "어떻게 접근하고, 그 접근 방법을 통해 고객을 어떻게 감동시킬 것인가?"하는 질문이 더 중요해지고 있죠.

산카란은 중간 유통회사가 맡은 중요한 역할을 인식하고는 제품 디자인과 혁신에서부터 유통과 애프터서비스까지 통제하는 완전히 수직통합된 기업들이 거의 없다는 사실을 파악했다. 그는 말한다. "공유 경제라는 것이 의미가 있다고 생각해요. 그것은 바로 유통경로가 존재해야 하는 이유, 즉 판매를 위한 공유 경제를 의미하는 것이에요."

그는 대부분의 기업들이 창고저장관리, 통관, 조세, 지역 배송 추가요금뿐 아니라 마케팅, 유통, 판매를 위한 공유 인프라를 보유하는 것이 타당하다고 생각한다. 그러나 정말 중요한 것은 "공유 인프라 속에서 실적에 대한 소유권과 투명성을 포기하지 않는 인프라를 보유할 수 있으며, 그리하여 올바른 사업 결정을 내릴 수 있는가?"라고 주장한다.

산카란은 유통 파트너들에게 통제권을 넘겨주는 것은 선택 사항이 아니라고 지적한다. "중간 업체가 규모의 경제를 제공하고 시장에 접근할 수 있도록 하지만, 중간 유통업체와 일한다는 것이 어딘가 작은 우리에 앉아 나의 기회들을 그들에게 줘 버린다는 것은 아니다."

산카란에 따르면, 개별 제조업체들은 매년 5조 달러 이상을 간접 판매 경로를 통해 판매하는데, 이는 업체들의 유통경로에서 더 나은 의사결정을 할 수 있는 운영 자료에 대한 시각화가 거의 이루어지지 않은 것을 의미한다. 그의 회사인 자임 솔루션은 제조업체들이 그들의 판매 경로들을 전 세계적으로 관리할 때 필요한 운용 데이터, 시각화 및 분석자료를 제공한다. 자임의 네트워크는 전 세계 90만 명의 재판매업자와 유통업자들과 연결되어 있으며 그들로부터 데이터를 수집한다. 그들의 고객들은 의사 결정을 주도할 데이터와 분석자료를 통해 경쟁우위 요소를 확보한 기업들이다.

산카란은 혁신 기업들이 데이터가 그들의 사업에 핵심적이라는 사실을 어떻게 깨닫는지 설명한다. 그리고 데이터를 그들의 유통경로에서 얻는 것이 매우 중요하다고 말한다. 게다가 이익은 어느 한쪽만 얻는 것이 아니다. 데이터 공유는 제조업체와 중간업체 모두에게 유용하다.

제조업체와 브랜드 관리자를 위한 채널정보 이용가능성은 비교적 새로운 현상이다. 과거에는 유통업체들이 판매 정보를 공급업체에게 제공하지 않기 위해 다양한 핑계를 내세웠다. 이제 고객들은 투명성을 더 강하게 요구하고 있다. 그들은 데이터를 공유하기를 꺼리는 유통업체에게 다음과 같이 말할 것이다. "어쨌든, 괜찮습니다. 다음 분기가 그 시장에서 파트너로서 마지막이 될 것입니다. 왜냐하면 정보의 투명성은 우리가 어떻게 유통경로를 운영해야 하는지에 대한 핵심이기 때문입니다." 그렇게 되면 유통업체들은 재빨리 정보제공에 협력할 것이다.

머리, 몸통, 그리고 꼬리

산카란과 자임은 그들을 "유통경로의 머리(Head), 몸통(Torso), 꼬리(Tail)"라고 명명하고는 이것이 유통데이터 관리의 중요한 개념이라고 주장한다. <그림 8.1>에서 그려진 대로, 이것은 가장 큰 파트너에서부터 작은 파트너까지 유통업체 구성의 최적 조합을 나타낸다.

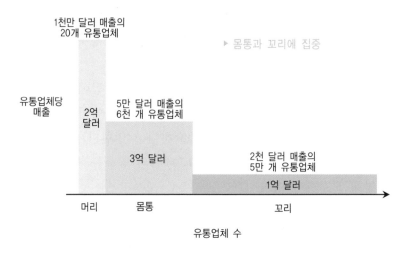

그림 8.1 유통경로의 머리, 몸통, 꼬리

매출 6억 달러 기업의 유통경로별 매출 양상

1천만 달러 매출의
20개 유통업체

▶ 몸통과 꼬리에 집중

유통업체당
매출

2억
달러

5만 달러 매출의
6천 개 유통업체

3억 달러

2천 달러 매출의
5만 개 유통업체

1억 달러

머리   몸통   꼬리

유통업체 수

　　머리는 성숙한 시장에서 상당한 시장 점유율을 달성한 거대한 공급업체와 대형 유통업체로 구성되어 있다. 그들은 막대한 물량을 움직이고 거래 조건을 그들의 공급자에게 지시한다. 이들은 대개 수익성이 높은 유통경로들이 아니지만 제조업체가 이 머리와의 거래를 피하는 것은 점점 어려워지며, 고통스럽기까지 하다. 몸통은 성숙한 시장에서 장래가 유망한 업체와 신흥 시장에서 이미 기틀을 잡은 대형 업체들에 해당한다. 꼬리는 전형적으로 급성장하는 작은 시장에서의 많은 중간 유통업체를 가리킨다.
　　<그림 8.1>은 6억 달러의 매출 규모를 지닌 기업의 유통경로별 매출 양상을 분류한 것이다.
　　산카란에 따르면, 유통데이터 관리 개념과 양질의 데이터 덕분에 최초로 판매와 유통경로의 몸통과 꼬리의 실체를 밝히고, 이를 통해 제조업체가 머리인 대형 유통업체에 대한 실질적

인 대안을 갖게 되었다. 몸통과 꼬리업체들은 더 적극적으로 당신과 사업하기를 원한다. 그들이 올바르게 관리되고 조직화된다면, 머리업체보다 경쟁적 우위와 더 높은 수익성의 원천이 될 수 있다. 이 업체들은 더 찾기 힘들고 어떠한 규모로든 조정하기는 힘들지만, 양질의 데이터와 투명성이 전제된다면 경쟁의 장은 공정해진다.

▮ 12단계 접근법

데이터 기반 마케팅 전략을 시행하기 위해 애크런 대학(University of Akron)의 테일러 다이렉트마케팅 연구소는 12단계의 접근법을 발전시켜 왔다. 왜 12단계여야만 했을까? 성공적인 데이터 주도형 마케팅 프로그램에서 12단계의 각각은 매우 중요하므로 간과되어서는 안 된다.

단계를 생략하는 것은 다이렉트마케팅 전략을 개발하는 데에 있어 양말을 신기 전에 신발을 신는 것과 같은 결과를 초래할 것이다. 각각의 단계는 전략을 정교화하고 전략의 방향을 제시하는 정보를 제공함으로써 양질의 다이렉트 마케팅이 더 좋은 결과를 낳게 되며 동시에 낭비를 줄이는 결과를 가져온다. 기업 자체에 대한 통찰력과 기업의 제품과 서비스, 그리고 경쟁사가 최종적인 전략 수립에 필요한 지식의 핵심 요소이다. 가장 중요한 것은, 이러한 정보가 있기 때문에 기업이 최고 고객들을 찾고 유지할 수 있다는 점이다.

12단계는 무엇인가?

<그림 8.2>는 12가지 단계 과정을 보여준다.

그림 8.2 12가지 단계 과정

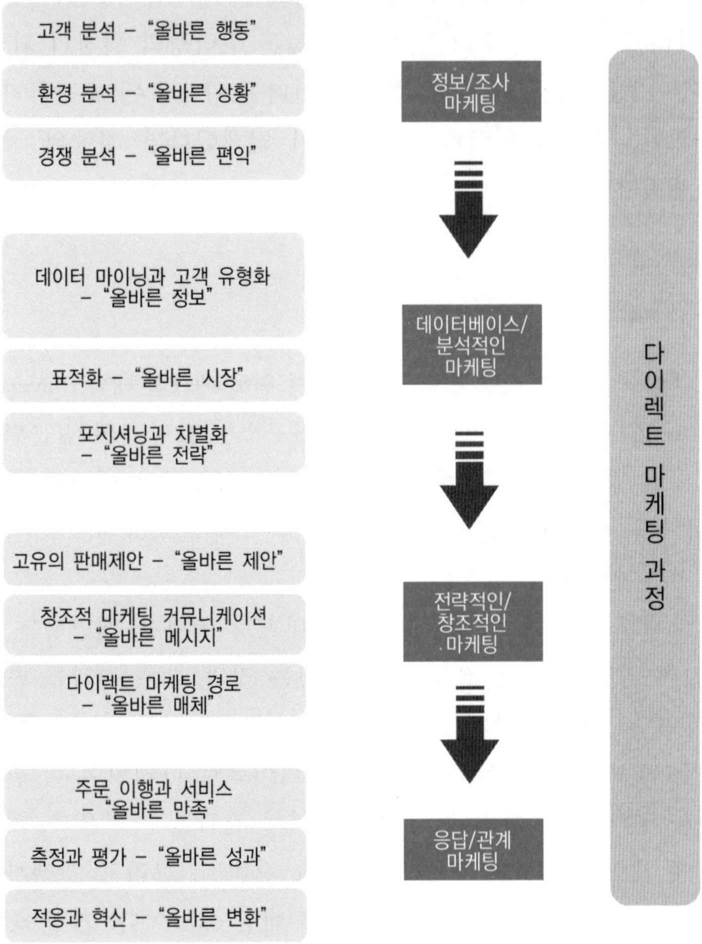

고객 분석 – "올바른 행동"

환경 분석 – "올바른 상황"

경쟁 분석 – "올바른 편익"

데이터 마이닝과 고객 유형화
– "올바른 정보"

표적화 – "올바른 시장"

포지셔닝과 차별화
– "올바른 전략"

고유의 판매제안 – "올바른 제안"

창조적 마케팅 커뮤니케이션
– "올바른 메시지"

다이렉트 마케팅 경로
– "올바른 매체"

주문 이행과 서비스
– "올바른 만족"

측정과 평가 – "올바른 성과"

적응과 혁신 – "올바른 변화"

정보/조사
마케팅

데이터베이스/
분석적인
마케팅

전략적인/
창조적인
마케팅

응답/관계
마케팅

다이렉트 마케팅 과정

각각의 단계를 간단히 살펴보면 다음과 같다.

① 고객 분석: 우수 고객들의 욕구, 동기, 구매 습관을 유형화
하라. "그들은 무엇을 사며 왜 그들이 그것을 사는가?"라
는 질문을 해 보라.

② 환경 분석: 사전적 조치의 필요성을 예상해 보라. 고객 사
업의 내부적인 필요뿐만 아니라 출현할 가능성이 있는
경쟁자의 다음 움직임까지 적극적으로 예측할 수 있는
필요를 예견하라.

③ 경쟁 분석: 경쟁자가 올바르게 하고 있는 것은 무엇이고
잘못하고 있는 것은 무엇인지 알아내라. 이것은 당신의
메시지를 개발하는 데 매우 가치 있을 것이다.

④ 데이터 마이닝[3]과 고객 유형화: 잠재 고객의 데이터 베이스를
개발하고, 고객을 잘 살필 수 있는 방법을 개발하기 위해
가능한 한 많은 관련 정보를 추출하고 분석하라.

⑤ 표적화: 표적 고객을 알아내기 위해 당신의 데이터베이스
를 정교화하라.

⑥ 포지셔닝과 차별화: 고객 제안 혹은 상품의 핵심 장점을 3가
지 과정에서 발달시키라.

　a. 자사의 고객 제안의 특징과 경쟁사 제안을 비교해 보
　　고 돋보이게 만들 특징을 찾으라.

　b. 고객들이 자사의 고객을 통해 받는 효익들을 묘사해
　　보라.

　c. 제안을 이용함으로써 약속한 효익이 이루어졌다는 것
　　을 주장하라.

---

3 대규모 자료를 토대로 새로운 정보를 찾아내는 것.

⑦ 고유의 판매 제안: 인식하게 된 가치에 대한 암묵적인 약속을 전달하는 문장이나 문구를 만들어 보라. 그것은 기업을 더 호감가도록, 부유하도록, 건강하도록, 현명하도록 만든다.

⑧ 창조적 마케팅 커뮤니케이션: 메시지를 어떻게 만들 것인지 결정하라. 메시지 믹스는 미디어를 통한 광고 캠페인의 각 요소인 어조, 글자체, 고객의 실행을 요구하는 문구까지 포함한다.

⑨ 다이렉트 마케팅 경로: 당신의 메시지를 전달할 방법을 생각해 보라. 우편인가? 소식지인가? 전화인가? 이메일인가? 고객들의 가슴과 마음에 잘 전달될 수 있는 메시지를 다이렉트 마케팅 경로를 통해 전달하라.

⑩ 주문이행과 서비스: 잠재 고객이 연락을 해 왔다고 가정해 보자. 당신은 어떻게 주문을 완료할 것이며 혹은 무료 샘플 또는 더 많은 정보에 대한 주문요청에 어떻게 대응할 것인가?

⑪ 측정과 평가: 결과를 추적함으로써 옳게 했는지 틀리게 했는지 알 수 있다. 당신의 미디어 캠페인은 당신과 당신의 잠재 고객 사이의 장벽을 저비용으로 무너뜨렸을 때에만 효과적이었던 것이다.

⑫ 적응과 혁신: 수정하고 정교화하고 새롭게 선보이라. 만약 당신이 결과에 완전히 만족하지 못한다면, 메시지, 커뮤니케이션 채널, 또는 다른 캠페인 요소를 손보는 것을 두려워하지 마라.

많은 작은 회사들은 이 12단계를 간접경로 또는 대형 유통업체와 경쟁하는 데 사용한다. 심지어는 대기업이 이미 점유하고 있는 분야에서도 그렇다.

▌차별화된 서점

어느 주일의 예배가 끝난 후 한 커플은 그들의 자녀와 손자를 위한 교육용품 선물을 사줄 만한 곳이 없다는 것을 알고는 교육 기자재 매장에 대한 아이디어를 생각해 냈다. 이러한 아이디어가 워싱턴 주 벨링햄(Bellingham)에 위치한 런칭 석세스 러닝 스토어(Launching Success Learning Store)의 시발점이 되었다.

인근 지역의 교육자들을 대상으로 요구 사항을 조사한 후에, 이들 창업자들은 사립학교, 홈스쿨링을 하는 부모, 공립 학교 선생님, 교장선생님들과 긴밀히 협력하기 시작했다. 매장에서는 책, 게임, 공예, 그리고 교재들을 판다. 설립자들 중 한 명인 댄 샌포드(Dan Sanford)는 회사가 전문성과 우수한 서비스를 제공함으로써 고객들과 관계를 발전시켜 나가는 식으로 운영된다고 말했다.

댄과 그의 동료들은 외부행사에 제품을 들고 나갔다. 예를 들어 교사 교육과정 워크숍, 학부모의 밤, 수학의 밤과 같은 학생들과 부모가 함께하는 학교 프로그램 자리에서 제품을 접할 수 있도록 한 것이다. 댄 샌포드는 다음과 같이 설명한다. "사람들이 이러한 행사에 참여한다는 것은 교육에 대한 관심을 가지고 있다는 것이고, 우리는 거기에 제품과 함께하려고 노력합니다. 물론 직원들이 시간이 써야 하고 또, 이런 마케팅이 완전히 새로운 것은 아니죠. 그러나 일반적으로 제품 공급업체가 이러한 현장에 직접 나갔던 관행에 반해 교육 기자재 산업에서는 현장에 나가는 일이 새로운 일입니다."

런칭 석세스 러닝 스토어는 이전에 말한 12단계에 맞추어 전략을 실행했다. 그들은 고객들을 개인적으로 알기 때문에 자연스럽게 고객의 욕구, 동기, 그리고 구매 습관을 알 수 있었다.

그들은 독특하고, 매우 차별화된 제품으로 인식되어 있다. 예를 들어 이 기업은 어느 지역에서 아이들을 위한 제품이 제공되지 않는다는 사실을 발견하고는 이들을 위한 물품을 많이 준비했다. 현재 이 기업은 5,600평방피트의 매장과 세련되고 잘 만들어진 웹 사이트에서 30,000개의 제품을 판다. 런칭 석세스 러닝 스토어는 시장을 확대하고자 다른 회사들과 제휴를 맺기도 했다. 여기에는 공동구매단체, 재택학습 기자재 제조업체, 그리고 장난감 협회가 포함된다. 가장 중요한 것은 스틸(STIHL, 6장 참고)과 같이 제품과 전문성을 결합시켰기 때문에 고객들이 제품과 관련된 서비스 모두를 구매한다는 것이었다.

런칭 석세스 러닝 스토어는 고객을 참여시키는 데 성공함으로써 경쟁자를 물리칠 수 있었다. 예를 들어, 부모들이 가장 좋은 제품을 평가하고 고를 수 있도록 하는 교육과정 워크숍을 매장에서 개최한다. 댄 샌포드는 말한다. "매장에서 개최하는 교육과정 워크숍 자체는 새로운 아이디어가 아닙니다. 새로운 점은 부모들과 아이들이 직원의 지도하에 제품을 사용해 볼 수 있다는 것입니다. 우리가 일대일 '맞춤 쇼핑'이라고 부르는 기획을 통해 전문지식이 전달됩니다. 우리는 부모들에게 다양한 교육과정과 도구 사용에 대한 많은 지식을 제공합니다."

런칭 석세스 러닝 스토어는 고객의 경험을 풍부하게 할 수 있는 자료도 제공한다. 회사의 핵심 요소는 인적자원이라고 할 수 있는데, 고령자, 교육학을 전공하는 대학원생 또는 현직에서 가르치지 않는 선생님을 고용함으로써 확장되어 왔다. 마지막으로 이 기업은 고객의 함정을 피하기 위해 판매 매장에서 운영하는 소프트웨어에 많은 투자를 해 왔다. 데이터 관리를 통해, 누가 어떤 제품을 얼마나 구입하는지 알게 되었다. 댄 샌포드는 말한다. "우리는 판매를 늘리기 위해 대형 학교 연합체에 과도하게 의존하고 싶지는 않습니다. 사업 초기에 고객군 하나가 아마존과의 거래를 시작했을 때, 우리가 이렇게 해야 한다는 것을 알았죠. 우리는 교훈을 얻었고 현재는 대형 구매처의 수치를 제외하고 판매 진행상황을 측정합니다. 우리는 지나치게 편안해지고 싶지 않습니다."

만약 한 기업이 12단계 접근법을 따르면 어떠한 일이 일어날까? 12단계 접근법을 사용하면 고객에게 불만을 제공하기보다는 '좋은 소식'을 가져다줄 수 있다. 고객과의 관계가 형성된다. 고객들이 시간을 낭비하고 있다고 느끼지 않는다. 고객과 파트너 관계를 맺게 되고, 그 고객은 관심을 보이는 다른 고객에게 당신의 제품을 칭찬하게 된다. 그리고 고객의 함정을 피하게 된다. 데이터 기반 마케팅은 그러한 차별점을 가져오는 좋은 방법들 중 하나이다.

데이터 기반 마케팅 전략이 당신의 회사에 적합한가? 정말로 그럴 것이다. 회사가 크든 작든, 모든 회사들이 이 접근법의 혜택을 볼 수 있을 것이다. 적은 자원을 가지고 있는 작은 회사들은 돈을 낭비할 여유가 없기 때문에 마케팅 비용을 현명하게 사용하는 것이 더 중요하다. 규모가 큰 기업들 또한 마케팅 비용이 중요하고, 어떤 경우에는 마케팅 부서가 효과가 입증된 전략을 가지고 있을 경우 더 많은 예산을 확보할 수 있다. 12단계 접근법을 채택하는 것은 상황을 앞서 주도하는 것이며, 이미 통용되고 있고, 당연한 것이다.

국내 환경에서 정보에 대한 접근이 중요하다면, 당신은 해외에서 영업할 때에도 그것이 얼마나 중요한지 알 수 있을 것이다. 문화 간 차이는 고객의 함정을 위한 좋은 변명이지만, 가장 합리적인 결정들을 기회상실이나 더 악화된 상황으로 바꾸기도 한다.

Chapter 09

세계화 지향과 신념의 유지

리더십의 핵심은 "예"를 말할 줄 아는 것이 아니라,
"아니오"를 말하는 법을 아는 것이다. "예"라고 말하는 것은 너무나 쉽다.
— 토니 블레어(Tony Blair)

몇 년 전, 중국의 제조업체와 협업하고 있는 한 미국계 오토
바이 제조업체가 중앙아메리카에서 새로운 고객들을 찾아나서
기 시작했다. 과거에 이 미국계 회사는 그들의 기본형 오토바이
라인을 공급할 유통업체를 찾아서 남미와 아프리카에서 비교적
성공을 거둔 바 있었다. 혼다 모델에 기반을 두어 디자인된 엔진
을 가진 그 중국제 오토바이는 품질과 안정성 면에서 인정받았
다. 가장 중요한 것은 중국제가 매우 싸다는 점이었는데, 경쟁
모델인 일본제와 비교해서 대략 반값 정도밖에 되지 않았다.

중앙아메리카로의 진입은 파나마와 함께 그 지역에서 가장
번영한 국가인 코스타리카로부터 시작되었다. 그 지역은 경제적
성장과 정치적 안정과 더불어, 기본적 교통수단으로 오토바이를
살 여유가 되는 하위 중산층이 최근 증가하는 등 매출에 도움이
될 만한 매력적인 조건들이 존재했다.

그 회사에서 판매 및 유통을 담당하던 미국인은 유망한 유

통업체 두 곳을 코스타리카에서 찾을 수 있었다. 다른 시장에서 일찍이 성공을 거두었기에 그 판매 유통 담당자는 코스타리카에서 누가 가장 적절한 유통업체인지를 판별하는 데 자신이 최고라고 믿었다.

첫 번째 후보는 주요 사업이 농업 분야, 특히 농기구와 비료를 주로 수입하는 한 젊은 사업가였다. 그는 코스타리카 전역에 판매 에이전트 네트워크를 구축해 놓고 있었다. 그는 농부들을 위해 설계되었으며 실제로 자주 쓰이는 중국제 오토바이가 기존 취급 제품들을 보완할 수 있다고 믿었다.

두 번째 후보는 표면적으로는 더 좋은 선택으로 보여졌다. 이 두 번째 회사는 코스타리카의 대부호가 소유한 회사로 혼다 자동차, 스캐니아(Scania) 트럭, 코마추(Komatsu) 중장비의 독점 사업자였다. 아버지는 이전에 혼다 오토바이의 전임 대표였는데, 다시 한 번 그 아들은 저가 오토바이에 관심을 가지게 된 것이다. 담당자에게는 두 번째 후보가 자기 회사 제품의 유통 판매권을 넘겨주기에 가장 좋게 보였다.

시장 조사 결과 미국계 회사가 초기 3년 동안 매해 250대의 오토바이를 판매할 수 있을 것으로 예상되었다. 이런 예측은 코스타리카가 수입하는 연간 2,700대의 총 수입량과 매년 10%씩 성장할 것이라는 전망에 기반하고 있었다.

그 담당자는 우선 농업용 제품 유통업체와 만났는데, 그 유통업체는 중국산 오토바이의 가능성에 매우 들떠 있었다. 그러나 그 업체의 사장이 고작 연간 약 100대의 판매량을 예상하자, 담당자는 만족할 수 없었다. 젊은 사장이 코스타리카인들 사이에서 중국산 모델이 확산되는 데 오랜 시간이 걸릴 것이지만, 일단 보급되기 시작하면 그 잠재력은 엄청날 것이라고 말했다. 이러한 열정에도 불구하고, 담당자는 "당신의 계획을 심사숙고해 보겠습니다"라고 말하고는 다른 업체를 찾았다.

　얼마 후, 그 담당자는 혼다, 스캐니아, 그리고 코마추의 유통을 담당하는 업체를 방문하여 화려한 시설을 둘러보았다. 한 시간의 논의 후, 담당자는 그 대형 유통업체에게 중국산 오토바이의 독점 판매권을 제안했다. 그 유통업체가 지닌 기반 시설은 상당히 인상적이었다. 즉 판매조직, 서비스 시설, 자본력 그리고 과거의 오토바이 유통 경험까지 모두 뛰어났다. 게다가 그 회사는 첫 주문량을 1,000대로 잡았다. 이는 담당자가 첫해에 예상한 판매량보다 4배 많은 수량이었다. 남은 것은 그 코스타리카 회사에게 5년간의 독점권을 보장해 주는 내용의 협의안을 준비하는 것뿐이었다. 그리고 나면, 협의안이 공식화되자마자 첫해에 회당 125대의 오토바이를 배송하는 데 필요한 신용장이 개설될 예정이었다.

　합의문서의 법적절차, 공증, 그리고 양사의 승인까지 마치자, 초도 물량이 중국에서 코스타리카로 이송됐다. 모든 것이 순조로웠다. 하지만, 두 번째 물량을 이송할 시점이 되자, 문제가 생기기 시작했다. 은행이 유통업체에게 신용한도 재개설을 위한 문서를 보내도록 요구했는데, 그것을 보내지 않은 것이다. 몇 주 동안 미국인 담당자는 미친듯이 코스타리카 유통업체에게 연락을 시도했다. 그러나 코스타리카 업체의 담당자에게 연락이 닿지 않았다. 미국인 담당자가 어렵게 유통업체의 수많은 비서 중 한 명에게 연락이 닿으면, 돌아오는 대답은 항상 같았다. "지금 출장 중입니다… 연락을 받을 수 없습니다… 회의 중입니다…" 상하이 항구에 그다음 125대가 운송 준비 중이었고, 또 다른 700대가 생산 중이었기 때문에, 미국인 담당자는 점점 더 초조해지고 있었다.

　누구에게도 알리지 않고, 담당자는 무슨 일이 벌어지고 있

는지 알아내기 위해 산호세행 비행기에 올랐다. 그는 도착하자
마자 공항에서 택시를 잡아 부재중이라는 말만 일삼던 해당 유
통업체의 사무실로 곧장 향했지만, 그곳에서 역시 유통업체로부
터 "연락이 닿을 수 없을 것"이라는 이야기만을 들었다. 담당자
는 유통업체의 시설 어디에도 오토바이는 물론 오토바이에 대한
아무런 홍보물도 없다는 것을 발견하고는 더욱 좌절했다.

어쩔 수 없이, 담당자는 다시 택시를 불렀다. 호텔로 가는
길에 그는 산호세 거리 곳곳을 누비는 많은 소형 오토바이들을
보고 놀랐는데, 이는 그가 마지막으로 산호세에 왔을 때 보지 못
한 현상이었다. 그 오토바이 중 대부분은 주요 경쟁업체인 타이
완 업체의 제품이었다.

호텔 바에서 생각을 정리한 후, 그 담당자는 결국 상황을 받
아들이고, 대형 유통업체 때문에 제쳐 두었던 첫 후보 업체에게
연락하기로 결정했다. 어떤 대답이 돌아올지 몰라 불안해하던
중, 첫 번째 업체의 젊은 사업가가 저녁식사를 제안했고 담당자
는 매우 기뻤다. 저녁 식사를 하면서 그 업체 사장은 미국인 담
당자에게 사진 몇 장을 보여주었다. 그 사진에는 그 미국 회사의
오토바이가 운송용 컨테이너에 실린 채 리몬(Limon) 항구의 보세
창고에 그대로 있는 모습이었다. 그리고 업체 사장은 최근 신문
기사를 보여주었는데, 대만산 오토바이의 판매가 그 해에 500대
가 넘을 것이라는 내용을 담고 있었다. 기사를 읽어 나가다, 담
당자는 독점 판매권을 가진 사람의 성을 발견했다. 미국 회사와
계약한 유통업체 사장의 형이 대만산 경쟁제품을 들여오고 있었
던 것이다.

▌잘못된 수출 사례

국내에서 고객의 함정 때문에 골치를 썩는 많은 회사들이 해외에서도 똑같은 실수를 반복한다는 사실은 그다지 놀랍지 않다. 이 오류를 악화시키는 것은 해외시장으로 진입하는 가장 보편적인 방법이 유통업체를 통한 것이라는 점이다. 얼핏 보기에도, 거의 모든 국제 비즈니스 분야의 대학 교재가 유통 문제를 빠뜨리고 있다. 이 문제가 다루어진다 하더라도, 그것은 흔히 물류상의 문제라고 여겨진다. 그나마도 국제 유통업체의 선택, 협의, 결속 유지 등의 중요한 요소들이 무엇인지에 관해서는 달랑 몇 단락으로 끝날 정도로 뒷전으로 밀려나 있다.

블루스카이 음료(Blue Sky Beverage)의 사례는 국제 비즈니스에서 발생할 수 있는 고객의 함정의 유혹을 보여준다. 싼타페(Santa Fe)에 기반을 둔 이 회사는 천연 과일 음료를 제조하는 180만 달러 규모의 작은 회사였다. 일본 진출을 위한 유통업체를 찾기 위해 많은 시간과 돈을 쓴 후, 블루스카이의 대표인 리차드 벡커(Richard Becker)는 일본 오사카에 위치한 한 청량음료 제조업체인 치리오 칸사이(Cheerio Kansai)를 찾아냈다. 칸사이와 협의된 블루스카이의 유통은 일본 내 제품 유통에 대한 모든 통제권을 대리하는 유통업체에 위임하는 것을 골자로 했다.

의례 대형유통업체들이 자국 내 시장에서 그러듯이, 치리오도 궁극적으로 블루스카이 제품의 캔을 완전히 다시 디자인하고, 블루스카이가 이해하지 못하는 광고들을 진행했으며, 미국 내 블루스카이 유통업체들이 지불하는 것보다 33%를 덜 지불했고, 다른 제품은 완전히 무시한 채 단 두 종류의 제품만을 취급했다. 이러한 불공정한 대우에도 불구하고, 블루스카이는 자사 법인을 일본에 낼 형편이 되지 않는 데다, 위험을 최소화할 수 있으며, 그리고 가장 중요한 치리오의 첫 발주로 매출의 8%가 증가했다는 것을 핑계로 그러한 불공정 관계를 합리화했다.

다행히 블루스카이에게는 비극적인 일은 일어나지 않았다. 하지만 중요한 것은 유통업체와 제조업체 간의 관계에서 발생하는 유혹은 본질적 모습이라는 점이다. 신흥 시장, 즉 경제적으로나 정치적으로나 덜 정교화된 환경을 가지고 있는 시장에서는 스스로 유통에 대한 통제를 포기해야 하는 상황에 놓이는데, 이때 기업은 재앙으로 빠질 수 있다.

▌ 해외 신흥 시장에서의 희망

혁신 기업이 자국 내에서 상품의 판매와 유통에 대한 통제권을 다시 되찾아올 수 있을 가능성은 미미하다. 거의 모든 산업에서 대형 유통업체들은 그 통제권을 유지하기 위해 필사적으로 싸우고 있다. 그리고 이러한 상황이 절망적이기는 하지만—특히 고객의 함정에 걸린 기업들에게는 더 절망적이지만—희망은 존재한다. 혁신 기업이 해외의 신흥 시장에서 제품의 판매와 유통에 대한 통제권을 다시 찾을 수 있는 기회는 존재한다. 해외 신흥 시장에서 제조업체는 자신의 제품에 대한 운명을 결정할 수 있다. 분명 대형 유통업체들도 멕시코, 중국, 그리고 동유럽에까지 손을 뻗으려 하고 있지만, 아직까지 침투는 미미하다. 사실 많은 시장에서 대형 유통업체들은 좋은 성과를 전혀 내지 못하고 있다. 이러한 시장에서는, 제조업체가 유통 방식을 계획하고 조직화할 기회가 많이 남아 있다. 하지만 과제는, '제조업체들이 실제로 그렇게 할 것인가? 그리고 어떻게 제대로 할 수 있을까?' 하는 점이다.

유통업체의 관점으로 바라보라

문화와 국제 비즈니스를 연구한 학자들은 자기중심적 평가 기준(Self-Reference Criteria, SRC)이 무의식적으로 기업의 행동 양식에 미치는 영향에 대해 경고한다. SRC는 자신의 문화적 경험과 가치관을 통해 특정한 사업상의 상황을 해석하려는 무의식적 경향을 의미한다. SRC의 많은 예들이 경영학 문헌에 인용되어 있다. 예를 들어, 격식을 합의와 동일시하고, 아르헨티나 고객의 사교성을 싫어하는 미국인이 있다면 그는 SRC의 영향을 경험하고 있는 것이라 할 수 있다.

SRC는 국제 사업에서 유통업체를 선택하는 데 있어 중요한 역할을 할 수 있다. 코스타리카의 예시에서, 최종적으로 선택된 후보자는 혼다 자동차, 스캐니아 트럭, 그리고 코마추 중장비의 독점 판매권을 가지고 있던 유통업체였다. 또한 이 유통업체는 과거에 혼다 오토바이 대리점을 한 적이 있다고 했다. 그러나 사실 그 업체는 직접전인 경쟁사와 관련이 있었다. 코스타리카 업체는 미국업체의 진출이 기회라기보다는 제거되어야 할 위협이라고 판단했기에 이 정보를 의도적으로 미국업체에게 알리지 않았다.

대부분의 신흥 시장은 높은 위험성과 불확실성이라는 특징을 지닌다. 이들 시장에서는 하룻밤에 모든 것을 뒤엎을 만큼 종잡을 수 없는 사건들이 많이 발생하기 때문에 기회는 제한적이다. 따라서 두말할 것도 없이 통제와 예측가능성이 대단히 중요한 요소가 된다. 코스타리카 유통업체는 저가의 중국제 오토바이라는 새로운 제품의 유입을 시장 점유율의 성장을 위한 기회로 보기보다는 위협이라고 판단을 한 것이다. 신흥 시장의 유통업체들에게 환경은 언제나 불확실성으로 가득 차 있다. 그러므로, 외국 기업과 다른 잠재적 불안요인들을 시장에 접근하지 못하도록 격리시키는 것이 최선의 선택이 된다. 코스타리카에서의 독점 판매권을 제공함으로써, 그 유통업체는 교묘히 그가 문제라고 여겼던 것을 제거할 수 있었던 것이다.

최소한의 기준과 이상적인 기준을 설정하라

유통 방식이 성공을 거두기 위해서는, 양측 모두 가치 있는 것을 협상 테이블에 올려놓아야 한다. 제조업체에게 던져질 첫 질문은 "어떤 종류의 유통업체를 원합니까?"이다. 이 질문에 대한 대답은 "상황은 어떠한가" 그리고 "성취되어야 할 목표가 무엇인가"에 달려 있다. 해외 시장에서 유통업체의 선정 기준은 유통 지원력, 유통기능 수행능력, 제품과의 적합성, 문화적 맥락, 소비자─유통업체 간의 상호작용, 과거 경력 등을 포함해야 한다.

파트너의 자질에 대한 설정을 심사와 선정 과정 전에 확실히 끝마쳐 두는 것이 매우 중요하다. 일단 한 번 기준이 설정된 후에는 그 기준을 한결같이 지켜야 한다. 새로운 환경, 수출과 동반되는 불확실성, 그리고 국제 비즈니스에서의 높아진 위험 때문에 새롭게 진출한 수출업체들은 유통업체를 편안하게 대하기 위해 보다 쉬운 길을 선택하고 안정을 느낄 수 있는 상황을 추구하려는 경향이 있다. 이러한 유혹에 빠지지 마라.

기준의 설정은 혁신 기업의 몫이다. 하지만 결국 어떻게 되든 간에 일관된 태도를 유지하는 것이 필수적이다. 잠재적인 유통업체들은 최선의 상황과 최악의 상황에 대해 책임질 수 있어야 한다. 한 가지 추천하자면, 잠재적 유통업체가 직접적인 경쟁 상품과 연관이 되어 있는지를 고려하라는 것이다. 신흥 시장에서 이런 유통업체를 선정하게 되면 모든 것이 실패로 끝나게 된다. 특히 소규모 혹은 중형규모의 사업들에서 그렇다.

이것만큼 중요한 것은 혁신 기업이 내부를 들여다보고 협상안에 무엇을 올려놓아야 할지를 정하는 것이다. 독점권, 특허 및 등록 상표에 대한 보호, 품질, 유리한 가격 결정, 교육 제공, 새롭고 개선된 제품 그리고 주기적인 방문과 같은 조건 중 협상에 효과적인 것이 무엇인지 미리 정해야 한다.

잠재적 보완업체에 집중하라

고객의 함정과 마찬가지로, 너무나 많은 미국 기업들이 비슷한 제품을 취급하는 국제 유통업체를 선택하고서 호되게 손해를 본다. 그 미국 회사들의 잘못된 생각은 다음과 같다.

> 우리는 최대한 많은 시장 점유율을 차지해야 합니다. 우리의 자원을 우리 제품과 서비스에 대해 전혀 알지 못하는 유통업체를 교육하는 데 투자하기보다는 우리 제품과 비슷한 것을 취급해 본 경험이 있는 유통업체를 찾는 데에 쓰는 것이 더 나을 것입니다. 몇 주 안에 그 업체들이 일의 수행에 필요한 교육을 끝마칠 수 있을 것입니다. 그러고 나면 남은 것은 그들의 유통망에 우리의 제품을 유통시키는 것뿐입니다. 우리가 국내에서 하듯이 빠르고, 효율적이며, 간단하게 말입니다.

이보다 더 잘못된 생각은 없을 것이다.

어떤 특정한 시장에서 혁신 기업의 제품을 위한 가장 좋은 선택은 보통 우리가 "보완업체"라고 부르는 업체를 선택하는 것이다. 이 '보완업체'는 혁신 기업 제품의 이미지와 인지도를 향상시킬 수 있는 지역에 특화된 기업이다. 코스타리카의 사례에서, 가장 좋은 선택은 분명 농업 제품 유통업체였다. 이 유통업체가 판매하는 제품들은 농업에 종사하는 사람들과 노동자들을 위한 기본적인 교통수단으로서의 오토바이 이미지를 보완해 주는 제품이었으며, 이로써 완전히 새로운 시장을 열 수 있었다.

트리니다드토바고에서 야외 요리 파티는 삶에서 중요한 한 부분이다. 매년 약 25일에 달하는 국경일과 노동자에게 주어지는 수주간의 휴가 동안, 주민들은 야외 바비큐 파티를 중심으로 대규모 모임을 하는데 풍부한 여가 시간을 마음껏 활용한다. 이를 좋은 기회로 보고, 미국의 혁신적인 가스와 프로판 그릴 제조업체가 트리니다드토바고 시장을 탐색해 보기로 했다.

표면적으로는, 최고의 잠재적 유통업체는 캐리비언과 중앙 아메리카 지역에서 월마트의 라이벌로 여겨지는, 샌디에고에 본사를 둔 대형 유통업체 초이스마트(Choice Mart)인 듯했다. 초이스마트는 트리니다드토바고에서 최대의 그릴 제품의 수입 및 유통업체였다. 또한 서로 다른 7개 브랜드 그릴 제품의 대한 독점 판매권자이기도 하였다.

하지만 미국 기업은 자신의 신제품들이 직접적인 경쟁사 제품 바로 옆에 진열되는 것을 원하지 않았다. 대신 자사의 제품을 보완해 줄 수 있는 회사를 찾아 나섰다. 트리니다드토바고에서는 천연 가스와 프로판 가스가 대부분 주유소에서 판매된다. 3개 주요 기업들이 서비스 센터 시장을 장악하고 있었는데, 미국 기업은 이 주유소 기업들이 이상적인 유통업체들이 되어 줄 것이라고 판단했다. 고작 몇 달 만에, 미국산 신제품은 그 시장에서 2위로 올라섰다.

미국 코네티컷(Connecticut) 주에 본사를 둔 접착제 전문 회사인 록타이트(Loctite)는 초기에 경쟁 상품을 취급한 경험 때문에 지역 시장에 정통한 유통업체와 파트너십을 맺었다. 유통업체에 의한 시장 통제의 부정적 결과들을 경험한 후에, 록타이트는 보완업체를 찾아 나서기 시작했다. 소위, '시장에 적합'하기보다는 '회사에 적합'한 그런 회사들을 찾아 나섰다. 한 임원에 따르면, 유통업체들은 시장의 현 상황을 대변하며 이를 유지하려는 반면, 제조업체는 대체적인 기술을 팔고 시장의 판도를 바꾸려 하기 때문에 유통업체의 시장 적합성은 장점이자 단점이 될 수 있다. 그에 반해 '회사에 적합'한 파트너들은, 단기간에 빠른 성과를 올리는 것은 불가능할지라도, 그 제품의 유통에 필요한 교육에 대한 열의가 있고 장기적인 관계 구축에 투자하는 사람들이라 할 수 있다.

책임을 명확히 하라

아이들에게 하는 것처럼, 책임을 명확하게 규정하고 설명하여 양측이 기대하는 바를 명확하게 해야 한다. 정확히 보지 않으면, 잘 쓰인 유통 계약서는 제조업체가 통제권을 가지고 있다는 잘못된 인상을 줄 수 있다. 계약서를 작성하는 데 들어간 시간, 에너지 그리고 비용뿐만 아니라 계약서의 세세함과 복잡성을 고려하면 이것은 당연한 일이다. 하지만, 회사들은 자주 법적 도구의 한계를 인식하지 못한다.

국제 사업에서 유통업체와의 계약서는 그 문서 자체가 사업을 만들어 낸 듯한 잘못된 인상을 줄 수 있다. 만약 혁신 기업이 제품을 새로운 시장에서 판매하고 유통시키는 데에 성공하고 싶다면, 단순히 변호사가 준비하고 동의한 문서 한 장으로는 부족할 것이다. 유통은 양측 모두가 높은 의욕을 가지고 일에 임할 때만 성공할 수 있다. 해외 시장에서 제품을 판매하고 유통시키는 데 있어서 중요한 점은 단순한 법적 문서가 아니라, 상호 간에 이익이 되는 관계와 튼튼하고 효과적인 사업전략을 개발하는 것이다.

그러나 잘 만들어진 상호협정서는 나쁜 의도를 가지고 제조업체에게 타격을 입히며 시장 진입을 지연시키려는 개인이나 업체로부터 제조업체를 어느 정도 보호할 수 있다. 존 디어는 수년 전 중동으로 진출하려 했던 다른 많은 미국의 주요 제조업체들과 마찬가지로 지역 유통업체가 자유롭게 영업할 수 있도록 하는 일괄 협약에 합의하는 방안을 요청받았다. 첫 대형 발주 물량 때문에 존 디어는 경계심을 늦추고 있었다. 그러나 존 디어는 면밀하게 관찰하고서 종합적이고 빈틈없는 32쪽짜리 유통협정서를 제시했고, 결국 잠재적인 '유통업체'를 물러서게 했다. 이 사례에서 그 협정서는 유통업체의 신용성을 검증하고 평가하는 하나의 도구로 쓰였다.

관계를 형성하라

해외 유통업체와의 협약은 현재 진행되고 발전해 나가는 관계의 시작점으로 여겨야 한다. 탄탄한 법적 시스템으로 인해 사업상의 거래가 안정성을 보장받는 미국과 서유럽과는 달리, 신흥 시장의 법적 시스템은 대개 불안정하고 예측 불가능하다. 예를 들어, 인도와 중국에서는 계약서를 종종 교묘한 문장, 작은 문구 그리고 거의 모든 종류의 속임수를 동원해 작성한다. 이런 불공정한 계약의 모습은 낮은 수준의 법적 규제 체제 그리고 소송 절차에서 드는 엄청난 돈과 시간 때문에 나타난다. 해외 유통업체에 대한 통제나 규제는 제조업체가 개발하고 지켜온 관계 속의 규범으로 이루어질 때 가장 효과적이다.

미국 제조업체들은 현지 유통업체들이 시장을 어떻게 확대하는지에 대해 알지 못하고, 금방 얻어지는 단기적인 결과에만 관심이 있으며, 관계 형성에 투자가 너무 적다고 불평하는 경향이 있다. 다시 말해 유통업체들은 야망이 부족하고 관계형성에 관심이 없다고 종종 인식된다. 역으로 미국 기업들은 현지 법인을 설립하기 위해 현지 유통업체들을 종종 적절한 시장 위치를 차지한 후에 버릴 수 있는 임시방편쯤으로 여기는 경향이 있다. 그러나 현지 법인을 세우는 데에는 비용과 시간이 많이 든다. 유통업체들을 단순히 시장에 진출하기 위한 빠른 방법으로만 여기기보다는 유통업체가 사업의 장기적인 발전에 도움을 줄 수 있도록 유통업체와의 관계에서 신중해야 한다. 250개 제조업체와 유통업체들의 관계를 연구한 데이빗 아놀드(David Arnold)는 성공을 다음과 같이 묘사하였다.

> 그들은 마치 그들이 다국적 기업들과 사업 파트너인 것처럼 행동했다. 그들은 시장 정보를 기업들과 공유했다. 그들은 인접 국가들의 유통업체와 프로젝트를 시작했다. 또한 그들은 자국 및 주변 시장에서 새로운 사업을 제안했다. 이들 관리자들은 다국적 기업의 사업을 성장시키기 위해서 교육, 정보 시스템, 그리고 광고 및 홍보와 같은 부문에 투자하는 위험을 감수했다.

지속적으로 관계를 살피라

제조업체가 유통업체의 실적을 살피는 데 사용할 수 있는 많은 기준들이 있다. 이러한 기준들은 판매 실적, 재고 관리, 판매 역량, 태도, 유통업체들이 처한 경쟁, 그리고 성장 잠재력을 포함한다.

반복하지만, 신흥 시장에서 판매 및 유통에 대한 통제력을 가지는 것은 충분히 가능한 일이다. 이것은 상당한 주의를 기울이면서 적절한 시기에 그들의 유통업체의 실적에 대해 정확히 파악하고 있을 때 가능하다.

의사소통을 관리하라

제조업체가 기울어야 할 또 다른 주의점은 양측 간의 이루어질 상호작용의 양과 질을 담보하는 의사소통 전략하에 이루어져야 한다는 것이다. 성공적인 의사소통 전략은 두 가지로 이루어진다. 첫째는 구입 주문, 배송, 재고, 지불 그리고 가격 책정과 같은 운영상의 요소들을 다루어야 한다. 둘째는 유통업체의 행동에 영향을 주어야 한다. 대인 직접 판매, 광고, 판촉과 같은 것들은 혁신 기업의 공동 비전을 유통업체에게 스며들게 하는 데 사용된다.

효과적인 상호 의사소통이 쉽지 않다는 것은 어쩌면 당연하다. 물리적·지역적 분리, 규모의 차이, 조직 유형, 운영 절차, 그리고 언어와 같은 문제들은 언젠가는 부딪히게 될 것들이다. 신흥 시장의 유통업체들은 사업 관계를 구축함에 있어 심지어 가장 가까운 협력업체에 대해서도 근본적인 불신을 토대로 하기 때문에 앞서 말한 문제점들이 더욱 악화되기도 한다.

자주 간과되는 또 다른 문제는 의사소통의 기밀성이다. 호텔 직원이 해외를 여행하는 임원에게 경쟁자의 팩스나 이메일을 팔겠다고 하거나 반대로 자사의 팩스나 이메일을 팔라는 제안을 받았다는 이야기는 넘쳐 난다. 많은 시장에서 회의실, 휴대전화, 차량 그리고 호텔 객실이 도청당하는 것은 비일비재한 일이다.

관계형성을 장려하라

관리감독과 더불어, 수출업체는 적절한 보상책을 제시함으로써 유통업체의 행동에 영향을 줄 수 있다. 유통업체의 행동을 통제하기 위해 틀에 박힌 운영 절차를 제공하기보다는 보상을 제공하고 벌금을 부과함으로써 결과에 집중하는 것이 효과적이다. 판매가 이루어지면 유통업체는 보상을 받고, 만약 이루어지지 않으면 벌칙이 부과되는 것이다.

애리조나 주 템피에 있는 피씨 글로브(PC Globe)는 초기에 실적에 관한 어떤 조항도 만들지 않고 유통업체에게 독점권을 제안했다. 역시나 해외 판매 실적은 실망스러웠다. 결국 이 회사는 접근 방식을 바꾸었다. 독점권 대신, 유통업체는 이제 주문과 더불어 첫해 예상 판매 물량의 20%를 선지급해야만 한다. 독점권은 매분기마다 동일 물량을 주문할 경우에만 보장되었다. 회사 임원들에 따르면, 유통업체들은 '독점권을 위한 기회'만큼의 '독점권'은 얻지 못했다.

▌ 기회는 오직 한 번뿐이다

중요성에도 불구하고, 유통은 일반적으로 해외 진출을 위한 마케팅 믹스의 구성요소 중에서 가장 차별화되지 않는 요소이자 가장 적게 이해되는 요소이다. 유통은 또한 해외 시장에서의 성공을 저해하는 가장 큰 원인이다. 특히 중소기업의 경우에 더욱 그렇다. 적절한 유통 계획은 제품과 서비스를 효율적이고 경제적으로 고객들에게 전달하기 위한 최고의 가용 경로와 유통 수단들을 보장할 수 있다.

고성장하는 신흥 시장에서의 성공적인 판매 및 유통 전략을 세우는 과정은 만만찮은 일이다. 우리는 관리자들이 유통업체 관점에서 상황을 분석하고, 유통업체 선정의 분명한 기준을 설정하며, 보완재를 취급하는 회사를 발굴해 협업하고, 서로의 기대사항을 명확하게 하기를 바란다. 또한 유통업체와 장기적인 관계를 형성하고, 그 관계를 관리하며, 지속될 수 있도록 적절한 보상책을 제공하기를 추천한다. 이러한 전략들을 적용함으로써, 제조업체들은 해외 시장에서 찾은 기회들을 더욱 더 극대화할 수 있을 것이다.

코스타리카에서 극심한 타격을 입은 미국 오토바이 제조업체는 과거의 뼈아픈 경험에서 얻은 교훈을 기업의 문화로 체화시켰다. 비록 외국 유통업체를 모집하고 선정하는 데에 많은 실수들이 반복되었지만, 그 미국 기업은 잘못된 국내의 유통 체제로부터 탈피해 새롭고도 더 강한 유통 체제를 세우는 중요성을 천천히 인식하기 시작했다.

코스타리카에서의 대실패 직후에, 직원들 사이에서는 새로운 사업에 대한 논의 전에 스스로 점검하고 물어보는 습관들이 생겨났다. 그 조직이 자신의 문화를 현지 유통의 현실에 맞게 조절하려 하면서, 유통업체 선정에 관한 공식적인 절차를 갖추게 되었다. 궁극적으로 최소한의 선정 기준이 마련되었다. 3년 후, 현지 유통업체의 80% 이상이 계속 유지됨에 따라 당연히 판매와 매출도 60% 이상 증가했다. 그 제조업체가 제품의 판매 및 유통의 통제력을 굳건히 가지고 있었던 점이 상호 간에 지속적으로 이익이 되는 관계를 낳았던 것이다.

세계화는 제품과 서비스의 판매와 유통을 올바르게 운영하는 기업들에게 많은 기회와 이익을 제공한다. 이러한 중요한 기능을 적절히 수행하지 못하면 실패의 나락으로 떨어질 뿐이다.

Chapter 10

지역성과 독립성 유지

대형 유통업체들을 벗어나 생각하라.

– 인디펜던트 위 스탠드(Independent We Stand)[1]

10% 법칙을 지키면서 고객의 함정을 피하는 데에는 높은 수준의 절제력과 경각심이 필요하다. 잘 알다시피, 고객을 상대할 때 규모와 효율성을 따지기 시작하면 스스로의 신념을 고수하는 것이 더 힘들어진다. 1970년대나 그 이전에 유년 시절을 보냈던 사람들은 자신이 무언가에 얼마나 많은 돈을 썼는지 떠벌리며 이야기하는 사람들을 기억할 것이다. 어떤 상품에 더 많은 비용을 지불하는 것은 더 좋은 품질의 제품을 구입했음을 의미했으며 이는 곧 지위를 상징했기에 사람들이 떠벌리고 다녔다. 하지만 더 이상은 아니다. 이미 꽤 오래전부터 사람들 대부분이 좋은 가격, 즉 할인을 엄청나게 받아 물건을 싼값에 구매하는 것을 자랑스럽게 여긴다.

이러한 문화적인 변화는 가격 하락을 주도하는 대형 유통업

---

1 "Independent We Stand"는 미국에서 대형 유통업체에 맞서 지역 상권과 지역의 중소 사업체를 지키고자 하는 지역 상공인들의 연합체이다.
(http://www.independentwestand.org/)

체가 성장했기 때문이기도 하다. 분명히, 대형 유통업체에서 구매하는 유혹을 참기는 어렵다. 결국 대형 유통업체는 경제의 모든 영역에 존재한다. 그리고 대형 유통업체들은 제품과 서비스 공급업체들에게 커다란 희망을 안겨 주기도 한다.

최근 몇 년 동안, 미국 전역의 많은 꽃집들은 큰 소용돌이를 겪었다. FTD, 1−800−Flowers.com 그리고 텔레플로라(Teleflora)와 같은 전자상거래 유통업체들의 출현으로 산업의 판도가 바뀌었기 때문이다. 점점 더, 이러한 서비스 업체들은 지역 꽃집에게는 대형 유통업체로 변모하고 있다. 처음에 꽃집을 운영하는 사람들은 이 새로운 판매 경로를, 다른 방법으로는 알 수 없는 고객들을 찾아낼 수 있는 기회라고 여겼다. 이것이 이익을 내는 데 즉각적인 도움을 줄 수 있는 좋은 방법으로 보였던 것이다. 물론, 우리가 살펴봤듯이 모든 것에는 대가가 따른다.

꽃집 주인들은 매 주문마다 25%의 수수료와 마케팅 비용을 지불하고, 월 회비로 200달러를 추가로 지불한다. 꽃집 주인들은 주문을 거절하거나 더 높을 가격을 책정할 수 있다. 그러나 주문 거절 시 적게는 10달러에서 많게는 100달러의 또 다른 추가비용을 감당해야 한다.

캘리포니아 주 카시드럴시티(Cathedral City)에 있는 데이빗 로어(David Rohr)는 꽃집을 운영하고 있는데, 그는 대형 유통업체와 거래하는 것이 매우 비효율적이라는 사실을 금방 알아차렸다. 고비용이 들어가는 데 반해 수입은 현저히 적었기 때문이다. 2002년 발렌타인데이 직후 그는 텔레플로라에서 탈퇴했는데, 그날 사업 비용과 네트워크 비용이 배달 주문에서 벌어들인 수입보다 커서 2,000달러 이상의 손해를 본 상태였다.

"나는 새로운 고객들을 얻을 수 있었습니다. 하지만 돈을 벌지는 못했어요. 돈은 그들(대형 유통업체)이 벌었죠"라고 그가 말했다.

조지아 주 애틀랜타 외곽의 꽃집 주인인 베씨 홀(Betsy Hall)에 따르면, 이보다 더욱 심각한 일이 대형 유통업체를 통해 꽃을 구매하는 사람들에게 일어난다. 주요 전자상거래 사이트 상의 사진들은 소비자를 현혹할 수 있는데, 부케가 실제보다 더 풍성해 보인다고 홀은 증언한다. 또한 그녀는 전자상거래 사이트를 이용하는 고객들이 돈은 더 많이 지불하면서 실제로 받는 양은 시내의 지역 꽃집에서 주문한 것보다도 적게 받는다고 말했다.

▌전쟁의 시작

산업 전반이 대형 유통업체의 맹공격에 직면하면서, 과거 10년 동안 새로운 국면으로 전환되고 있다. 즉, '고객의 함정'을 촉발시켰던 합병에 대한 반발이 증가하고 있다는 점이다. '지역 단위 소비'와 독립적인 운동이 추진력을 얻고 있는데, 이는 혁신 기업들에게 판매와 유통을 통제할 수 있는 실행가능하고 수익성 있는 유통경로를 제공했다.

앞으로 나아갈 방향이 지역화라고 주장하는 단체들 중에서 가장 오래된 곳은 지역 자급자족 연구소(Institute for Local Self-Reliance, ILSR)이다. 이 연구소는 세계화는 본질적으로 앞으로 나아가는 것이 아니고 필연적인 것도 아니며, 오히려 인간적인 규모의 회사 형태로 나타나는 지역화와 지방화가 공동체를 발전시키고 더 나은 삶의 질을 제공한다고 주장한다.

ISLR은 생산자와 소비자의 분리, 은행과 예금주/대출주의 분리, 노동자와 고용주의 분리 같은 현상이 현대 경제발전이 가지는 불가피한 결과라는, 즉 더 큰 것이 더 나은 것이라 주장하는 보편적인 견해에 반대한다. 놀랍게도, 이러한 사회적 통념을 뒷받침하는 증거는 거의 없다. 그보다 지역 경제가 효율적이고 역동적일 수 있는 가능성을 가지고 있다.

1997년 데이빗 볼덕(David Bolduc)과 제프 밀첸(Jeff Milchen)은 대형 유통업체와 그들이 가지는 역기능들이 현대 사회에 불가피한 것이라는 보편적 견해에 맞서기로 했다. 다른 사업가들과 관심 있는 시민들의 협력으로, 그들은 지역 공동체가 그 지역의 업체들을 보존하고 기업들을 육성하는 데 도움을 주기 위한 전략을 만들었다. 오늘날 미국 자영업 연합(the American Independent Business Alliance, AMIBA)은 "자영업자에게 구매하고 지역상품을 구매하기(buy independent, buy local)" 캠페인 같이 지역 친화 사업 활동이나 지역 우호적 공공 정책 계획, 그리고 지역 사업에 도움을 줄 수 있는 다른 사업들을 조직하는 일익을 담당하고 있다.

자영업협회(Independent We Stand, IWS)는 지역 사업을 강화하려는 또 다른 단체이다. 많은 사람들이 지역에서 생산된 제품을 사는 것을 선호한다는 것을 인식하고는, IWS는 소비자를 지역 상품과 서비스의 공급업체와 연결시키고자 한다. 이를 통해 IWS는 지역 경제의 발전을 돕고 회사의 매출이 발생되는 그곳에서 이익이 회전되도록 하는 선순환 구조가 이루어지도록 한다. 이들 조직은 현재 벌어지고 상황에 맞서는 최전선에 있다. 그들은 또한 현재 미국의 비즈니스 시스템이 제기능을 못하고 있으며, 지속불가능하다는 명확하고도 확실한 메시지를 던지고 있다.

▎죽어 가는 생각

현재 시점에서는 대형 유통업체의 성장이 멈출 수 없는 것처럼 보이지만, 균열의 조짐이 보이기도 한다. 저임금 지역의 시민들이 더 나은 생활조건을 요구함으로써 임금 인상이 일어나고 있다는 사실을 고려해 보자.

한때 그러했을지 몰라도, 중국은 더 이상 제조업의 만병통 치약이 아니다. 중국 경제의 둔화에도 불구하고, 임금은 2005년 부터 거의 두 배가 되었다. 게다가 중국을 방문했던 사람이라면 진행 중인 환경오염을 분명히 알 수 있다. 대부분의 도시에서 호흡이 곤란할 정도로 공기오염이 심각하며, 수질오염 또한 심각하다.

전 세계 뜨개실의 6%를 생산·공급하는 중국 남부의 펀 텍스타일(Faun Textile) 공장은 세계에서 가장 큰 뜨개실 생산업체이다. 이 업체는 축구장 130개에 달하는 약 230에이커 규모의 부지 위에 세워진 공장에서 25년 동안 월마트, 타겟, 에디바우어, 나이키, 그리고 랜즈 엔드와 같은 많은 미국계 유통업체들을 위해 값싼 청바지, 운동화, 그리고 티셔츠에 사용되는 재료들을 생산해 왔다. 티셔츠와 스웨터에 쓰이는 부드럽고 신축성이 있는 면직물 생산을 주력 산업으로 하는 홍콩 기업 파운틴 셋 홀딩스(Fountain Set Holdings)가 이 공장을 소유하고 있다. 많은 경우 대형 유통업체들은 옷의 색상과 계절별 직물을 선택할 때 파운틴 셋과 협업한다. 이들 유통업체들이 실제로는 파운틴 셋의 직물을 공급받아 옷을 만드는 제3의 업체에서 제품들을 구매함에도 불구하고 말이다.

2006년 여름, 펀 텍스타일 공장이 위치한 도시인 동관(Dongguan) 지방의 사람들은 도시를 가로질러 흐르는 마오 조우(Mao Zhou) 강이 핏빛으로 변하는 것을 목격했다. 지역 공무원들의 조사 결과 공장 밑에 묻혀 있던 파이프에서 매일 22,000톤의 오염된 물이 강에 버려졌다는 사실이 밝혀졌다. 동관에서는 주목을 끈 뉴스였지만, 수백 개의 제조공장에서 방출된 신발, 전기선, 플라스틱 가방과 같은 오염물로 인해 유성 침전물이 강을 뒤덮고 있는 하류에서는 큰 관심을 끌지 못했다. 펀 텍스타일 공장이 위치한 하류에서 작은 사업체를 운영하는 리창린은 이렇게 말했다. "우리는 이 강에서 난 물고기와 가재를 먹곤 했습니다. 수영도 했어요. 둑에는 식물들이 있었고 물은 깨끗했습니다. 1989년 이후, 공장들이 들어서면서 물이 검게 변했어요." 유감스럽게도, 펀 텍스타일 공장 사건과 오염된 마오조우 강의 사례와 같은 일이 중국에서는 드물지 않다. 말하자면, 중국은 세계에서 가장 큰 나라이자 세계에서 가장 환경오염이 심한 나라이기도 하다.

수년간 중국 시민들은 환경 파괴에 대한 반대시위를 했다. 그리고 최근에서야 공산당은 이를 수용하기 시작했다. 2013년 중국 환경보호국은 심각한 대기오염 해결을 위해 전국적인 정화운동을 시작했다. 2015년에는 공기의 질이 다소 나아졌으나 74개 대도시 가운데 오직 8개 도시만이 이산화황 수치와 같은 국가 오염도 기준을 충족시켰다. 다행히도 느리기는 하지만, 중국이 무제한적 산업 확대로 인한 무자비한 환경 파괴를 하던 때로 돌아가는 일은 없어 보인다.

해외 아웃소싱의 이점이 줄어들면서, 제조업은 불가피하게 미국 본토로 돌아오게 될 것이며, 또 그래야만 한다. 누코(Nucor)의 전임 최고 경영자는 그의 책 『메이드 인 아메리카—왜 제조업이 우리를 다시 풍요롭게 할 것인가』[2]에서 실업률을 호전시키려면 2025년까지 3천만 개의 일자리를 마련해야 할 것이라고 주장한다. 그는 "만약 수백만 명의 대학 졸업생들이 음식점에서 서빙일이나 하고 중국제 테니스화를 팔고 있다면, 혹은 월스트리트의 악덕한 트레이딩룸 자본주의에 기여하고 있다면 상황이 호전되지는 않을 것"이라고 주장한다.

---

2 원제는 "American Made: Why Making Things Will Return Us to Greatness".

▌다시 역사 속으로

대형 유통업체들의 성장이 대부분의 미국 기업의 역사와 맞아떨어지는 것은 아니다. 미국은 항상 중소기업의 수호자 역할을 했다. 그리고 심지어 대형 유통업체의 일시적인 우세 속에서도, 통계는 다음과 같은 사실들을 증명한다.

- 1997년부터 2014년까지, 소기업들이 순 신규 일자리 창출의 65%를 담당했다.
- 현재 소기업들이 국민의 4분의 1이 넘는, 8천만 명의 미국인들을 고용하고 있다.
- 자영업이 잘 발달한 지역의 주변 집값이 대형 유통업체가 지배적인 지역보다 평균적으로 50% 이상 높다.
- 체인점보다 독립 소매업체의 자금 회전이 3배 이상 높다.
- 독자적으로 운영되는 식당들이 전국 체인점들보다 2배 이상의 돈을 지역사회에 환원했다.
- 지역 기업과 체인점의 수익을 비교했을 때, 지역 기업은 1평방피트당 179달러를, 체인점은 105달러를 벌어들였다.

루이지애나 주 뉴올리온즈에서 3대째 야외용품 전문 체인점을 운영하고 있는 마이크 매시(Mike Massey)는 대형 유통업체와 맞서 싸우고 있는 소기업 경영자들의 대표격이다. 대형 유통업체의 약탈적 성향과 공급업체 쥐어짜기에 환멸을 느껴, 매시와 동료들은 제조업체가 최종 소비자에게 접근할 수 있는 다른 방법을 고안하기로 결정했다. Locally.com이 바로 그것이다.

그들은 다음의 사실을 깨달았다고 말한다. "인터넷에 사이트가 없는 가게들, 스마트 기기를 사용해서 지역 매장들을 알아

보지 않는 소비자, 그리고 그들의 제품이 전문가에 의해 유통되기를 원하는 제조업체들 모두 무언가 놓치고 있는 것이 있었습니다."

Locally.com은 상품을 판매하지 않는다. 대신 소매업체들과 제조업체들에게 매월 소정의 수수료를 받고 제조업체와 소비자, 그리고 지역 상점들 간의 가교 역할을 해 준다. 이 온라인 플랫폼은 특허 출원 중인 기술을 이용해 최고 회사들의 제품 카탈로그와 지역 상인으로부터의 재고 정보를 취합한다. 즉, 지역 및 제품 관련 정보를 활용해 소비자들이 온/오프라인을 통틀어 어디에서 구매할 수 있는지 등의 정보를 한 곳에서 받아볼 수 있게 해 준다.

Locally.com에 접속하면 자동적으로 소비자의 위치를 파악한다. 위치 정보를 활용해서 그 지역에서 살 수 있는 제품뿐 아니라, 주변 지역 그리고 온라인 파트너로부터 구매할 수 있는 제품들을 모아서 보여준다. 그들의 슬로건은 "우리는 제품을 판매하지 않습니다. 우리는 그저 제품을 발견하는 것을 도와줄 뿐입니다"이다. 점점 더 많은 유통업체와 노점상들이 참여하기 시작하면서 이 아이디어에 힘을 보태고 있는 듯하다. 이러한 현상은 유통업체와 공급업체가 우수 고객뿐만 아니라 자기 사업에 대한 통제력을 가지려고 하기 때문에 일어나는 일이다.

▌작은 것이 더 낫다

고객의 함정에 성급히 걸려드는 대부분의 이유는 효율성을 잘못 이해하고 있기 때문이다. 규모의 경제 논리가 결국에는 고객에 관한 어떤 실수나 결점도 만회하게 해 주리라는 것은 잘못된 믿음이다. 규모는 중요하며, 그 규모가 클수록 좋은 것이라는 믿음 말이다. 우리가 보아 왔듯이 이것은 결코 사실이 아니다.

2008년에 대학을 졸업한 직후 조쉬 네블릿(Josh Neblett)은 그
린컵보드(GreenCupBoards, 지금은 이테일즈(etailz)라 불린다)라는 온
라인 소매업체를 시작했다. 이 사업은 그가 대학생 시절 창업 경
험이 많은 사업가이자 강사였던 톰 심슨(Tom Simpson)의 지도 아
래서 만든 사업계획을 실행에 옮긴 결과물이었다. 첫 6개월 동
안 이 소규모 신생기업은 5,000달러의 매출을 올렸다. 이 기업의
최고 인기 상품은 변기 세정제였다. 2013년까지 이테일즈는 2,400
만 달러를 벌어들였으며, 가장 빠르게 성장하는 기업 중 하나가
되었다.

워싱턴 주 스포캔(Spokane) 지역에 있는 이 신생기업은 사업
확대를 위해 아마존이 가지고 있는 대형 유통업체의 마케팅과
물류 네트워크를 이용함으로써 아마존과 성공적인 협업 관계를
유지해 왔다. 이 전략은 조쉬가 최초로 통달했다고 여겨지고 있
다. 이 전략을 지속적으로 개선하고 있는 사람 또한 조쉬가 처음
일 것이다. 초기 이테일즈는 창고를 운용했으며 스스로 주문을
처리했다. 그러나 조쉬는 그가 재고를 저장하고, 포장하고, 운송
하는 것에는 관심이 없음을 빠르게 알아차렸다. 여기에 더해 아
마존이 세계 최고의 운송 및 주문 처리 업체라는 믿음이 들자
그는 그 업무를 외부에 위탁하는 것을 쉽게 결정했다.

"아마존을 다른 전자상거래 회사와 차별화시켜 주는 것은 2
일 무료배송과 칼 같이 정확한 배송이죠"라고 그는 말한다. 그는
아마존이 "물건이 도착하지 않았어요"와 같은 실수들을 거의 범
하지 않음을 강조하며, 이 점은 다른 업체와는 매우 차별화된 부
분이라고 지적한다.

이테일즈가 아마존의 웹 사이트에 어떻게 협업하는지 묻자,
조쉬는 사람들이 사실 누구에게서 제품을 구매하는지 알지도 못

한 채 아마존에서 제품을 구매할 것이라고 말했다. 고객들은 조그만 '장바구니에 추가' 버튼을 보고선, 아마존이 판매하는 제품이라고 생각한다는 것이다. 조쉬는 다음과 같이 설명한다.

아마도 당신은 똑같은 제품을 100개 이상의 업체가 팔고 있는 모습을 자주 볼 수 있을 겁니다. 많은 경우 각기 다른 판매자로부터 제품을 구매하죠. 우리는 흥미롭고, 멋지며, 특이한 제품들을 찾는 데에 특화되어 있죠. 우리는 소위 "0을 향한 경쟁"에는 관심이 없어요. 100개의 회사들이 똑같은 제품을 팔고 있을 때, 그것은 "0을 향한 경쟁"이라고 부를 수 있을 겁니다. 이 경쟁에서는 가장 적게 버는 사람이 이기게 되죠. 이러한 게임을 하고 싶지는 않아요. 대신 우리는 우리의 효율성을 믿고 있어요. 우리는 기술을 바탕으로 성장해 왔죠. 우리는 우리만의 소프트웨어를 개발함과 동시에 어떻게 더 낮게, 더 빠르게 그리고 더 효율적으로 일을 할 것인지에 대해 몰두해 왔습니다. 기회를 알아보고, 관계를 형성하고, 제품을 주문하고 또 재주문을 하는 일련의 과정이 통합적인 하나의 연결된 흐름으로 이어지기 때문에 우리가 차별화되는 것이죠. 우리는 매우 효율적입니다.

조쉬는 아마존에서 상품을 판매하는 상인들이 효과를 크게 보기 때문에 언젠가 아마존이 직거래 소매 유통업체들을 한꺼번에 몰아낼 것이라는 소문이 있다고 지적한다. "나는 그 소문이 사실일 수도 있다고 믿어요. 왜냐하면, 우리가 무언가를 팔려고 할 때마다, 아마존이 하는 일이 얼마나 있나요? 실제로는 하나도 없죠." 이테일즈는 아마존이 보유하고 있는 수많은 고객을 기회로 삼았다. 아마존에게는 이테일즈의 거래가 발생할 때마다 극도로 적은 비용만이 발생한다. 예를 들어, 아마존이 10%의 수수료를 받는다고 가정하면, 이테일즈가 10달러 혹은 100달러짜리 거래를 만들어 낼 때마다 아마존이 해야 하는 일은 매우 적다. "우리는 이러한 수익모델3이 아마존이 직접 운영하는 소매업의 수익모델보다 수익성이 더 좋다고 주장할 수 있습니다. 제 생각에 그들은 어느 수익모델이 그들에게 더 좋은지 평가를 하고 있습니다"라고 조쉬는 말했다.

조쉬 네블릿은 고객의 함정에 대해 걱정하지 않는다. 아마존이 이테일즈를 쥐어짤 수도 있지 않느냐고 물었을 때, 그는 "물론 그럴 수 있습니다!"라고 주저 없이 대답했다. 그리고 다음과 같이 설명했다.

> 그들은 유연성을 가졌지만 신뢰를 많이 잃을 겁니다. IBM, Microsoft와 같은 기업들을 역사적으로 살펴보면 기업들은 세계의 왕이자, 아무도 건드릴 수 없으며 누구도 어떻게 할 수 없는 무소불위의 단계를 거칩니다. 하지만 이내 누군가 등장해서 시장 점유율을 빼앗아 버리죠. 제 생각에 지금 당장 아마존에 필적할 만한 상대는 없습니다. 하지만 언젠가 그런 상대가 나타날 겁니다. 그것이 이베이(eBay)이건 알리바바(Alibaba)이건, 혹은 또 다른 누군가이건 말입니다. 그게 누구든지 간에 우리는 이러한 모든 기회들을 지속적으로 활용하고 평가하기에 좋은 위치를 점하고 있죠. 제가 말하고 싶은 것은 아마존이 만약 그런 일을 한다면, 우리는 다른 대안을 찾을 것이라는 겁니다. 또한 우리는 초기에는 가지지 못했지만, 점점 유연성과 영향력을 가질 수 있을 만큼 성장해 나가고 있습니다.

---

3 아마존은 2000년부터 제3의 공급업체가 아마존의 시스템을 활용해서 판매하도록 하는 아마존 마켓플레이스(Amazon Marketplace)를 운영하고 있는데, 거래당 수수료가 매출액의 10~15%에 달하는 것으로 알려져 있다.

이테일즈의 전략은 공급업체에게 초점이 맞추어져 있다. 이테일즈는 지속적으로 시장잠재력을 가진 좋은 제품들을 찾아 나선다. 톰 심슨(Tom Simpson)은 다음과 같이 설명한다. "우리의 특기 중 하나는 시장 선점입니다. 우리는 USA 투데이(USA Today)에서 기사를 썼거나 샤크탱크(Shark Tank)[4]에 나온 제품들을 찾습니다. 사람들이 칭찬하는 새로운 아이디어나 제품들을 찾는 거죠. 사람들이 멋지다고 생각하지만 유통에 관한 실질적 준비가 전혀 없는 제품들은 분명히 존재합니다. 우리는 그런 회사들에 연락을 해서 어떻게 우리가 인터넷에서 상품 판매를 최적화해 줄 수 있는지를 이야기하죠."

독특하고 흥미로운 제품을 가진 공급업체를 모집한 후에는, 그들을 잘 활용하는 것에 집중한다. 조쉬는 다음과 같이 말한다. "우리는 대개 소매업에서 목격되는 고객에 대한 집착이 공급업체에게도 적용될 수 있다고 봅니다." 그는 아마존, 자포스(Zappos), 그리고 이베이 같은 기업들은 항상 고객에 대해 집착에 가까울 정도로 몰두한다고 지적한다. "당신은 공급업체의 이익을 향상시키기 위해 무엇을 할 수 있습니까?"라고 묻고는 과장스레 대답한다. "더 많은 제품을 파는 것이 다는 아니죠." 톰이 덧붙인다. "우리는 공급업체들이 우리와 온라인상에서 독점적인 계약 관계를 맺을 때 그들의 판매를 최적화해 줄 수 있습니다. 만약 당신이 독특한 제품을 가지고 있고, 우리 기업하고만 협업한다면, 당신의 제품은 오직 하나의 경로로 세상에 보여지게 되는 것입니다. 일관성을 유지하며, 가격 변화가 없고, 혹은 서비스의 차이

---

4 미국의 지상파 방송 ABC에서 방영하는 창업 서바이벌 프로그램. 신제품을 개발한 창업자들이 자신들의 제품을 벤처 캐피탈 운영자(샤크, Shark)들에게 소개하고, 샤크들은 날카로운 질문을 통해 자신들이 얼마를 투자할지를 결정한다.

도 없이 말이죠. 중요한 점은 우리가 당신 기업과 함께함으로써 우리와 비슷한 15개, 20개 혹은 100개의 회사 그 누구보다도 당신의 브랜드가 발전되는 것을 보장한다는 것입니다."

제품 공급업체 측의 커다란 신뢰가 요구되는 이러한 조정능력은 사진, 제품설명, 키워드, 영상 그리고 공급업체가 제품을 온라인에서 파는 데 도움이 될 만한 다른 마케팅 도구들을 이용해서 아마존에서 제품 배치를 최적화함으로써 비로소 드러나기 시작한다. "우리가 공급업체에게 제공하는 부가가치적인 효익들 중의 하나죠"라고 심슨은 말한다. 게다가 이테일즈는 공급업체의 가격 책정을 존중한다. "업체들이 14.99달러 밑으로 판매하지 말라고 하면, 우리는 그 이하로 팔지 않습니다. 다른 회사들이 공급업체의 가격 책정을 존중하지 않을지 모르지만, 우리는 존중합니다. 또한, 만약 당신이 질문이나 골칫거리 혹은 문제가 있을 경우 이메일이 아닌 전화 상담이 가능합니다. 우리에게 연락만 하면 담당자와 언제든 이야기할 수 있죠"라고 그는 덧붙였다.

조쉬는 아마존이 고객과 고객의 중요성에 집착하는 반면, 이테일즈는 아마존과 고객 사이에서 효율적인 주문 처리 솔루션을 가지고 있다. 그 결과 최종 목표를 달성하기 위해 서로가 서로를 돕는 상부상조의 모습이 나타나고 있다. 그는 이 모든 과정을 협업 기업의 형태라고 여긴다. 이테일즈가 공급업체를 고객처럼 대하는 것은 어쩌면 자연스러운 귀착점이었다. 제시간에 맞추지 않는 정산, 형편없는 고객 서비스 등 유통업체와의 거래에서 생겨나는 불만을 들은 후, 이테일즈는 소위 이런 '골칫거리'라고 불리던 것들에 대해 고심하고 공급업체들을 고객처럼 대하기 시작했다. 조쉬는 말한다. "우리가 언제 그것을 깨달았는지는 잘 모르겠습니다. 아마도 이를 깨닫고 강조하기 시작한 지가 채 2년이 되지 않은 것 같습니다. 우리가 공급업체를 새롭게 대하기 시작한 이후로 우리 회사는 기하급수적인 성장을 할 수 있었습니다." 이테일즈는 이 '공급업체를 고객처럼'이라는 전략을 크고 작은 방법으로 실행한다. 예를 들어, 회사 대표가 공급업체와 저녁식사를 할 때, 그들은 마치 공급업체가 고객인 것처럼 계산서를 집어 든다. 조쉬는 이것이 작은 제스쳐에 불과하지만, 공급업체에 대한 회사의 호의를 나타내는 표시라고 말한다. 그 결과 더 나은 성과가 나타난다.

> 우리는 더 나은 관계를 갖게 되죠. 우리는 그들로부터 더 나은 지원을 받게 됩니다. 우리가 업체의 성장을 돕는 데에도 더 나은 방법으로 협업할 수 있죠. 그리고 제조업체와 유통업체 간에 더 나은 방법으로 협업이 가능하다면, 뭔가 특별한 것을 만들어 낼 수도 있습니다. 그것이 제가 가장 강조하는 것이고, 그 때문에 더 개방적이고 명료한 의사소통이 가능했다고 생각합니다. 전반적으로는 이것이 유통업체-제조업체의 관계에 있어 전례가 없었던, 단순히 윈-윈하는 동력 이상의 결과물을 만들어 낸 것이죠.

▎어느 때보다도 밝은 미래

이 책을 쓰면서 우리는 조쉬 네블릿과 그의 파트너 톰 심슨과 같은 사람들과 많은 시간을 보내며 대화를 나누었다. 미래에 대한 그들의 열정에는 전염성이 있다. 그들은 세상이 빠른 기술 변화가 주도하여 생기는 기회들로 가득 차 있다고 여긴다. 낡은 법칙들은 그들에게 적용되지 않는다. 하지만 그들은 합리적인 낙천주의자이기도 하다. 데이터에 대한 접근이 가능해짐으로써 10년 전에는 상상할 수도 없었던 방법들로 기업가와 혁신자들이 힘을 얻고 있다.

자임 솔루션의 찬드라 산카란은 종종 기업의 '민주화'를 이야기하곤 했는데, 이러한 기업의 민주화 속에서는 정보의 투명성이 성취되고, 그 어느 때보다 하나의 아이디어를 실행가능한 사업으로 바꾸는 것이 용이해진다. 제품과 서비스가 시장에 진입하는 길도 어느 때보다 개방적이고 뚜렷해진다. 창업가 정신은 단순한 취미라기보다 현명한 삶의 선택으로 받아들여진다. 이러한 신세계에서 성공하기 위해서는 최고의 고객과 공급업체와의 관계를 맺는 방식을 바꾸어야만 한다. 크고 오만한 대형 유통업체가 작은 모험가들의 혁신과 혁신 제품을 지배하던 날의 끝이 오고 있다.

▌마지막 생각

2008년 "서양 의복의 원로"라 불리던 잭 와일(Jack Weil)이 타계했다. 와일은 카우보이 셔츠의 창안자였다. 그는 이른바 '똑딱이' 단추를 서양 의복에 도입함으로써 소를 치는 사람들이 선인장이나 산쑥, 혹은 황소의 뿔에 걸리지 않도록 했다. 톱니 모양을 한 주머니 덮개, 넓은 어깨를 강조하는 좁은 핏, 그리고 카우보이의 근육질 몸매를 드러내는 딱 달라붙는 다리선과 같이 부가적인 장식들도 적용되었다.

와일은 그가 개발한 셔츠를 콜로라도 주 덴버에 있는 록마운트 랜치 의류(Rockmount Ranch Wear)를 통해 제조하고 판매했다. 그 셔츠들은 미국에서 생산되었다. 중국 혹은 다른 저비용 시장으로 아웃소싱하는 것은 상상도 할 수 없는 일이었다. 영국에서 발행되는 경제 주간지 이코노미스트(The Economist)에 실린 그의 부고에는 다음과 같이 적혀 있다.

그의 길고 긴 삶 속에서,5 와일 씨는 간단하지만 많은 사업 감각을 쌓았다. 그는 제이씨페니(J. C. Penny)를 알고 있었으며, 그를 똑똑하다고 생각했다. 리바이 스트라우스(Levi Strauss)는 좋은 친구였지만 너무 건방졌다. 월마트의 설립자 샘 월튼(Sam Walton)은 '형편없는 촌스러운 녀석'으로 여겼다.

월튼은 와일에게 월마트에 셔츠를 공급하라고 종용했지만, 와일은 그 어느 누구도 그의 사업에서 5% 이상의 매출을 차지하는 것을 원치 않았다. 그는 그런 식으로는 유통 통제력을 상실할 수 있다고 느꼈으며, 할인점을 대개 질이 좋지 않은 곳이라고 여겼다. 중요한 것은 품질과 고객에 대한 이해, 이 두 가지였다.

와일은 직감적으로 고객의 함정이 가진 위험성을 이해한 듯 보인다. 우리는 다른 혁신자들과 기업가들도 그와 비슷한 통찰을 가지고 있으며 판매와 유통을 통제하는 것이 장기적인 수익과 성공에 필수적임을 인식하기를 바랄 뿐이다.

5 잭 와일은 1901년에 태어나서 2008년 107세의 나이로 세상을 떠났다.

저자소개

앤드류 토머스(Andrew R. Thomas)
박사, 애크런 대학교(University of Akron) 마케팅 부교수
부카레스트 대학교(University of Bucharest) 박사
애크런 대학교(University of Akron) 학사, 석사

토머스 박사는 애크런 대학의 마케팅 부교수로 재직 중이며, 뉴욕 타임즈가 선정한
베스트셀러 작가로서 18편의 책을 공동 집필하거나 편집을 맡기도 하였다. 또한
Journal of Transportation Security 학술지를 창간하고 편집장을 지냈으며, 현재
IndustryWeek의 편집위원으로 활동 중이고 BBC, CNBC, Fox News, ABC 등 전 세
계 방송국에서 전문가 패널로도 활약하고 있다. 사업활동도 왕성하게 하고 있으며,
전 세계 7개 대륙의 120개 국가를 돌면서 판매 및 유통경로 구축을 돕고 있다.

티모시 윌킨슨(Timothy J. Wilkinson)
박사, 휘트워스 대학교(Whitworth University) 경영대학 학장
유타 주립대(University of Utah) 박사
알칸소 주립대(University of Arkansas, Little Rock) 석사
와이오밍 주립대(University of Wyoming) 학사

윌킨슨 박사는 국제 마케팅, 국제 전략 경영 분야의 전문가로 Long Range Planning,
Journal of World Business, Journal of Business Research, Journal of International
Business Studies, Journal of International Management, Journal of Small Business
Management 등의 학술지에 40편 이상의 학술 논문을 썼다. 현업에 종사하는 사람들
을 위해 월스트리트 저널, MIT Sloan Management Review, Business Horizon 등의 잡
지에도 기고하고 있다.

역자소개

이영수

[주요 경력]
현) 캘리포니아 주립대(California State University, Chico) 경영대학 마케팅 교수
LG경제연구원(산업정보실, 통신전략실), LG전자(LSR 연구소) 근무

[학력]
아이오와 주립대(Iowa State University) 경영학 (마케팅) 박사
연세대학교 경영학과 학사/석사

[주요 전공분야]
마케팅 전략, 유통 채널 관리
고객 관계 마케팅(CRM, Customer Relationship Management)
영업 및 판매

김상덕

[주요 경력]
현) 경남대학교 경영학부 교수
현) 한국전략마케팅학회 회장, 고령토 RIS사업단 단장, 유통물류연구 편집 위원장
아모레퍼시픽(마케팅기획팀), 삼성전자(유통연수소), 한국유통연구원(부원장) 근무
창원시, 마산시, 한국은행, 소상공인진흥원 자문위원

[학력]
연세대학교 경영학과 학사/석사/박사

[주요 저서]
『소비자지향적 유통관리』, 박영사(2015)
『그림으로 쉽게 배우는 유통실무 기본 상식』, 중앙경제평론사(2014)
『프랜차이즈 창업경영 실무』, 한올출판사(2012)

[주요 전공분야]
유통관리 및 소매경영
관계마케팅 및 B2B마케팅
화장품산업 및 전자산업

THE CUSTOMER TRAP by Andrew R. Thomas

유통의 함정

초판발행	2017년 7월 10일
지은이	Andrew R. Thomas · Timothy J. Wilkinson
옮긴이	이영수 · 김상덕
펴낸이	안종만
편 집	박송이
기획/마케팅	이영조
표지디자인	김연서
제 작	우인도 · 고철민
펴낸곳	(주) 박영사
	서울특별시 종로구 새문안로3길 36, 1601
	등록 1959. 3. 11. 제3070-1959-1호(倫)
전 화	02)733-6771
f a x	02)736-4818
e-mail	pys@pybook.co.kr
homepage	www.pybook.co.kr
ISBN	979-11-303-0381-9 93320

* 잘못된 책은 바꿔드립니다. 본서의 무단복제행위를 금합니다.
* 저자와 협의하여 인지첩부를 생략합니다.

* 책값은 뒤표지에 있습니다.